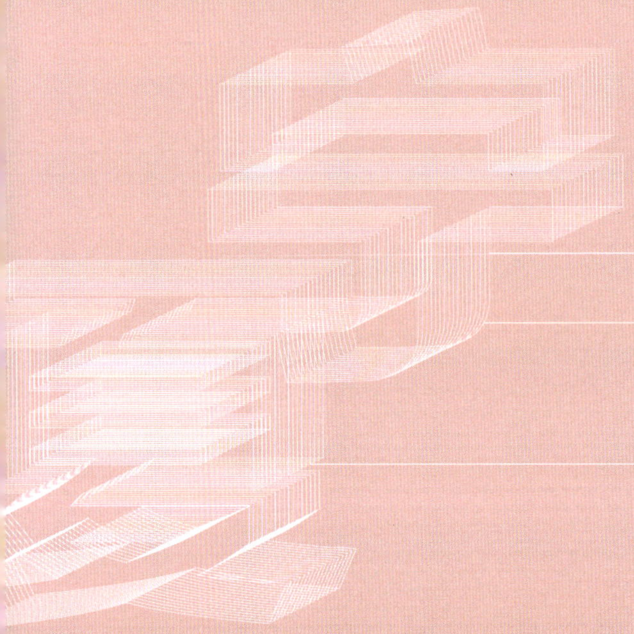

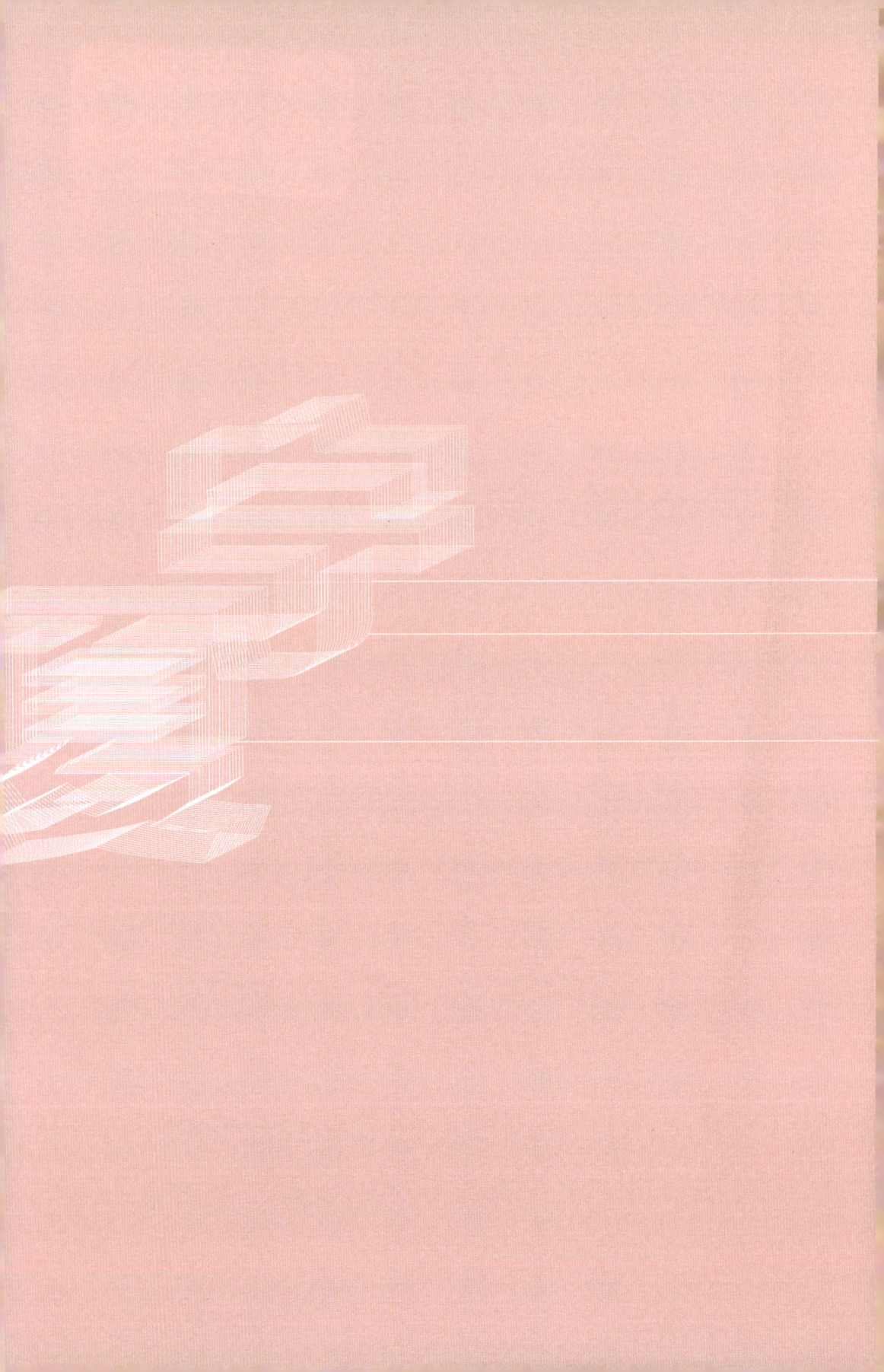

宁夏社会科学院文库

生态移民地区留守儿童权利保障

孔炜莉 著

Rights Protection of Left Behind Children in Ecological Migration Areas

社会科学文献出版社
SOCIAL SCIENCES ACADEMIC PRESS (CHINA)

宁夏社会科学院文库
编委会

主　任　刘　雨

副主任　段庆林

委　员　（按姓氏笔画排序）

　　　　　马金宝　刘天明　李文庆　李保平　余　军

　　　　　郑彦卿　鲁忠慧　雷晓静

总　序

宁夏社会科学院是宁夏回族自治区唯一的综合性哲学社会科学研究机构。长期以来，我们始终把"建设成马克思主义的坚强阵地、建设成自治区党委政府重要的思想库和智囊团、建设成宁夏哲学社会科学研究的最高殿堂"作为时代担当和发展方向。长期以来，特别是党的十八大以来，在自治区党委政府的正确领导下，宁夏社会科学院坚持以习近平新时代中国特色社会主义思想武装头脑，坚持马克思主义在意识形态领域的指导地位，坚持以人民为中心的研究导向，增强"四个意识"、坚定"四个自信"、做到"两个维护"，以"培根铸魂"为己任，以新型智库建设为着力点，正本清源、守正创新，不断推动各项事业迈上新台阶。

2016年5月17日，习近平总书记在哲学社会科学工作座谈会上强调，当代中国正经历着我国历史上最为广泛而深刻的社会变革，也正在进行着人类历史上最为宏大而独特的实践创新。这种前无古人的伟大实践，必将给理论创造、学术繁荣提供强大动力和广阔空间。作为哲学社会科学工作者，我们积极担负起加快构建中国特色哲学社会科学学科体系、学术体系、话语体系的崇高使命，按照"中国特色哲学社会科学要体现继承性、民族性，体现原创性、时代性，体现系统性、专业性"的要求，不断加强学科建设和理论研究工作，通过国家社科基金项目的立项、结项和博士学位论文的修改完善，产出了一批反映哲学社会科学发展前沿的研究成果。同时，以重大现实问题研究为主要抓手，建设具有地方特色的新型智库，推出了一批具有建设性的智库成果，为党委政府决策提供了有价值的参考，科研工作呈现良好的发展势头和前景。

加快成果转化，是包含多种资源转化在内的一种综合性转化。2019年，宁夏社会科学院围绕中央和自治区党委政府重大决策部署，按照"突出优势、拓展领域、补齐短板、完善体系"的原则，与社会科学文献出版社达成合作协议，分批次从已经结项的国家社科基金项目、自治区社科基金项目和获得博士学位的毕业论文中挑选符合要求的成果，编纂出版"宁夏社会科学院文库"。

优秀人才辈出、优秀成果涌现是哲学社会科学繁荣发展的重要标志。"宁夏社会科学院文库"，从作者团队看，多数是中青年科研人员；从学科内容看，有的是宁夏社会科学院的优势学科，有的是跨学科或交叉学科。无论是传统领域的研究，还是跨学科领域研究，其成果都具有一定的代表性和较高学术水平，集中展示了哲学社会科学事业为时代画像、为时代立传、为时代明德的家国情怀和人文精神，体现出当代宁夏哲学社会科学工作者"为天地立心，为生民立命，为往圣继绝学，为万世开太平"的远大志向和优良传统。

"宁夏社会科学院文库"是宁夏社会科学院新型智库建设的一个窗口，是宁夏社会科学院进一步加强课题成果管理和学术成果出版规范化、制度化的一项重要举措。我们坚持以习近平新时代中国特色社会主义思想为指引，坚持尊重劳动、尊重知识、尊重人才、尊重创造，把人才队伍建设作为基础性建设，实施学科建设规划，着力培养一批年富力强、锐意进取的中青年学术骨干，集聚一批理论功底扎实、勇于开拓创新的学科带头人，造就一支立场坚定、功底扎实、学风优良的哲学社会科学人才队伍，推动形成崇尚精品、严谨治学、注重诚信的优良学风，营造风清气正、互学互鉴、积极向上的学术生态，要求科研人员在具备专业知识素养的同时，将自己的专业特长与国家社会的发展结合起来，以一己之长为社会的发展贡献一己之力，立志做大学问、做真学问，多出经得起实践、人民、历史检验的优秀成果。我们希望以此更好地服务于党和国家科学决策，服务于宁夏高质量发展。

路漫漫其修远兮，吾将上下而求索。宁夏社会科学院将以建设特色鲜明的新型智库为目标，坚持实施科研立院、人才强院、开放办院、管理兴院、文明建院五大战略，努力建设学科布局合理、功能定位突出、特色优势鲜明，在全国有影响、在西部争一流、在宁夏有大作为的社科研究机构。同时，努力建设成为研究和宣传马克思主义理论的坚强阵地，成为研究自治区经济社会发展重大理论和现实问题的重要力量，成为研究中华优秀传统文化、革命文化、社会主义先进文化的重要基地，成为开展对外学术文化交流的重要平台，成为自治区党委政府信得过、用得上的决策咨询的新型智库，为建设经济繁荣民族团结环境优美人民富裕的美丽新宁夏提供精神动力与智力支撑。

宁夏社会科学院
2020 年 12 月

前　言

当前，中国人口的迁移以农村人口流动为主，一方面，随着我国的转型，大规模的农村人口自主迁移到城市，这是主流迁移；另一方面，国家为了恢复农村生态环境、解决贫困问题而采取的生态移民工程，将农村贫困人口迁移到相对发达的农村地区。这些人口迁移后，青壮年劳动力又进行二次迁移，回归到主流迁移队伍中。宁夏是全国扶贫移民实施最早、规模最大的省区之一，也是全国生态移民的主要地区之一，先后组织实施了吊庄移民、扶贫扬黄灌溉工程移民、易地扶贫搬迁移民、"十二五"中南部地区生态移民工程、"十三五"易地扶贫搬迁等扶贫开发移民工程，这是宁夏长期以来为了恢复生态环境、解决贫困问题而积极探索创新的扶贫开发之路。

随着宁夏工业化、城市化步伐的加快，移民新区越来越多的青壮年人口进城务工。笔者走访的固原、银川等地的移民新区，大多数青壮年外出打工，村中仅剩留守的儿童、妇女和老人，这些移民区多是少数民族聚居区，每户多有3~4个孩子，村中的人口主要以留守儿童为主。在全新的社会环境里，由于缺少父母的关爱和陪伴，留守儿童不仅要承受父母离开的心理压力，独自承受内心的孤独，还要适应文化教育、日常生活以及人际交往，留守儿童的生存、发展、受保护、参与等权利受到不同程度的影响。这一群体的权利保障问题亟待国家、社会的关注和保障，让他们在新环境中健康快乐成长，是本书的研究目的。

本书共有14章，内容包含三大部分：第一部分是第一章至第四章，是本研究的问题缘起与研究背景，包括问题的提出和研究背景，对留守儿童研究现状的综述和评述，关于宁夏农村教育的回顾和宁夏儿童权利保障的研究。第二部分是第五章至第九章，是对留守儿童权利保障现状的分析和建议。通过对宁夏生态移民地区留守儿童的问卷调查，根据自治区县内、县外移民不同安置方式，对山区、川区留守儿童的生存权、发展权、参与权、受保护权进行比较分析，从而探讨生态移民留守儿童权利保障存在的问题，提出适应留守儿童权利保障的对策建议。第三部分是第十章至第十四章，进一步对留守儿童发展权利保障进行了分析与思考，是对第二部分内容的补充和完善，从教师视角、留守儿童的家庭教育和阅读、生态移民地区非留守儿童等方面分析思考留守儿童的权利保障。

本研究从社会学视角，通过定量、定性相结合的实证调研方法，从依法保护生态移民地区留守儿童的生存权、发展权、受保护权、参与权等基本权利出发，揭示宁夏县内、县外安置方式下，留守儿童权益保障差异和不足，从而保障生态移民地区留守儿童的合法权益，为他们的健康成长创造更好条件，为做好留守儿童工作、帮助留守儿童健康发展提供参考。

目 录

第一章 问题的提出及研究背景 ·· 001
    第一节 问题的提出 ·· 003
    第二节 研究对象 ·· 016
    第三节 研究规划 ·· 018

第二章 研究现状及评论 ··· 023
    第一节 留守儿童的概念 ·· 023
    第二节 留守儿童的规模 ·· 029
    第三节 研究现状及述评 ·· 031

第三章 宁夏农村教育的回顾和思考 ·· 060
    第一节 教育改革持续优化教育结构 ······································· 060
    第二节 农村学前教育普及程度明显提升 ·································· 066
    第三节 城乡义务教育均衡发展取得显著成效 ···························· 069
    第四节 制约农村教育发展的瓶颈 ·· 081
    第五节 加快推进农村教育发展的建议 ····································· 084

第四章　宁夏儿童的权利保障 …………………………………… 088
- 第一节　研究背景与分析框架 ………………………………… 088
- 第二节　生存权利保障状况 …………………………………… 092
- 第三节　发展权利保障状况 …………………………………… 096
- 第四节　受保护权利和参与权利保障状况 …………………… 104
- 第五节　性别观念认知状况 …………………………………… 108
- 第六节　小结与讨论 …………………………………………… 112

第五章　宁夏留守儿童基本情况调查 …………………………… 121
- 第一节　概念的界定和调查问卷情况 ………………………… 121
- 第二节　家庭基本情况 ………………………………………… 122
- 第三节　社会适应状况 ………………………………………… 126

第六章　宁夏留守儿童生存权利保障调查 ……………………… 130
- 第一节　留守儿童生存权利保障现状 ………………………… 130
- 第二节　留守儿童生存权利保障存在的问题 ………………… 140
- 第三节　留守儿童生存权利保障的对策建议 ………………… 144

第七章　宁夏留守儿童发展权利保障调查 ……………………… 150
- 第一节　留守儿童发展权利保障现状 ………………………… 150
- 第二节　留守儿童发展权利保障存在的问题 ………………… 169
- 第三节　留守儿童发展权利保障的对策建议 ………………… 177

第八章　宁夏留守儿童参与权利保障调查 ……………………… 183
- 第一节　留守儿童参与权利保障现状 ………………………… 183
- 第二节　留守儿童参与权利保障问题及因素分析 …………… 191

第三节　留守儿童参与权利保障的对策建议…………………… 197

第九章　宁夏留守儿童受保护权利保障调查……………………… 200
　　第一节　留守儿童受保护权利保障状况…………………………… 200
　　第二节　留守儿童受保护权利保障问题及因素分析……………… 203
　　第三节　留守儿童受保护权利保障的对策建议…………………… 208

第十章　基于教师视角：宁夏留守儿童的发展权利保障………… 210
　　第一节　调查对象基本情况………………………………………… 210
　　第二节　留守儿童的发展权利保障状况…………………………… 212
　　第三节　留守儿童发展权利保障存在的问题及因素分析………… 214
　　第四节　加强留守儿童发展权利保障的对策建议………………… 229

第十一章　宁夏留守儿童的家庭教育状况………………………… 233
　　第一节　概念及研究方法…………………………………………… 233
　　第二节　研究对象基本情况………………………………………… 235
　　第三节　调查结果与分析…………………………………………… 237
　　第四节　留守儿童家庭教育问题的对策建议……………………… 249

第十二章　宁夏留守儿童的阅读活动……………………………… 257
　　第一节　调查对象的基本情况……………………………………… 257
　　第二节　留守儿童阅读现状调查及分析…………………………… 259
　　第三节　课外阅读的性别差异比较………………………………… 264
　　第四节　值得关注的问题…………………………………………… 265
　　第五节　课外阅读性别差异的主要影响因素……………………… 267
　　第六节　留守儿童文化权益保障的对策建议……………………… 270

第十三章　宁夏非留守儿童的生存状况·················275
第一节　L镇生态移民地区的基本情况················275
第二节　生态移民地区儿童生存现状················276
第三节　结论及讨论························283

第十四章　宁夏留守儿童权益保障结论与思考··········286
第一节　留守儿童权益保障基本结论················286
第二节　留守儿童权益保障需要关注的问题··········291
第三节　留守儿童权益保障的对策建议··············294

附　录

附录1　生态移民地区留守儿童权利保障问卷调查···········301
附录2　教师问卷调查·································312
附录3　留守儿童权利保障访谈提纲·····················316
附录4　针对校长的访谈提纲···························319
附录5　A县留守儿童的问卷调查·······················320

参考文献··330

后　记··335

第一章　问题的提出及研究背景

本书是关于宁夏生态移民地区留守儿童权利保障的实证研究。当前，随着我国从计划经济向市场经济、从农业社会向工业社会的转型，大规模的农村人口向城市迁移对中国工业化、城市化具有深远的影响。然而，受户籍制度和地区间经济发展不平衡的制约，农村流动人口背后形成了一个特殊的群体——农村留守儿童。留守儿童的定义主要由居住生活的地方、留守年龄、父母外出打工模式、留守时间等四个因素来确定，但是，对后面三个因素国家相关部门和学术界还没有达成统一的标准，因此留守儿童概念的界定在学术界尚无公认的定义（详见第二章第一节，此不赘述）。根据本书调查对象的客观实际，这里的留守儿童是指居住在农村户籍所在地，父母双方或一方因外出打工、平均两周以上回家一次，长期不能和父母双方共同在一起生活的 18 岁以下的未成年人。农村留守儿童规模随着农村剩余劳动力向城市转移数量的变化而变化。据民政部统计，2018 年，农村留守儿童 697 万多人，96% 的留守儿童由祖父母照顾，0~13 岁的留守儿童占 89.1%。[①] 家庭结构的不完整，使留守儿童的生存权、发展权、受保护权、参与权等基本权利受到不同程度的影响和破坏。因缺乏父母的关爱和陪伴，留守儿童问题引起社会各界甚至党中央、国家领导的关注。

---

① 《2018 年农村留守儿童数据》，民政部网站，http://www.mca.gov.cn/article/gk/tjtb/201809/20180900010882.shtml，2018 年 9 月 1 日。

生态移民地区留守儿童权利保障

美国植物学家考尔斯（Cowles）在20世纪将群落迁移的概念引入生态学，最先提出了"生态移民"概念。所谓"生态移民"（eco-migration），系指原居住在自然保护区、生态环境严重破坏地区、生态脆弱区以及自然环境条件恶劣、基本不具备人类生存条件地区的人口，从原来的居住地迁出，到其他地方重建家园并定居下来的整体性人口搬迁。[①] 西北少数民族聚居区多是欠发达地区。这些地区人口压力巨大，经济基础薄弱，自然环境脆弱。为了恢复当地生态环境，解决人民的温饱问题，自20世纪80年代以来，中国先后对宁夏、青海等地的少数民族聚居区实施生态移民工程，不同时期、不同地区的生态移民，形成了规模不一、发展各异的生态移民新村。宁夏是全国扶贫移民实施最早、规模最大的省区，也是全国生态移民的主要地区之一。三十多年来，宁夏先后组织实施了吊庄移民、扶贫扬黄灌溉工程移民、易地扶贫搬迁试点移民、"十二五"中南部地区生态移民、"十三五"易地扶贫搬迁移民，数次将宁夏中南部山区少数民族贫困人口迁移到相对发达、交通便利地区，全区累计搬迁移民125.1万人。[②] 生态移民工程是宁夏为了恢复生态环境、解决贫困问题而采取的一项重大举措，同时也面临着严峻的挑战。

实践证明，生态移民不仅是将贫困人口迁移、恢复生态环境，而且包括生态移民新区经济、社会、文化建设。虽然居住环境、生活水平有所改善，但是一些移民新区的社会治理服务还跟不上移民搬迁的步伐，基础配套设施滞后，移民不能正常享受国家公共资源，致使移民合法权益保障受损。而且，随着宁夏工业化、城市化步伐的加快，越来越多的青壮年移民人口进城务工，笔者走访的固原、银川等地的移民新区，大多数青壮年外出打工，村中仅剩留守的儿童、妇女和老人，这些移民区多是回族聚居区，每户多有3~4个孩子，村中的人口以留守儿童为主。20世纪80年

---

① 一迪：《生态移民的困惑》，《华夏人文地理》2003年第5期。
② 宁夏CDM环保服务中心的《宁夏适应气候变化：生态移民研究报告》（内部资料）、宁夏回族自治区政府颁布《宁夏"十二五"中南部地区生态移民规划》（2011）、《宁夏"十三五"易地扶贫搬迁规划》（2016）。

代初，移民可以在迁出地、迁入地两头跑，自发移民问题突出，户籍未迁、黑户、超生现象严重，致使一些儿童不能上学，无法享受迁入地的医保、社保等公共资源。近期的生态移民新区，一排排新房白墙红瓦，成为农村亮丽的风景。由于大部分青壮年劳动力外出打工，美丽的村庄显得格外宁静，家家户户有明亮的窗户、崭新的家具，却鲜有人居住。唯有村小学琅琅的读书声和孩子们的欢声笑语打破寂静的村庄。但是，移民子女原来在贫困山区享受的国家补助，由于搬迁到川区而不再能享受。例如山区留守儿童可以享受国家实施的"营养改善计划"，每名在校留守儿童每天膳食补助5.6元，上学时的早、中餐由学校解决，而如今搬迁到川区的留守儿童则不再能享受营养餐。家长为此奔波向教育机构反映，却因制度的限制未能解决。在移民新村，留守儿童不仅要承受父母离开的心理压力，还要面对全新的社会生活环境，他们需要重新适应文化教育、日常生活以及人际交往等。如何关怀、保障留守儿童的权益，让他们在新环境中健康成长，这一问题亟待国家、社会的关注和解决。

本书从依法保护生态移民地区留守儿童的生存权、发展权、受保护权、参与权等基本权利出发，通过定量、定性相结合的实证调研方法，根据县内（仍然居住在山区）、县外（迁移到川区）的不同迁移方式，将留守儿童分为山区、川区留守儿童，围绕留守儿童权益保障现状展开细致的对比分析，探讨保障留守儿童权益的主要因素和存在的问题，提出适应留守儿童权益保障的对策建议，以促进生态移民地区留守儿童健康发展，为做好留守儿童工作、帮助留守儿童健康成长提供参考。

第一节 问题的提出

俗话说，"人往高处走，水往低处流"。自古以来，人类的发展都离不开迁移。人们为了生存发展，就要流动到更好的地方。出于政治需要、战乱逃难和经济谋生等原因，中国历史上有许多大规模的人口迁移，如因"安史之乱"大批北方人口南迁、明初山西大移民等，对中国人口分布格局的形成有着深刻影响,客观上也加强了中国多民族的融合和社会文化的交流。如今,中国人口的迁移以农村人口流动为主。一方面,受城乡差距大、农村剩余劳动力多、经济收入低、农村生态环境压力大等因素影响,大部分农村青壮年人口大规模向城市迁移,形成了巨大的民工潮流动于城乡之间;另一方面,受经济、环境等因素影响,少部分农村人口向相对发达的农村地区迁移,成为生态移民。这些生态移民在搬迁后,也融入民工潮大军,继续流向城市。这些移民的子女被迫长期留守农村家中,成为留守儿童。他们不仅要承受父母离开的心理压力,还要适应搬迁后新的生活环境,双重压力均由他们独自承担,留守儿童的生存权、发展权、受保护权、参与权等基本权利受到不同程度的影响。

一 "三农"问题和民工潮

1978年改革开放拉开序幕后,中国社会进入了快速发展的转型时期,农村开始了巨大的社会变迁,家家户户实行联产承包责任制,农业生产力的提高也给农村带来了生机和活力。中国由计划经济向市场经济逐步转型,而工业化、市场化与城市化进程的不断加快,使农村跟不上城市的改革步伐,城乡二元不均衡发展问题日益显著,城乡居民收入差距不断扩大,成为制约中国可持续发展的重要障碍。

2002年,"三农"问题第一次出现在十六大报告中,明确了农村发展在我国经济社会发展中的重要地位。报告指出"统筹城乡经济社会发展,建设现代农业,发展农村经济,增加农民收入是全面建设小康社会的重大任务","农村富余劳动力向非农产业和城镇转移,是工业化和现代化的必然趋势",应"消除不利于城镇化发展的体制和政策障碍,引导农村劳动力合理有序流动"。[1] 国家以全面建设小康社会为出发点,重新认识并开始重视"三农"问题,引发了农村改革浪潮。为了从根本上解决"三农"

---

[1] 温家宝:《认真贯彻十六大精神 为推进农村小康建设而奋斗》,《人民日报》2003年2月8日。

问题，提高农民的收入，2004年以来国家每年发布中央一号文件，出台了《中共中央国务院关于促进农民增加收入若干政策的意见》等一系列相关政策，使农村人口向城镇转移的规模不断扩大。农民工数量由改革开放初期的100万~200万人迅猛增长。中国经历了和正在经历着人类历史上最大规模的人口迁移。[①] 根据国家统计局数据，2001年农民工有8961万人，到2019年农民工已达29077万人，[②] 增长了2.2倍。

农民工的流动从最初被认为是"盲流"加以遏制，到以"有序流动"方式加以引导，再到融入城市"市民化"，既是农民自身发展迫切需要的体现，也是国家以人为本政策导向的反映。作为新型劳动力，农民工大规模进入城市初期，政府、企业以及城镇居民与农民工存在一定程度的对立，受国家二元制度的制约，他们成为城市的弱势群体。随着农民工规模的增长，其身份、劳动就业、生存发展、社会保障以及子女教育等一系列问题受到社会各界的关注，国家相继出台保护农民工的政策。2006年，中央一号文件提出"逐步建立务工农民社会保障制度，依法将务工农民全部纳入工伤保险范围，探索适合务工农民特点的大病医疗保障和养老保险办法"。2008~2010年，国家多次提及制定与农民工配套的工伤、医疗、养老保险政策，建立完善的农民工社会保障体系。2013年，中央一号文件中首次提出"农业转移人口市民化"，要求"把推进人口城镇化特别是农民工在城镇落户作为城镇化的重要任务。加快改革户籍制度，落实放宽中小城市和小城镇落户条件的政策。加强农民工职业培训、社会保障、权益保护，推动农民工平等享有劳动报酬、子女教育、公共卫生、计划生育、住房租购、文化服务等基本权益，努力实现城镇基本公共服务常住人口全覆盖"。2014年，中央一号文件要求"加快推动农业转移人口市民化。积极推进户籍制度改革，建立城乡统一的户口登记制

[①] 郑秉文：《改革开放30年中国流动人口社会保障的发展与挑战》，《中国人口科学》2008年第5期。

[②] 《2019年农民工监测调查报告》，国家统计局网，http://stats.gov.cn/tjsj/zxfb/202004/t20200430_1742724.html，2020年4月30日。

度，促进有能力在城镇合法稳定就业和生活的常住人口有序实现市民化。全面实行流动人口居住证制度，逐步推进居住证持有人享有与居住地居民相同的基本公共服务，保障农民工同工同酬"。2016年，中央一号文件指出，"进一步推进户籍制度改革，落实1亿左右农民工和其他常住人口在城镇定居落户的目标，保障进城落户农民工与城镇居民有同等权利和义务，加快提高户籍人口城镇化率。全面实施居住证制度，建立健全与居住年限等条件相挂钩的基本公共服务提供机制，努力实现基本公共服务常住人口全覆盖"。2018年，在新时代实施乡村振兴战略背景下，中央一号文件指出，强化乡村振兴人才支撑，把人力资源开发放在首位，大力培育新型职业农民，"实现乡村经济多元化，提供更多就业岗位"，以多种方式尽可能将农民留在农村，为乡村振兴做贡献。"拓宽农民增收渠道，鼓励农民勤劳守法致富，增加农村低收入者收入，扩大农村中等收入群体，保持农村居民收入增速快于城镇居民。"在国家的关怀下，农民收入持续较快的增长，在村居民人均可支配收入由2013年的9433元增加到2019年的16021元，增长69.8%。[1]

农民工为中国的社会经济繁荣做出了杰出贡献，同时也促进了农村的发展。有学者指出，21世纪以来，中国农村社会发生了三个层次的转变：首先是取消了延续上千年的农业税，极大地改变了国家与农民的关系。其次是包括传统宗族结构、家庭结构在内的基本社会结构正在发生变化。这些变化与当前大量农民进城务工有很大的关系，之前相对封闭的村庄结构变得开放化，农民收入由过去的单一化变得多元化，农村社会的传统结构受到挑战。最后是以前构成农民人生意义的基本价值取向发生了变化。[2]

---

[1] 《2014年国民经济和社会发展统计公报》，国家统计局网，http://stats.gov.cn/tjsj/zxtb/201502/t20150226_685799.html，2015年2月26日；《2019年国民经济和社会发展统计公报》，国家统计局网，http://stats.gov.cn/tjsj/zxtd/202002/t20200228_1728913.html，2020年2月28日。

[2] 贺雪峰：《新时期中国农村性质散谈》，《云南师范大学学报》（哲学社会科学版）2013年第3期。

二 生态移民工程

（一）精准扶贫的提出

目前，贫困是人类面临的主要问题，消除贫困是人类发展的共同目标。新中国成立尤其是改革开放以来，我国始终将扶贫开发作为社会经济发展的主要目标。经过数十年的努力，贫困人口大幅减少。据国家统计局公布，十八大以来，中国农村贫困人口累计减少9348万人。截至2019年末，全国农村贫困人口从2012年末的9899万人减少至551万人；贫困发生率从2012年的10.2%下降至0.6%，① 累计下降9.6个百分点。过去，在中国扶贫工作、扶贫政策的制定以及贫困群体的确定上，均缺少精准化。随着扶贫工作的日益深入，由宏观层次逐渐向微观层面细化。20世纪80年代，国家的扶贫区域以县为单位；21世纪以来，国家转为村级贫困区域；2011年之后，国家将14个集中连片特困地区作为贫困区域。当时的农村扶贫还没有精准到户，对于贫困对象的确认、如何针对性帮扶等问题还没有精细化。过去以"输血"式的扶贫模式为主，虽然改善了贫困地区的基础设施，使部分贫困人口脱贫，但是"大水漫灌"之后，贫困地区出现了两种现象：一是一直没有摆脱贫困的群体，由于不适应同质性的扶贫政策或自身根本不具备脱贫的能力素质等，这类群体往往脱贫难度较大；二是一度脱贫又返贫的现象比较普遍，导致扶贫工作成效不显著，工作周而复始，效率低下。② 贫困地区发展水平滞后的现象仍然存在。

十八大以来，中共中央总书记习近平分别到河北阜平、甘肃定西、湖南湘西、四川少数民族贫困地区等地调研，在慰问困难群众时，就精准扶贫、精准脱贫做了一系列重要论述。2012年12月，习近平总书记在考察河北省阜平县扶贫工作时强调：要真真实实把情况摸清楚。……帮助困难

---

① 《2019年全国农村贫困人口减少1109万人》，《光明日报》，2020年1月24日。
② 唐任伍：《习近平精准扶贫思想阐释》，人民网，http://theory.people.com.cn/n/2015/1021/c40531-27723431.html，2015年10月21日。

乡亲脱贫致富要有针对性，要一家一户摸情况。① 2013年11月，习近平总书记在湖南湘西调研扶贫攻坚时指出：扶贫要实事求是，因地制宜。要精准扶贫，切忌喊口号，也不要定好高骛远的目标。② 这是首次提出"精准扶贫"一词。2014年1月，中共中央办公厅、国务院办公厅印发《关于创新机制扎实推进农村扶贫开发工作的意见》（中办发〔2013〕25号），明确提出建立精准扶贫工作机制，由国务院扶贫办、民政部等部门负责此项工作。这项战略是对以前扶贫工作的发展和补充，说明了中央领导对脱贫工作的决心。2014年3月，习近平总书记参加贵州代表团审议时强调：干部要看真贫、扶真贫、真扶贫，使贫困地区群众不断得到实惠。③ 2015年6月，习近平总书记在贵州调研集中连片特困地区扶贫攻坚时指出：扶贫开发贵在精准，各地都要在扶持对象精准、项目安排精准、资金使用精准、措施到户精准、因村派人精准、脱贫成效精准上想办法、出实招、见真效。④ 2018年习近平总书记在成都召开的打好精准脱贫攻坚战座谈会上强调：提高脱贫质量，聚焦深贫地区，扎扎实实把脱贫攻坚战推向前进。⑤ 这表明我国的扶贫工作进入了一个新阶段。精准扶贫思想的核心就是精准。精准扶贫是党和政府在新形势下解决扶贫攻坚难题的新举措。生态移民工程显然是宁夏贫困人口主要脱贫之路。

（二）实施生态移民工程

宁夏回族自治区是欠发达地区。由于地理和历史的原因，宁夏中南部地区经济基础薄弱、人口压力巨大、自然环境脆弱，人口和环境矛盾

---

① 《坚持精准方略，提高脱贫实效》，人民网，http://theory.people.com.cn/n1/2018/0918/c421125-30299488.html，2018年9月18日。
② 《习近平赴湘西调研扶贫攻坚》，人民网，http://cpc.people.com.cn/n/2013/1104/c64094-23421342-8.html，2013年11月4日。
③ 《空气质量直接关系群众幸福感》，《京华时报》2014年3月8日。
④ 《谋划好"十三五"时期扶贫开发工作　确保农村贫困人口到2020年如期脱贫》，《人民日报》2015年6月20日。
⑤ 《提高脱贫质量聚焦深贫地区，扎扎实实把脱贫攻坚战推向前进》，《人民日报》2018年2月15日。

日益突出。生态和贫困问题通常是互相制约、互为因果的关系，生态环境恶化地区往往是贫困人口聚集地区。为了恢复生态环境，解决农民的温饱问题，在国家关注"三农"问题的背景下，宁夏实施了生态移民工程。

宁夏中南部地区是泾河、清水河、葫芦河的发源地，这一地区人口严重超载，生态环境非常脆弱，水资源短缺、自然灾害频繁等问题非常突出。而且，该地区经济基础薄弱，生产生活条件恶劣，其中西海固地区是我国集中连片贫困地区之一。为了提高该地区人民生活水平，减轻人口压力，改善区域生态环境，宁夏多次实施扶贫开发移民工程，以解决贫困问题、恢复生态环境。从1980年起，宁夏先后组织实施吊庄移民、扶贫扬黄灌溉工程移民、易地扶贫搬迁移民、"十二五"中南部地区生态移民、"十三五"易地扶贫搬迁等扶贫开发移民工程，相继迁移125.1万贫困人口（见表1-1）。其中，县外搬迁85.6万人，县内搬迁34.1万人，就地旱改水17.8万人，扣除与扶贫扬黄灌溉工程重复计算的12.4万人，净移民为125.1万人。

1983年宁夏开始实施吊庄移民。这次移民是宁夏回族自治区政府开发性扶贫的主要形式之一，是宁夏早期的扶贫移民开发模式，旨在把南部山区的部分贫困人口搬迁到引黄、扬黄灌区。由于迁移户在迁出地和迁入地都有住房和土地，移民属于两地管理，在迁出地、迁入地之间"来回跑"，所以称为"吊庄"。待迁入地得以开发，移民生产生活条件有所改善并且稳定后再完全搬迁，彻底搬迁后则归属地管理。自实施以来，宁夏已建设吊庄移民基地25处，开发耕地83万亩，安置宁夏中南部地区贫困人口27.8万人，[1] 比较成功的如芦草洼、隆湖开发区、华西村、闽宁村等。移民减少了迁出地的人口压力，改善了生态环境。吊庄移民本质上也是生态移民。

---

[1] 孔炜莉、陈之曦：《宁夏自发移民户籍管理问题研究》，《宁夏社会科学》2012年第3期。

表1–1 宁夏三类移民人数汇总

单位：万人

移民工程	实施年代	合计	县外搬迁	县内搬迁	就地旱改水	与扶贫扬黄灌溉工程移民重复计算
吊庄移民	1983~1997年	28.2	19.8		8.4	0.4
扶贫扬黄灌溉工程移民	1998~2008年	39.5	30.1		9.4	
国家易地扶贫搬迁移民宁夏试点	2001~2009年	28.7	12.6	16.08		12.0
"十二五"生态移民工程	2011~2015年	32.9	21.4	11.5		
"十三五"易地扶贫搬迁	2016~2018年	8.2	1.7	6.5		
合　计		137.5	85.6	34.1	17.8	12.4
累计移民				125.1		

资料来源：宁夏CDM环保服务中心：《适应气候变化：宁夏生态移民研究报告》；宁夏回族自治区政府颁发《宁夏"十二五"中南部地区生态移民规划》（2011）、《宁夏"十三五"易地扶贫搬迁规划》（2016）。

宁夏扶贫扬黄灌溉工程红寺堡灌区是国内最大的扶贫移民开发区。工程总规划建设扬黄灌溉工程，开发灌溉土地200万亩，投资33亿元，用6年时间建成，解决宁夏中南部山区100万移民的贫困问题，被称为"1236工程"。项目建设主要是为了开发土地，提高移民的生产力水平，解决贫困人口的温饱问题。1998年开始实施，红寺堡开发区移民主要安置宁夏南部山区贫困县和中宁县贫困带的农民，包括固海扩灌区移民在内，扶贫扬黄工程总共安置移民39.5万人。搬迁后，移民提高了生产方式，改善了生活环境，收入水平有了很大的提高。2009年9月30日，国务院批复同意吴忠市设立红寺堡区，红寺堡由过去的移民开发区成为县级区，成为中国最大的生态移民区。

2001年，国家先行将宁夏设为开展易地扶贫搬迁试点省（区）之一，开始实施"生态移民工程"。宁夏在总结多年扶贫移民经验的基础上，实施南部六盘山水源涵养林区、中部干旱带等阶段性生态移民工程。移民主要是宁夏南部山区的六盘山水源涵养林区、重点干旱风沙治理区和地质灾害发生区的贫困人口。该项目依托大型工程、国营农场或新建小型灌区等方式，以集中安置和插花安置相结合、整村搬迁为主要方式，以彻底恢复区域生态环境。在管理上，生态移民从搬迁开始就实行属地管理。移民搬迁后，户籍直接迁往迁入地，收回迁出地土地，以促进生态环境的恢复。到 2009 年，共搬迁移民 28.7 万人（其中包括扶贫扬黄工程移民重复计算的 12 万人）。

"十二五"开局之年，宁夏中南部地区 35 万生态移民工程正式启动。这项生态移民工程是宁夏"十二五"期间最大的民生工程，也是宁夏历史上规模最大的移民搬迁工程，迁出地涉及原州、隆德、泾源、西吉、彭阳、同心、盐池、海原、沙坡头 9 个县（区）91 个乡镇 684 个行政村 1655 个自然村，将县内、县外两种安置方式相结合，以县外安置为主。其中，65% 的移民在迁出县以外的北部川区进行安置，35% 的移民在迁出县内进行安置。迁入地均是交通便利、相对发达地区。[1] 截至 2015 年底，全区累计完成投资 123 亿元，建成移民住房 7.75 万套，搬迁安置移民 7.65 万户 32.9 万人。[2] 由于中南部山区人口向经济和资源环境相对较好的北部川区移民，宁夏人口分布趋向合理，不仅有效缓解了南部山区的生态压力，而且为宁夏沿黄经济区保证了劳动力，移民的生活条件得到相应改善，促进了宁夏社会经济、资源、环境可持续发展。生态移民对改善贫困状况和生态脆弱地区环境恢复具有积极意义。[3] 生态移民是生态文明建设的重要内容之一，是一项关系人民福祉、关乎未来长远发展的大战略。宁夏回族自治区坚定不移地实施生态移民工程，千方百计地做好移民安置和增收致富工作以及移民迁出区生态修复与管护工作，切实解决好生态移民发展过程中的各种新情况、新问题，从而真正以生态移民助力美丽乡村建设。

"十三五"时期是宁夏建设开放富裕和谐美丽宁夏、实现全面建成小康社会目标的决胜时期，全区脱贫攻坚工作进入冲刺阶段。在国家加大脱贫攻坚力度、大力实施易地扶贫搬迁政策支持下，宁夏实施"十三五"易地扶贫搬迁工程，将投资 48.6 亿元，除争取中央预算内资金外，70%

---

[1] 宁夏回族自治区政府颁布《宁夏"十二五"中南部地区生态移民规划》(2011)。
[2] 《关于印发宁夏"十三五"易地扶贫搬迁规划的通知》(2016)，宁夏政府网，http://www.nx.gov.cn/zwgk/qzfwj/20191023_1811301.html。
[3] 李培林、王晓毅主编《生态移民与发展转型——宁夏移民与扶贫研究》，社会科学文献出版社，2013。

以上资金是宁夏以地方政府债券和银行贷款筹资获得。① 这次扶贫搬迁的贫困人口以劳务移民安置为主。宁夏回族自治区对"十三五"移民住房、土地、社保、产业配套政策进行了完善。移民住房按人补助,人均面积在15~25平方米,超过补助投资标准的费用由移民自行负担。安置地政府可以回购符合标准的城镇商品房对劳务移民进行安置。移民搬迁后实行属地管理,与当地居民享有同等教育、医疗卫生等政策。

三 关爱留守儿童

(一)留守儿童引起关注

改革开放以来,城乡发展的巨大变化凝聚着农民工的汗水,但也给农民工的家乡——农村带来了挑战,这就是农村人口流动而引发的一些社会问题。受城乡二元社会结构和户籍制度的限制,加上家庭经济条件的制约,农民工的家人留在农村户籍所在地。这些流出人口的家庭结构发生了很大变化,导致农村普遍出现留守家庭,其部分家庭功能被弱化甚至缺损。② 农村里剩下留守老人、留守妻子、留守儿童等群体,尤其是亲子分离对留守儿童造成诸多困境。

随着劳动力流动规模持续扩大,农民工未成年子女的数量也日益增加。一方面,经济条件较好的农民工将子女带到城市,这些子女成为流动儿童,他们的户籍仍然在农村,但是可以在城市接受义务教育。早期政府、社会更多地关注农村劳动力流动给城市带来的影响,更多关注的是流动儿童,多是讨论受城乡二元社会结构和户籍制度制约的农民工及其子女在迁入地的权益保护问题。另一方面,由于经济条件、住房环境、考试升学等诸多现实问题,更多农民工不得不把子女留在农村户籍所在地,导致亲子分离,这部分子女即为农村留守儿童。一直以来,留守儿童数量远远高于流动儿童。2013年,全国妇联发布的《中国农村留守儿童、城乡流

---

① 《宁夏将搬迁8万贫困人口》,《人民日报》2016年4月28日。
② 杨善华:《30年乡土中国的家庭变迁》,《决策与信息》2009年第3期。

动儿童状况研究报告》中指出，根据《中国 2010 年第六次人口普查资料》样本数据推算，全国有农村留守儿童 6102.55 万人，占农村儿童的 37.7%。[1] 2014 年，初中生和小学生留守率分别为 66.3% 和 59.6%。[2] 2016 年，国务院明确了留守儿童的界定，民政部公布全国不满十六周岁的农村留守儿童数量为 902 万人，其中有 36 万农村留守儿童无人监护，占 4%。[3] 2018 年，据民政部统计，农村留守儿童超过 697 万人，96% 的留守儿童由祖父母照顾，0~13 岁的留守儿童占 89.1%。[4]

1992 年中国成为联合国《儿童权利公约》缔约国，虽然国内出台了一系列保障儿童权利的法律法规，如《宪法》《婚姻法》《教育法》《收养法》等，还有针对儿童的《中华人民共和国未成年人保护法》，给予了留守儿童的合法权益。中国《未成年人保护法》第三条规定，"未成年人享有生存权、发展权、受保护权、参与权等权利，国家根据未成年人身心发展特点给予特殊、优先保护，保障未成年人的合法权益不受侵犯"[5]。但是，事实上留守儿童缺乏父母有效的监护责任，他们的生存、发展、受保护、参与等权利保障严重缺失。正处于花季年龄，原本在父母怀里撒娇、享受温暖阳光沐浴的留守儿童，由于缺少父母的关爱和照顾，要承受与年龄不相适宜的风风雨雨，他们的权益受到了严重的侵害，一些留守儿童面临着各种程度的成长风险和安全隐患。2014 年的调查数据显示，49.2% 的留守儿童在过去一年中遭遇过不同程度的意外伤害；2013~2014 年，媒体曝光的女童性侵案件高达 192 起，其中留守女童受侵害案件占

---

[1] 全国妇联课题组：《中国农村留守儿童、城乡流动儿童状况研究报告》，《中国妇运》2013 年第 6 期。

[2] 邬志辉、秦玉友等：《中国农村教育发展报告（2015）》，北京师范大学出版社，2016。

[3] 《民政部有关负责人就农村留守儿童摸底排查情况答记者问》，民政部门户网站，http://mca.gov.cn/article/xw/mzyw/201611/20161115002391.shtml，2016 年 11 月 9 日。

[4] 《图表：2018 年农村留守儿童数据》，民政部网站，http://www.mca.gov.cn/article/gk/tjtb/201809/20180900010882.shtml，2018 年 9 月 1 日。

[5] 《中华人民共和国未成年人保护法》，2012 年 10 月 26 日修订。

55.2%；①2015年6月，我国首部《留守儿童心灵状况白皮书》显示，近1000万留守儿童一年到头见不到父母。②留守儿童生存发展问题引起社会各界的强烈关注，更引起国家、学术界的广泛关注。

（二）多项举措的出台和实施

随着中央一号文件关注"三农"问题，留守儿童问题也得到了相应的重视。有学者说，"三农"问题解决了，留守儿童问题也就相对解决了。③为此，国家多次召开相关会议并出台一系列措施，加强对留守儿童的关爱、保护、维权工作。

2004年2月，国家出台了《中共中央国务院关于进一步加强和改进未成年人思想道德建设的若干意见》，明确指出要高度重视流动人口家庭子女的义务教育问题。2006年初，"留守儿童"一词第一次出现在全国两会上成为大会热点词语。当年出台的《国务院关于解决农民工问题的若干意见》，焦点也是留守儿童。同年，国务院专门成立了农村留守儿童工作组，致力解决农村留守儿童问题。2007年，时任中共中央总书记胡锦涛在全国政协会上倡议全社会要高度关注留守儿童；时任国务院总理温家宝也在2007年的政府工作报告中，强调要解决好农民工子女及留守儿童问题。2008年，"留守儿童"首次出现在中央一号文件中，文件指出，留守儿童问题是"三农"问题的一部分，留守儿童的教育、关爱是维护农民工权益保障的重要内容。这一年，3名农民工以全国人大代表身份首次出现在全国两会上。2011年，时任国务院总理温家宝在中央农村工作会议上再次提及要解决好农村留守儿童、妇女、老人问题。之后，每年的政府工作报告都会明确提出解决农村留守群体的权益保障问题。

党的十八大以来，习近平总书记更是对留守儿童倍加关切，他强调要关心留守儿童，完善工作机制和措施，加强管理和服务，让他们都能感受到社

---

① 南方周末编著《在一起：中国留守儿童报告》，中信出版社，2016。
② 《〈中国留守儿童心灵状况白皮书（2015）〉在北京发布》，新华网，http//xinhuanet.com/politics/2015-6/18/c_127930210.htm，2015年6月18日。
③ 温铁军：《分三个层次解决留守儿童问题》，《河南教育》2006年第5期。

会主义大家庭的温暖。2013年，教育部、团中央等5个部门联合印发《关于加强义务教育阶段农村留守儿童关爱和教育工作的意见》，提出农村留守儿童在基础设施、营养改善和交通需求方面将享受"三个优先"的待遇。2016年，国务院公布了《关于加强农村留守儿童关爱保护工作的意见》，提出从家庭监护、政府责任、教育任务、群团组织、财政投入五个维度着手，建立完善农村留守儿童关爱服务体系。2017年10月，"全国农村留守儿童信息管理系统"正式启用，大幅提升了关爱、保护、帮扶留守儿童的精准度。各地也想出了不少办法，尽可能将所有农村留守儿童纳入有效监护范围。2018年初，国家民政部发布了《关于开展全国农村留守儿童关爱保护和困境儿童保障示范活动的通知》，提出建立一批全国农村留守儿童关爱保护和困境儿童保障区，对农村留守儿童生活和医疗进行保障，确保农村留守困难儿童得到有效监护，进一步关怀农村留守儿童的成长。2019年民政部、教育部、公安部等10个部门出台《关于进一步加强农村留守儿童和困境儿童关爱服务体系的意见》，指出要提升未成年人救助保护机构和儿童福利机构服务能力，加强工作力量和业务培训，提升基层儿童工作队伍能力和水平。

在党中央、国务院领导的关注下，近年来社会各界对留守儿童的关注明显升温，教育部、民政部、全国妇联等部门多次召开座谈会和学术会议，就解决留守儿童问题进行专门的分析讨论，并多次组织、委托高等院校和科研机构深入实地开展调研，高校的学者专家成立各种调查组，分赴中、西部农村进行实地考察，以充分掌握留守儿童的生活发展状况。2004年5月，教育部组织召开"中国农村留守儿童问题研究"座谈会，这次会议对留守儿童研究具有里程碑意义。自此高校与科研机构相继进行调研，展开了留守儿童问题研究。中国人口学会和中国人民大学人口与发展研究中心联合组织召开的"现代化进程中的人口迁移流动与城市化研讨会"，全国妇联和中国家庭文化研究会组织召开的"中国农村留守儿童社会支援行动研讨会"等，均就留守儿童问题进行了专门的讨论。2012年，全国妇联、中国人民大学人口与发展研究中心共同组成课题组，由国家统计局提供数据支持，进行全国农村留守儿童、城乡流动儿童状况研究，这次调查研究规模比较大，研究成果得出的留守儿童规模数据当时被广泛引用。可见，农村留守儿童受到了政府、社会各界的高度重视。

随着各类政策举措的出台，全国各地、各有关部门积极开展农村留守儿童关爱保护工作，对留守儿童的健康成长起到了积极作用，但工作中还存在一些薄弱环节，主要表现在：第一，父母缺乏监护主体责任。由于外出务工父母不能依法履行对留守儿童的监护职责和抚养义务，无法将子女带到城市共同生活，因而不能及时掌握子女的心理、教育、健康等状况。第二，关爱服务体系不完善。县级政府缺乏切实可行的留守儿童关爱保护措施，乡镇政府和村委会对监护人的法治宣传、监护监督和指导有待加强，学校缺乏留守儿童的管理和心理健康教育功能。第三，各类群团组织缺乏关爱实际措施。各级工会、共青团、妇联、残联、关工委等群团组织注重关爱保护工作制度化建设，缺乏可持续的、可操作性的关爱服务，如为留守儿童提供课余时间的生活照料、课后辅导、心理疏导等关爱服务。

第二节　研究对象

宁夏地处中国西北内陆，经济欠发达是宁夏的区情，生态移民是宁夏实施精准扶贫、恢复生态环境、实现人与自然和谐发展的有效措施。自20世纪80年代以来，宁夏组织实施吊庄移民工程、扶贫扬黄灌溉工程、易地扶贫搬迁移民工程、"十二五"中南部地区生态移民工程、"十三五"易地扶贫搬迁扶贫开发移民工程，相继迁移上百万贫困人口，形成了具有宁夏特色的生态移民新村。本书以宁夏生态移民地区为研究对象，具体缘由如下。

一　全国唯一的既是最早实施生态移民又是最早实施易地扶贫搬迁试点的省（区）

20世纪80年代，国家实施"三西"项目，这是最早实施的生态移民工程。"三西"包括宁夏西海固地区和甘肃的宁西、河西地区，宁夏西海固是"三西"之一。2001年，国家在宁夏、云南、贵州、内蒙古4省（区）先行实施易地扶贫搬迁试点工程,宁夏是西北唯一的试点省(区)。从1983年开始,宁夏回族自治区党委政府一直致力于宁夏中南部山区扶贫攻坚战略,积极探索以扶贫为主要目的的移民路径,为了减少贫困人口,先后组织实施吊庄移民、扶贫扬黄灌溉工程移民、易地扶贫搬迁移民和中部干旱带县内生态移民、"十二五"中南部地区生态移民、"十三五"易地扶贫搬迁等扶贫开发移民工程,相继迁移125.1万农村贫困人口。30余年来,宁夏形成了特有的精准扶贫之路,比较成功的如全国最大的易地生态移民集中安置区红寺堡区、福建和宁夏对口帮扶的吊庄移民镇闽宁镇等。

二 政策性移民示范作用最明显

政策性移民是以国家、政府专项财政投入为基础,由政府组织实施的移民工程。政府投入和直接组织是政策性移民的两个基本特征。宁夏实施的几次移民工程均是政策性移民,取得了较好的经济效益、社会效益和生态效益。特别是进入21世纪后,在管理上,生态移民从移民初期就实行属地管理,移民搬迁后,及时注销原居住地户口,收回原承包土地,促进了原居住地生态环境的恢复,充分发挥了特有的区位优势、政策优势,因地制宜地发挥特色产业,移民生活水平有了显著提高。在政府主导下,面对突发问题和重大挫折时,政府会积极采取相应措施予以有效解决,增强移民安居的信心。[1] 经过多年的努力,宁夏贫困人口从1982年的119.3万人减少到2019年的1.88万人,贫困发生率下降到0.5%,[2] 农村居民人均可支配收入由289元增加到12858元。[3] 全区生态移民人均可支配收入由2014年的5084元增加到2019年的8387元。[4]

---

[1] 范建荣、姜羽:《宁夏自发移民理论与实践》,宁夏人民出版社,2012。
[2] 《辉煌七十年,奋进新时代》,宁夏回族自治区统计网,http://tg.nx.gov.cn/tjxx/201909/t20190905_ 1724999.html,2019年9月5日。
[3] 宁夏回族自治区统计局编《宁夏统计年鉴(2019)》,中国统计出版社,2019。
[4] 《2014年宁夏生态移民可支配收入简析》,宁夏回族自治区统计局网,http://tj.nx.gov.cn/tjxx/201503/t20150303_ 1470113.html,2015年3月3日;《宁夏回族自治区2019年国民经济和社会发展统计公报》,宁夏回族自治区统计局网,http://tj.nx.gov.cn/tjsj_ htr/tjgb_ her/202004/t20200430_ 2054423.html,2020年4月30日。

三　从全省（区）视角看，移民涉及范围最大

宁夏组织实施的吊庄移民、扶贫扬黄灌溉工程移民、易地扶贫搬迁移民，累计安置移民80多万人，在组织领导、搬迁方式、安置模式、资金整合、项目管理、后续产业发展等方面积累了丰富的工作经验，并出台了一系列配套政策措施，为今后开展生态移民工作奠定了基础。尤其"十二五"期间，宁夏回族自治区政府将生态移民工程列入宁夏回族自治区"十二五"重点民生项目。这次移民举全区之力，迁出区、迁入区涉及全区五市，投资123亿元，搬迁宁夏中南部9个县区、91个乡镇、684个行政村的贫困群众，移民32.9万人，占2011年全区人口的5.6%，[①] 全区累计搬迁各类移民125.1万人，从根本上解决了这部分群众的脱贫问题。本课题认为对宁夏生态移民地区留守儿童的全面调查研究，更有代表性、典型性，同时也可为今后宁夏精准扶贫、新农村建设提供决策依据。

第三节　研究规划

一　研究预期

生态移民工程是宁夏恢复生态环境、实施精准扶贫的一项重大举措，同时也面临着严峻的挑战。目前，生态移民地区公共服务设施比较完善，移民的生活环境有了全新的转变。随着宁夏工业化、城市化步伐的加快，越来越多的新区移民进城务工，生活水平得到了进一步的改善和提高。但是，移民新区的社会治理是否跟得上移民的步伐，是否能够保障留守儿童的合法权益？据笔者走访的移民村落，绝大部分青壮年外出打工，村中多是留守的儿童、妇女、老人。这些移民新区大部分是少数民族聚居区，每

---

① 《关于印发宁夏"十三五"易地扶贫搬迁规划的通知》（2016），宁夏政府网，http://www.nx.gov.cn/zwgk/qzfwj/20191023_1811301.html。

户有 2～4 个孩子，村中的人口以留守儿童为主。可以说，留守儿童是生态移民地区权利、人口、民族、贫困问题的重要反映，是建设移民新区小康社会的重要部分，也是衡量国家和社区进步程度的重要标志。因此，留守儿童是生态移民地区不可忽视的特殊群体，他们是移民新村的未来和希望，也是未来农村的主要建设者。

本书重点研究以下几个问题：①通过梳理以往研究文献和现有政策措施，把握中央和地方在出台、贯彻有关农村留守儿童政策、措施的情况及问题，了解我国农村留守儿童权利保障研究现状，探讨研究不足。②抽样调查宁夏生态移民地区留守儿童生存权、发展权、受保护权、参与权等基本权利保障现状，了解留守儿童的基本情况。③根据对县内、县外生态移民地区留守儿童权利保障的对比分析，掌握县内、县外移民地区留守儿童权利保障的差异和不足。④问卷调查生态移民地区教师的生活、工作以及留守儿童的发展情况，了解教师需求，进一步从教师视角掌握留守儿童权利保障状况和存在问题。⑤综合以上调查分析，提出具有针对性且能有效解决留守儿童权利保障问题的思路建议。

此外，本书还进行了以下探讨：①回顾宁夏农村教育的发展历程，就加快推进农村教育发展提出思考建议。②依据第三期中国妇女社会地位调查儿童专卷的数据，从儿童生存权、发展权、受保护权、参与权以及性别观念认知等几个方面，分析宁夏儿童权利保障状况。③从不同视角进一步探讨留守儿童的权利保障状况。

本书具有以下研究意义：①有利于宁夏生态移民新村建设的可持续发展。生态移民的背景下，留守儿童是一个庞大的特殊群体，只有保障他们的合法权益，为他们的健康成长创造更好条件，移民地区的留守儿童才可能顺利成为移民新村建设的接班人，才能担负起历史对他们的重托。②有利于促进民族平等、民族团结和民族繁荣。生态移民地区主要是少数民族聚居村落，保障留守儿童的权益，让更多的少数民族留守儿童同其他儿童一样享受到社会发展的机会和成果，对促进民族平等、民族团结和民族繁荣，实现社会公平、构建和谐社会以及全面建设小康社会有着重要的现实意义。③有利于生态移民地区义务教育的落实和社会保障的完善。目前，户籍是维系人们各项权益之根本，生态移民地区的社会治理尤其户籍管理是重点和难点，关系生态移民地区留守儿童权益保障问题，有利于宁夏义务教育的落实和社会保障制度的完善。

二 研究步骤

（一）研究方法

首先，本研究运用应用社会学的相关理论，借鉴国内外经验，审视生态移民地区留守儿童权利保障现状；其次，实证分析和理论分析相结合，实证分析侧重于调查对象（生态移民地区留守儿童，下同）的客观描述，理论分析侧重于对研究对象的理性判断，同时在实证分析的基础上升华到理论的高度，达到理论与实践相互补充和结合的目的；再次，定性分析与定量分析相结合，通过定性分析对研究对象进行描述性研究，通过定量分析对研究对象进行深度研究；最后，理论分析与对策建议相结合，为生态移民地区留守儿童的权利保障的实现服务。

（二）研究过程

1. 前期准备工作

前期主要做以下工作：笔者对已有的涉及留守儿童的相关文献资料进行全方位的检索和查询，不仅包括以往出版的著作、发表的论文，还包括报纸、网络、电视、电台等相关报道；走访宁夏回族自治区（市、县）民政、教育、扶贫（移民）、统计、公安等相关部门，收集生态移民、留守儿童有关数据资料；设计调查问卷和访谈提纲，向相关专家咨询，开小型研讨会，修改研究方案。

2. 前期试调研

在准备前期工作的同时，针对某一移民村落进行试调研，对留守儿童情况进行初步了解，分析典型案例，撰写相关调研报告。

3. 实地调研

笔者及调研人员先后两次进行实地调研：第一次于 2014 年 5~7 月，

对宁夏银川、石嘴山、吴忠、中卫、固原 5 市 12 个生态移民新村进行实地调研，共发放调查问卷 618 份，回收有效问卷 610 份，其中 508 份为留守儿童；老师共发放了 105 份问卷，收回有效问卷 103 份。此外，对留守儿童、家长、老师、校长以及村干部进行深入访谈，获得一手资料。第二次于 2015 年 5 月，专门对留守儿童、老师、校长等进行深入访谈，其中访谈留守儿童 33 人。移民新村的调查过程主要有以下步骤。

（1）选择移民新村：通过对宁夏回族自治区（市、县）扶贫办（移民办）调研和收集资料，由当地部门推荐选择生态移民新村调查点。

（2）了解社区：走访村委会，了解新村移民住户社会适应、生活变迁、文化认同等情况，初步掌握留守儿童搬迁前、后的生活背景。

（3）学校的访谈：走访学校，和校长深入访谈，对留守儿童在移民新村和学校的适应、学习、生活等情况有了认识和了解。

（4）确定调查对象：根据学校提供留守儿童的基本资料以及老师的推荐，对学校 1～9 年级留守儿童群体进行抽样，确定调查对象。

（5）问卷调查：在老师的帮助下，对留守儿童进行问卷调查。三年级以上调查对象自行填写，三年级及以下调查对象，由调研人员或老师逐一朗读解释，帮助留守儿童完成答卷。此外，在每所学校抽取 10～20 名老师进行问卷调查。

（6）留守儿童、老师访谈：问卷调查后，由老师推荐或调研组抽取，对留守儿童进行深入访谈；对老师尤其对交换到农村的城市老师进行访谈。

4. 资料整理分析

对收集的问卷进行数据录入，通过统计软件工具，对数据进行统计，根据统计结果制作图表。

5. 撰写调研报告

进行统计分析，撰写完成调研报告。

（三）研究内容

本书共有十四章，研究内容包含三大部分：

第一部分是问题缘起与研究背景，包括四个章节：第一，问题的提出

生态移民地区留守儿童权利保障

和研究背景以及研究设计介绍；第二，对留守儿童研究现状进行总结评述；第三，另外两个章节是前期对留守儿童的教育背景和宁夏整体儿童权利保障概况的调查，即关于宁夏农村教育和宁夏儿童权利保障的调查报告。

第二部分是留守儿童权利保障的分析与建议。这是主体部分，具体内容见图1-1。本研究将联合国《儿童权利公约》和我国《中华人民共和国未成年人保护法》提出的儿童生存权、发展权、受保护权和参与权等4项基本权利，作为基本分析框架，通过对宁夏生态移民地区留守儿童的问卷调查，根据宁夏回族自治区县内、县外移民不同安置方式，将留守儿童分为山区（县内）、川区（县外）留守儿童，对县内、县外留守儿童的生存权、发展权、参与权、受保护权进行比较分析，从而探讨生态移民留守儿童的权利保障问题，并进一步提出对策建议。

第三部分是留守儿童发展权利保障与思考。这部分是对第二部分的补充和完善，从不同视角进一步分析留守儿童发展权利保障状况，从老师视角分析生态移民地区留守儿童发展权利保障，对生态移民地区留守儿童家庭教育、课外阅读及非留守儿童的生存问题进行分析讨论，提出对策建议。

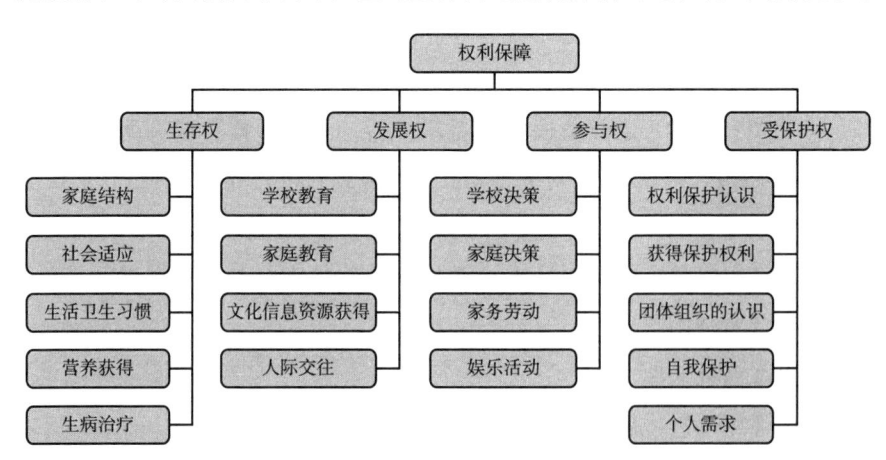

图1-1 留守儿童权利保障调查报告分析框架

第二章 研究现状及评论

第一节 留守儿童的概念

一 已有的相关概念

"留守儿童"一词最早是上官子木在1993年提出的,当时是指由于父母在国外工作、学习,被留在国内的子女。[①] 如今,通常是指父母外出打工而被留在农村家乡的孩子。虽然关于农村留守儿童的学术研究成果颇丰,但是关于留守儿童的定义学术界尚无公认的标准。国务院在发布的《关于加强农村留守儿童关爱保护工作的意见》(国发〔2016〕13号)中认为,留守儿童是指父母双方外出务工或一方外出务工另一方无监护能力、未满十六周岁的未成年人。这是国家首次对留守儿童的定义。综观已有的研究文献,留守儿童的概念界定主要由留守儿童居住地、留守模式、年龄、留守时间等四个因素组成。对于儿童居住地、留守模式,学者们的认知大体一致,关于留守儿童的年龄和留守时间两个因素在学术界尚无统一标准,定义也是五花八门。根据以上四个因素,笔者对留守儿童概念的明确界定进行大致的划分。

(一)同时确定居住地、年龄、留守模式、留守时间

学术界这类定义非常少,叶敬忠等认为,留守儿童是农村地区因父母

[①] 上官子木:《隔代抚养与留守儿童》,《父母必读》1993年第11期。

双方或单方长期在外打工而被交由父母单方、长辈或他人来抚养、教育和管理的未满18岁的人。① 范方等认为留守儿童是指其父母双亲长年外出而被留在家乡，需要他人照顾的未成年孩子。② 以上概念的留守时间以"长期""长年"提及，虽然没有明确具体期限，却是早期同时具备四要素的定义。全国妇联认为，农村留守儿童是指父母双方或一方从农村流动到其他地区，孩子留在户籍所在地的农村地区，并因此半年以上不能和父母双方共同生活在一起的18岁以下（0~17岁）儿童。③ 杨靖将其定义为由于父母双方或一方一年中在外务工时间累计达6个月及以上，而被留在农村地区交由父母单方、祖辈、他人照顾或无人照顾的18周岁以下的未成年人。④ 张学浪认为，农村留守儿童是指农村家庭中父母双亲或单亲因各种因素，从户籍所在地流动至城市或其他地区务工，而将自己的子女留在家中，由代理监护人养育和照顾，且父母与子女分离时间超过半年以上的16周岁以下的所有儿童。⑤ 这些定义将留守时间明确界定为"半年"。

（二）同时确定居住地、父母外出模式、年龄

这类定义比较多，具有代表性的是国务院、吴霓、段成荣等的定义。2016年国务院发布的《关于加强农村留守儿童关爱保护工作的意见》以下简称《意见》（国发〔2016〕13号）中认为，留守儿童是指父母双方外出务工或一方外出务工另一方无监护能力、未满十六周岁的未成年人。严格地讲，该定义只有父母外出模式和年龄两个因素。或许《意见》题目中将留守儿童界定为农村留守儿童，故未明确居住地。吴霓认为，留守

---

① 叶敬忠、潘璐：《别样童年：中国农村留守儿童》，社会科学文献出版社，2008。
② 范方、桑标：《亲子教育缺失与"留守儿童"人格、学绩及行为问题》，《心理科学》2005年第4期。
③ 全国妇联课题组：《中国农村留守儿童、城乡流动儿童状况研究报告》，《中国妇运》2013年第6期。
④ 杨靖：《媒介中的正义暴力对农村留守儿童的影响及对策研究》，《中国青年研究》2012年第7期。
⑤ 张学浪：《转型期农村留守儿童发展问题的困境与突破——基于社会环境因素的理性思考》，《兰州学刊》2014年第4期。

儿童是指由于父母双方或一方外出打工而被留在农村，而且需要其他亲人或委托人照顾的处于义务教育阶段的儿童（6~16岁）。[①] 张春玲[②]等沿用此定义。段成荣、周福林认为，留守儿童就是父母双方或一方流动到其他地区，孩子留在户籍所在地，并因此不能和父母双方共同生活在一起的14周岁及以下儿童。[③] 江荣华认为，留守儿童是指父母双方或一方外出打工而留守在家乡，并需要其他亲人照顾的16岁以下的孩子。[④] 吕绍清也将留守儿童界定为农村地区父母双方在外打工就业而被留在家乡就读于小学和初中阶段的儿童。[⑤] 全国妇联2008年对农村留守儿童的界定是，父母双方或一方从农村流动到其他地区，孩子留在户籍所在地农村，并因此不能和父母双方共同生活的17周岁及以下的未成年人。[⑥] 姚云认为，孩子没有条件随父母流动到城市，只好继续留在农村，由自己的祖父母或其他亲戚照料，这一未成年的特殊群体即为留守儿童。[⑦] 这些定义中同时确定了居住地、父母外出打工模式和留守儿童年龄，但没有提及留守时间。

（三）同时确定居住地、留守模式

这类定义强调父母双方或一方在外打工，子女留在家乡，未明确界定留守儿童的年龄和留守时间。农村留守儿童是指父母双方或一方进城或到经济发达地区务工（简称进城务工或外出打工）而被留在老家的那些孩子。[⑧] 曹加平认为，留守儿童是指父母双方或一方流动到其他地区，孩子在户籍所在地，不能与父母双方共同生活在一起，而由其他监护人监护抚养或独立生活的儿童。[⑨]

[①] 吴霓：《农村留守儿童问题调研报告》，《教育研究》2004年第10期。
[②] 张春玲：《农村留守儿童的学校关怀》，《教育评论》2005年第2期。
[③] 段成荣、周福林：《我国留守儿童状况研究》，《人口研究》2005年第1期。
[④] 江荣华：《农村留守儿童心理问题现状及对策》，《成都行政学院学报》（哲学社会科学版）2006年第1期。
[⑤] 吕绍清：《中国农村留守儿童问题研究》，《中国妇运》2006年第6期。
[⑥] 柳晓森、张音：《留守儿童重养更重育》，《人民日报》2008年2月28日。
[⑦] 姚云：《农村留守儿童的问题及教育应对》，《教育理论与实践》2005年第7期。
[⑧] 范先佐：《农村"留守儿童"教育面临的问题及对策》，《国家教育行政学院学报》2005年第7期。
[⑨] 曹加平：《农村留守儿童心理发展问题及策略思考》，《教育科学论坛》2005年第10期。

二　居住地的界定差异

在涉及居住地上，学者们也略有差异。吴霓、叶敬忠、王秋香、姚云、范方等认为留守儿童是留在农村家乡，而非城市儿童。如王秋香明确指出，留守儿童首先是指农民的子女，他们必须是以异地转移的形式外出务工农民的子女，不包括那些就地转移的形式务工的农民子女。[①] 段成荣、周福林、江荣华、曹加平等指出父母双方或一方流动到其他地区、子女居住在"户籍所在地"，范方、吕绍清等指子女"留在家乡"，上述既未明确指出父母为农民，也未明确户籍所在地或家乡是农村还是城市，对儿童的居住地没有明确。

三　父母外出模式的界定

父母外出是导致子女成为留守儿童的根源，也是留守儿童概念的核心因素。学术界对父母外出模式基本达成共识，大多数研究对留守儿童概念的界定，强调的是父母双方或一方在外打工，也有少数研究认为只有父母双方都外出的孩子才算留守儿童，如范方等认为父母双亲长年外出打工。

四　年龄的界定差异

留守儿童不同的年龄区间是导致概念不一的主要因素，由此导致学术界对留守儿童规模估算存有巨大分歧。在年龄上，虽然是指未成年人，但究竟是哪个年龄段的未成年人，存有很大差异。在现有的研究中，有0~14岁、0~16岁、6~16岁、6~18岁、18岁以下、义务教育阶段等多种不同的看法。段成荣、周福林将留守儿童年龄界定在14周岁以下，[②] 叶仁荪

[①] 王秋香、李传熹：《农村"留守儿童"研究综述》，《湖南人文科技学院学报》2007年第5期。

[②] 段成荣、周福林：《我国留守儿童状况研究》，《人口研究》2005年第1期。

等[①]、张传玉[②]等学者认同这个观点，认为留守儿童的年龄为14周岁及以下比较合适；吴霓认为应该是16周岁以下，并对留守儿童年龄的下限进行了界定，即6~16周岁的儿童；[③] 张春玲[④]、蒋平[⑤]界定在义务教育阶段的儿童，叶峰[⑥]、吕绍清[⑦]等认同此观点，有年龄下限和义务教育的界定将学龄前阶段的留守儿童排除在外；张学浪[⑧]认为在16岁以下；叶敬忠等根据联合国《儿童权利公约》对儿童年龄界定，认为留守儿童是指18周岁以下的儿童[⑨]；范方[⑩]、姚云[⑪]等则直接界定为未成年人。不但学术界对此有争议，国家相关部门也不一致，全国妇联界定在18周岁以下，统计局则主要统计15岁以下的儿童，民政部则统计16岁以下的未成年人。

综上所述，多数研究直接将研究对象界定在义务教育阶段，而对学龄前儿童和16~18周岁儿童没有给予关注；有些研究者或部门将调查对象界定在15周岁、16周岁以下儿童。笔者认为，应遵循联合国《儿童权利公约》对儿童年龄的界定，留守儿童的年龄应在18周岁以下。

五 留守时间的界定

留守时间也是留守儿童概念争议的主要因素，多数研究中没有对父母

---

① 叶仁荪、曾国华：《国外亲属抚养与我国农村留守儿童问题》，《农业经济问题》2006年第11期。
② 张传玉：《单亲呵护下的留守儿童——以湖北L县调查为例》，《山东省农业管理干部学院学报》2006年第4期。
③ 吴霓：《农村留守儿童问题调研报告》，《教育研究》2004年第10期。
④ 张春玲：《农村留守儿童的学校关怀》，《教育评论》2005年第2期。
⑤ 蒋平：《农村留守儿童家庭教育基本缺失的问题及对策》，《理论观察》2005年第4期。
⑥ 叶峰：《农村留守儿童家庭教育问题与对策研究》，《和田师范专科学校学报》2006年第4期。
⑦ 吕绍清：《中国农村留守儿童问题研究》，《中国妇运》2006年第6期。
⑧ 张学浪：《转型期农村留守儿童发展问题的困境与突破——基于社会环境因素的理性思考》，《兰州学刊》2014年第4期。
⑨ 叶敬忠、潘璐：《别样童年：中国农村留守儿童》，社会科学文献出版社，2008。
⑩ 范方、桑标：《亲子教育缺失与"留守儿童"人格、学绩及行为问题》，《心理科学》2005年第4期。
⑪ 姚云：《农村留守儿童的问题及教育应对》，《教育理论与实践》2005年第7期。

外出的时间做限定，有的学者们不提时间，有的则以"长期"或"长年"在外务工一带而过，并没有给出明确的时间界定。有的学者在调查研究中，根据调研实际需要，为了客观反映事实，对父母外出时间做了界定，有3个月、4个月、半年、半年以上等不同标准。叶敬忠限定父母"超过6个月"。① 段成荣、周福林参考人口普查界定流动人口的标准，以"外出半年以上"，并且建议"今后有关留守儿童的调查以半年作为时间参考长度为宜"。② 胡枫、李善同将父母外出务工时间界定为一年以上。③ 在测量时间长度上，王秋香等则提出是一次连续性的还是可以累加的？④ 关注时间差异的，大多数是从心理学分析留守儿童的心理、性格、学习成绩等影响的学者，而定性研究以及对策研究的则往往对留守时间不予细究。⑤ 目前，学术界和社会各界基本上都赞成段成荣、周福林观点。

有学者认为，留守儿童概念的分歧很大一部分原因来自研究者在当地取样的实际情况。⑥ 中国文化丰富多彩，由于各个地区经济发展水平和文化习俗的差异，农民外出打工的实际情况也不尽相同，概念的争论也反映了中国农村特色的复杂性。大多数研究是基于某一地区留守情况的调查。随着留守儿童日益引起关注，统一概念是非常有必要的。这不仅关系今后研究的系统性和针对性，更关系国家政策的制定与实施，从而为留守儿童提供更好的服务支持。研究者只有精准、真实地反映客观事实，才能使国家政策科学有效地惠及留守儿童。

---

① 叶敬忠、〔美〕詹姆斯·莫瑞主编《关注留守儿童：中国中西部农村地区劳动力外出务工对留守儿童的影响》，社会科学文献出版社，2005。
② 周福林、段成荣：《留守儿童研究综述》，《人口学刊》2006年第3期。
③ 胡枫、李善同：《父母外出务工对农村留守儿童教育的影响》，《管理世界》2009年第2期。
④ 王秋香、李传熹：《农村"留守儿童"研究综述》，《湖南人文科技学院学报》2007年第5期。
⑤ 刘志军：《留守儿童的定义检讨与规模估算》，《广西民族大学学报》（哲学社会科学版）2008年第3期。
⑥ 罗静等：《中国留守儿童研究述评》，《心理科学进展》2009年第5期。

第二节 留守儿童的规模

国内早期关于全国留守儿童进行研究的，多是根据2000年、2010年全国人口普查或者2005年全国1%人口抽样调查进行数据概括和分析，也有的研究者根据局部区域调查测算出留守儿童在整体儿童中所占的比重。中国地域辽阔，且社会经济发展水平差异显著，大部分研究对象基本上是就某一区域的留守儿童，鉴于中国人口流动的动态变化，留守儿童的规模数据亦随之变化。加上"留守儿童"概念界定不一，统计全国留守儿童规模的数据更是难上加难，即使测算出数据也不一定能准确反映留守儿童的真实情况。2016年以来，国家民政部每年发布留守儿童的统计数据，学术界则以国家统计为准。之前，社会各界对留守儿童总体规模的估算进行了努力的探索和分析。

2004年教育部基础教育司副司长杨进在"流动儿童工作经验交流暨研讨会"上表示，农村留守儿童近1000万人；中央教育科学研究所的"中国农村留守儿童问题研究"课题（2004）在甘肃、河北、江苏等省开展的调查结果表明，留守儿童占农村学龄儿童比例达到47.7%。[1] 有学者根据这样的比例估计了全国留守儿童的总量，农村留守儿童不少于1000万人。[2] 国家城调总队、河南省城调队根据对河南鲁山、叶县等乡镇留守儿童的概率测算，认为全国约有1000万15岁以下的留守儿童。[3] 留守儿童规模在1000万人左右在一段时期成为权威数据。叶敬忠等在书中提到15岁以下的留守儿童有1000万人。[4] 2016年，民政部公布全国不满十六

---

[1] 吴霓：《农村留守儿童问题调研报告》，《教育研究》2004年第10期。
[2] 续梅：《无奈的留守让他们失去多少关爱》，《中国教育报》2004年8月15日。
[3] 王玉琼、马新丽等：《留守儿童，问题儿童？——农村留守儿童抽查》，《中国统计》2005年第1期。
[4] 叶敬忠、〔美〕詹姆斯·莫瑞主编《关注留守儿童：中国中西部农村地区劳动力外出务工对留守儿童的影响》，社会科学文献出版社，2005。

周岁的农村留守儿童数量为902万人。① 这是国家发布的比较权威的数据。

段成荣、周福林根据2000年第五次全国人口普查抽样数据测算得出，2000年农村留守儿童为1981.24万人。② 联合国儿童基金会《2006年世界儿童状况报告》估计，2006年中国农民工子女已经达到4300万人，其中2300万人是留守儿童。③《新京报》2005年8月报道约有2000万留守儿童。④ 在国家相关部门公布留守儿童规模以前，社会上比较认同2000万人，被引用的也比较多。

根据2005年全国1%人口抽样调查的数据，全国妇联测算出全国农村留守儿童约5800万人，其中14周岁以下的留守儿童约4000多万人。留守儿童占全部农村儿童的28.29%，平均每4个农村儿童中就有1个多留守儿童。⑤ 同样，段成荣、杨舸也根据2005年全国1%人口抽样调查数据测算出，我国农村留守儿童占全国留守儿童总数中的80%，其规模已达到5861万人。⑥ 自全国妇联权威发布后，这个数据在相当长的时间被社会各界认可并采纳。

2013年，全国妇联根据《中国2010年第六次人口普查资料》样本数据推算，全国农村留守儿童6102.55万人，占农村儿童的37.7%，占全国儿童的21.88%。与2005年全国1%抽样调查估算数据相比，五年间全国农村留守儿童增加约242万人。⑦ 2015年，中国首部《留守儿童心灵状况白皮书》也指出中国有6100万留守儿童，其中约1000万留守儿童终年与父母无法见面。⑧

---

① 《民政部有关负责人就农村留守儿童摸底排查情况答记者问》，民政部门户网站，http://www.mca.gov.cn/article/xw/mzyw/201611/20161115002391.shtml，2016年11月9日。
② 段成荣、周福林：《我国留守儿童状况研究》，《人口研究》2005年第1期。
③ 《委员解析农民工子女教育：公益性民办校将诞生》，人民网，http://www.cppcc.people.com.cn/GB/34956/5828203.html，2007年6月8日。
④ 刘祖强、谭淼：《农村留守儿童问题研究：现状与前瞻》，《教育导刊》2006年第6期。
⑤ 全国妇联：《全国农村留守儿童状况研究报告（节选）》，《中国妇运》2008年第6期。
⑥ 段成荣、杨舸：《我国农村留守儿童状况研究》，《人口研究》2008年第3期。
⑦ 全国妇联课题组：《中国农村留守儿童、城乡流动儿童状况研究报告》，《中国妇运》2013年第6期。
⑧ 《中国首都〈留守儿童心灵状况白皮书〉发布》，民生网，http://www.mgweekly.com/show.html?id=28175，2015年6月19日。

2010年人口普查数据显示，父母都外出或只与父亲、母亲一方生活的留守儿童近7000万人，约占全国儿童的25%，而留守儿童中农村儿童占88%。[1] 在一些农村劳动力输出大省，留守儿童在当地儿童总数中所占比例已高达18%～22%。[2] 综上可以看出，留守儿童群体的规模相当大，其产生的社会影响和社会后果可想而知。

留守儿童动态的、暂时的、不确定的特殊属性，使留守儿童规模的测算也以不同的操作方式和统计口径得出不同的数据。一些学者对留守儿童规模问题进行了分析和评论。罗国芬比较早地提出留守儿童是一种暂时的生活状态而非属性特征，他认为留守儿童只是儿童阶段性的生存状态，当他们和父母共同生活，"留守"就随之消失。没有"留守"儿童，只有一些有过或正在或将要经历留守状态的儿童。在这个意义上，也可以说留守儿童的规模问题是个"伪问题"。[3] 如今，学术界唯一普遍达成共识的就是留守儿童规模庞大，而且随着中国城市化进程的进一步发展，留守儿童的数量还会有变化。

第三节 研究现状及述评

一 留守儿童研究概况

（一）学术调查概况

目前，国内对留守儿童的研究可谓"百花齐放，百家争鸣"。国内的研究先是从"三农"问题中农村劳动转移进行研究，关注农民工对城市经济、社会的影响以及他们的适应问题，进而关注跟随父母进城子女——流动儿童问题。随着城市中农民工及子女问题的有效改善，大家又关注到

---

[1] 段成荣、吕利丹、郭静等：《我国农村留守儿童生存和发展基本状况——基于第六次人口普查数据的分析》，《人口学刊》2013年第3期。
[2] 杨东平主编《教育蓝皮书：深入推进教育公平（2008）》，社会科学文献出版社，2008。
[3] 罗国芬：《从1000万到1.3亿：农村留守儿童到底有多少》，《青年探索》2005年第2期。

被农民工留在农村的老人、妻子、子女问题，也就是从迁入地转向迁出地研究。近年来，随着留守儿童事件的引发，研究焦点逐渐集中于农村的留守儿童。国内最早涉及留守儿童的论文是1994年发表在《瞭望新闻周刊》上署名为一张的《"留守儿童"》，[①] 文章指出留守儿童是一个特殊的群体，关心他们的教育是青少年儿童工作中的新课题。接着，媒体逐渐对典型案例进行报道，一些社会学、教育学等学者开始进行留守儿童研究。2001年，北京师范大学史静寰教授等人在香港乐施会资助下，开始"农村外出劳动力在家子女受教育状况研究"，课题组调查了江西、湖南、河南等地，就解决农村儿童教育中父母外出方式和监护形式提出了对策建议。2002年，福建师范大学在福建省内调查"留守孩"问题。2004年以来，关注农村留守儿童在社会各界正式拉开序幕，各大中专院校、科研机构进行了规模不一的社会调查研究，具有代表性的主要有：中央教育科学研究所"中国农村'留守儿童'问题研究"课题组对甘肃、河北、江苏等省5个县留守儿童进行的调查；华中师范大学社科处组织的中国农村问题研究中心和教育科学院联合调研组对湖北英山农村留守儿童的教育问题进行的专题调查；中国青年政治学院青年发展研究院"全国农村地区'留守儿童'的现状与对策研究"课题组在中西部和东部部分农村地区对"留守儿童"及其关联人群进行的大规模的社会调查等；中国农业大学人文与发展学院"中国中西部农村地区劳动力外出务工对留守儿童的影响研究"课题组，以陕西、宁夏和河北等地的10个村子的留守儿童为调查对象，进行的调查研究；中国社会科学院妇女/性别研究中心进行的"农民工流动对儿童的影响"的调查。课题组深入了解了留守儿童在父母外出打工后的生活、学习、心理现状及变化情况，并分析了他们成长环境的变动对其身心健康等各个方面所带来的一系列影响。[②]

[①] 一张：《"留守儿童"》，《瞭望新闻周刊》1994年第45期。
[②] 王秋香、李传熹：《农村"留守儿童"研究综述》，《湖南人文科技学院学报》2007年第5期。

(二)研究成果概况

笔者在中国知网以题名为"留守儿童"进行跨库（期刊、博硕士、国内会议）论文检索，从2006年到2018年的13年，截至2018年12月31日，关于留守儿童的研究论文9257篇。检索到的这些文献基本是学术论文，不包括报纸、年鉴类、资料、图片、数据、观点等文献资料，也不包括诸如"留守幼儿""留守孩""留守子女""留守学生""留守少年"等与留守概念有关的文献。因此，检索到的文献并非包括所有的相关研究文献。

1994年留守儿童研究首次出现后到2001年，留守儿童的相关文章和报道仅有6篇，其中在1996年、1997年、1999年、2001年没有相关文献，2002~2004年共有研究文献13篇，年均文章不足10篇。2005年相关研究大幅增加，检索到相关文献有65篇。2006年迅速增加到157篇，是2005年相关文献数量的近3倍。2006年以后，留守儿童相关文献年年急剧上升（见图2-1），截至2018年底的13年间，留守儿童研究文献达到9257篇，年均相关文献达700多篇。除了2014年、2018年略微下降外，留守儿童研究呈逐年递增趋势，2018年的文献量是2006年的6倍多。可见学术界、新闻媒体对留守儿童的关注度。

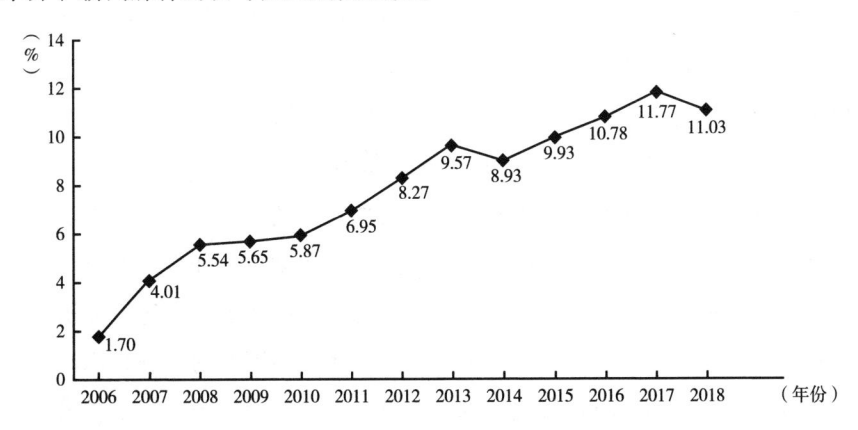

图2-1 2006~2018年留守儿童研究文献情况

(三)学科视角概况

较早时期,国内学术界主要从教育学、心理学、社会学、人口学等学科视角对留守儿童进行了大量有益的探讨,不同的学科领域对于这一特殊群体进行的研究既相互交叉又各有侧重:一是从教育学视角,多数研究表示家庭教育的缺失、弱化以及不合理性对留守儿童学习表现、道德品质等产生影响,主要有史静寰(2001)、朱科蓉(2002)、吴霓(2004)、张春玲(2005)、范先佐(2005)、姚云(2005)等学者的研究。二是从心理学视角,主要关注留守儿童的心理与行为问题,多以问卷测评为研究工具说明留守儿童的心理行为及发展问题,比较他们与非留守儿童之间存在的差异,主要有周宗奎(2005)、范方等(2005)、张鹤龙(2004)、蒋平(2005)的研究。三是从社会学视角,主要是从留守儿童的社会支持与社会行为等方面进行研究,多以问卷调查和个案访谈研究方式,对留守儿童的生活、社会适应、问题行为等存在问题进行理论层面的分析,并从不同层面提出留守儿童社会支持系统的建构,主要有叶敬忠(2005、2008)、谭深(2009)、吕绍清(2007)、殷世东等(2006)、卜卫(2008)等的研究。四是从人口学视角,重在研究留守儿童的规模、分布、家庭结构、监护类型等特征,在研究方法上多采用文献综述和人口调查资料的方法,通过对中国农村留守儿童的规模结构、分布、受教育状况等方面的基本情况进行分析,主要有段成荣(2005、2008、2013、2014)、周福林(2005、2006、2009)、杨舸(2008)、罗国芬(2005)等的研究。[①]

综观上述研究文献,研究内容主要集中在农村留守儿童的"问题"上。农村留守儿童问题是由于家庭结构短期不完整、家庭教育缺失、家庭功能弱化而引发的,学者们纷纷从社会学、教育学、心理学、人口学等视角就留守儿童的安全、学习、心理和生活等方面问题展开了研究分析。留守儿童问题是学术论述、社会舆论、政策等多方面因素的产物,谭深认为涉及对留守儿童存在问题研究的相当一部分文章交代笼统,缺乏数据论证

---

① 文献详情参见"参考文献"。

过程，得出的结论不可靠却被大量征引，以致形成了留守儿童是问题儿童的基调，造成了误导。① 虽然是弱势群体，但也有留守儿童自强不息、坚强独立面对生活，只是被我们忽视罢了。留守儿童的问题化还有待进一步考证，无论哪类留守儿童都理应受到我们更多的关爱。随着国家关注"三农"问题，扶贫日益精准化，以留守儿童为主体，从留守儿童自身出发，维护留守儿童权利保障研究迫在眉睫。总结和概括留守儿童权利保障问题的研究，使我们能够了解、掌握目前相关研究的状况和发展，以便为解决留守儿童问题提供有益的借鉴参考。

二 权利保障研究

目前，由于父母外出打工，留守儿童在生存、发展、受保护和参与等四个方面的权利受到侵害，留守儿童产生了诸多问题和危机，如何保障农村留守儿童的合法权益，是学者们关注和研究的问题。以下对国内 2006～2018 年的留守儿童权利保障研究进行综述，并从留守儿童权利保障的总体研究、生存权、发展权、受保护权和参与权等五个方面进行归纳总结。

（一）权利保障总论

1. 权利保障视角

阮积嵩最早从权利保障视角进行研究，认为解决不好留守儿童问题会给儿童带来人身、财产、心理等方面不良的影响，甚至可能影响孩子的一生，必须重视该问题的解决。② 王秋香、欧阳晨认为由于父母监护缺位，农村留守儿童的受照顾权、生命健康权、受教育权及发展权等权益遭到严重损害，应切实保障其权益不受侵害，使留守儿童群体能健康快乐地成长，父母应以儿童利益优先，明确自己的责任和义务；政府应加强经济建设，大力发展农村经济，改变不合理的制度；应进一步修改和完善对儿童

---

① 谭深：《中国农村留守儿童研究述评》，《中国社会科学》2011 年第 1 期。
② 阮积嵩：《对农村留守儿童权利保障的法律思辨》，《经济与社会发展》2006 年第 2 期。

生态移民地区留守儿童权利保障

权益保障的系列法律，使儿童权益的保障依法进行。① 王秋香在另一篇文章中指出，非政府组织是实现农村留守儿童群体权益保障的适格主体，是具体服务的重要提供者。② 曾天雄、何绍华认为留守儿童由于政府与社区关注较少、学校教育和管理失控、父母监控机制弱化、留守儿童自身进取心不强，致使部分留守儿童安全问题突出、学习成绩下降、心理障碍较多，应积极应用"三维"（社会、学校、家庭）"一体"（留守儿童自身）模式，加强对留守儿童的教育与管理。③ 栾义娟认为留守儿童父母监护职责的缺位，以及祖父母或者其他临时监护人监护的浅层化，使这种隐患愈演愈烈，完善委托监护立法则是解决这个问题的一个重要途径。④ 段文星以学前留守儿童为研究对象，认为只有改造中国传统的福利模式，充分发挥社会主义的福利作用，大力发展农村托幼事业，才能确保农村学前留守儿童的健康成长。⑤ 袁峰、崔春指出要切实保障与维护留守儿童人权不受侵害，政府应加强经济建设，大力发展农村经济，改变不合理的制度；应进一步修改和完善对儿童权益保障的系列法律，使儿童权益的保障依法进行。⑥ 董溯战从国家角度出发，认为国家建立农村留守儿童社会保障制度，需要涵盖基本生活、照管、教育、医疗四个领域，国家应以适度国家观为理念，以国民连带为基础，努力推进制度的法定化，完善机构设置，保障资金筹措，协调不同机构关系。⑦ 程志超、张涛建议关注留守儿童权益保护政策——留守儿童保护过程中的权利取向、家庭为本的留守儿童权

---

① 王秋香、欧阳晨：《论父母监护缺位与农村留守儿童权益保障问题》，《学术论坛》2006年第10期。
② 王秋香：《非政府组织与农村留守儿童权益保障》，《湘潭大学学报》（哲学社会科学版）2008年第3期。
③ 曾天雄、何绍华：《"留守儿童"权益维护的"三维一体"模式研究》，《湖南科技大学学报》（社会科学版）2007年第4期。
④ 栾义娟：《保护"留守儿童"权益 完善委托监护立法》，《青年探索》2007年第2期。
⑤ 段文星：《谈农村留守儿童的社会福利保障问题》，《商业时代》2007年第4期。
⑥ 袁峰、崔春：《农村留守儿童权利保障初探》，《法制与社会》2008年第36期。
⑦ 董溯战：《论农村留守儿童社会保障制度中的国家责任》，《宁夏社会科学》2011年第6期。

利保护模式的政策建构、留守儿童保护的政策过程机制的落实、留守儿童保护的专业化社会工作队伍建设。[1] 李建春阐述了留守儿童参与权的体现及其落实，婴幼儿的特别保护，委托监护权的委托条件、内容、方式以及如何在实践中具体落实等权利保障问题。[2] 杨传兰、王勇认为要确保留守儿童群体法定权利的实现，有必要对农村留守儿童权利保护现状进行系统研究，在充分借鉴既有保护经验的基础上，把法律保护作为实现儿童权利的根本途径。[3]

2. 法律视角

安徽省法学会青少年法律研究会课题组认为留守儿童问题主要表现在监护弱化、教育障碍和人身安全保护不力等方面，应当加大法律政策的宣传和执行力度，依法确定相关主体的保护责任，不断完善法律制度，强化政府效能，在以人为本的教育理念下，努力消除教育差别，建立儿童公平的受教育运行机制，使农村留守儿童问题在法律调控的机制下得到有效的解决。[4] 项焱、郑耿扬等以湖北省农村地区为例，通过问卷调查和深度访谈等方法深入考察所得数据表明，留守儿童普遍面临生存权、受保护权、发展权、参与权等权利全面缺失的不利状况，认为有必要把法律保护作为实现儿童权利的根本途径，加强立法，明确留守儿童之相关权利；以政府为核心，整合社会资源，构建留守儿童权利保障体系。[5] 张金平认为应从立法层面、司法层面、普法层面上对农村留守儿童权利予以实时保护，使其健康快乐成长。[6] 柴昀从分析农村留守儿童的生存现状和存在的问题入

---

[1] 程志超、张涛：《农村留守儿童权益保护政策研究》，《东岳论丛》2016年第2期。
[2] 李建春：《留守儿童权利的法律保护》，《法制博览》（中旬刊）2012年第10期。
[3] 杨传兰、王勇：《农村留守儿童权利保护缺失及对策》，《传承》2012年第13期。
[4] 安徽省法学会青少年法律研究会课题组：《留守儿童的权益保护及其法律对策研究》，《青少年犯罪问题》2007年第3期。
[5] 项焱、郑耿扬等：《留守儿童权利状况考察报告——以湖北农村地区为例》，《法学评论》2009年第6期。
[6] 张金平：《农村留守儿童权利的法律保护》，《山西省政法管理干部学院学报》2012年第2期。

手，提出构建与完善相应法律制度和保障机制的建议，以期通过改革来维护这一群体的合法权益。① 杨辉就留守儿童因父母外出受教育权、生命健康权、发展权等受到的不同程度的影响和破坏，探讨主要成因，并从扩大异地儿童入学教育的保障机制、系统化农村留守儿童监护委托制度、加大执法力度、做好法制宣传的角度等方面提出解决措施。② 王美玲认为农村留守儿童在生存权、发展权和特殊状态下的权利保护方面存在诸多问题，保障农村留守儿童的合法权益在当前显得尤为重要和迫切，应结合中国教育法制建设的现实状况，保障农村留守儿童的合法权益，应当在坚持儿童优先的原则下，从立法、行政、司法三个方面入手，构建完善的权益保障机制。③ 勾顺杰指出，由于保护机制的疏漏，农村留守儿童受监护权、受教育权、人身安全权以及发展权等法律权利很难得到有效的保障，力求从立法、行政、学校教育和父母责任四个方面构建农村留守儿童法律权利保护体系，维护其合法权益。④

3. 其他视角

加强国家对未成年人监护的干预力度，是有效保障留守儿童合法权益的需要。在当前国际社会呈现未成年人监护公法化的发展趋势下，石婷考察国家对未成年人监护公权干预的理论基础和社会基础，分析中国现行立法对未成年人监护公权干预之不足有重要意义。同时，借鉴法国、德国、日本、瑞士四国未成年人监护公权干预立法情况，提出区分亲权和监护、设立国家公权监护主体、设立未成年人监护监督机构等建议。⑤ 中国农村留守儿童存在教育权与基本生活保障权不能满

---

① 柴昀：《谈我国农村留守儿童的权利保护》，《法制与社会》2012年第5期。
② 杨辉：《弱势群体的社会权利保障机制研究——以农村留守儿童为视角》，《法制与社会》2013年第14期。
③ 王美玲：《农村留守儿童权利保护问题与对策》，《现代中小学教育》2014年第3期。
④ 勾顺杰：《浅析农村留守儿童法律权利保护——以青海省海北州门源县为例》，《湖北成人教育学院学报》2014年第4期。
⑤ 石婷：《论国家对未成年人监护的公权干预——以保障留守儿童的合法权益为视角》，《当代青年研究》2014年第3期。

足的现状,这些问题的产生与中国财政法相关的财政支持薄弱有关。武庆华就财税法视角认为,在保障留守儿童的受教育权方面,中国政府应当积极承担义务,设置专门的教育经费预算,加快财政转移支付并且明确教育经费的操作与监管;在保障留守儿童的基本生存权方面,中国政府应当增加国家财政投入,吸纳社会各界资金支持,建立社会保障制度。[①]

(二)生存权利保障研究

儿童生存权是《儿童权利公约》中四项基本权利的首要权利,《儿童权利公约》第 6 条明确规定"每个儿童均有固有的生命权","应最大限度地确保儿童的存活与发展"。每个儿童都有享有父母关爱的权利,享有最高标准的健康、医疗等生存权利。

1. 关于生存状况

段成荣、杨舸等依据访谈资料,对农村留守儿童的产生原因、留守儿童的生存状况、留守现象对留守儿童及其家庭产生的影响等基本问题进行了探析。[②] 胡朝阳、张振乾对湖北农村留守儿童的成长现状进行调查,以反映中国农村留守儿童的生存状况。[③] 叶敬忠、王伊欢认为应增加社区家长学校中针对留守儿童家长的教育项目,改变外出务工父母及监护人的教育方式及观念,提高父母对子女全面教育的意识,农村社区建立生产和生活互助小组,帮助监护人减轻劳动负担的压力,使监护人有更多精力关爱留守儿童。[④] 叶仁荪、曾国华通过分析国外亲属抚养与我国农村留守儿童问题存在的相似性,提出国外亲属抚养给中国解决农村留守儿童问题带来的启示。[⑤] 张晓艳结合造成留守儿童困境的因素进行分析,寻找适当的解

[①] 武庆华:《财税法视角下留守儿童权益保障》,《人口与社会》2015 年第 1 期。
[②] 段成荣、杨舸等:《关于农村留守儿童的调查研究》,《学海》2005 年第 6 期。
[③] 胡朝阳、张振乾:《中国隐隐的痛——农村留守儿童问题研究:千万农村留守儿童现状报告》,《决策与信息》(财经观察) 2005 年第 8 期。
[④] 叶敬忠、王伊欢:《留守儿童的监护现状与特点》,《人口学刊》2006 年第 3 期。
[⑤] 叶仁荪、曾国华:《国外亲属抚养与我国农村留守儿童问题》,《农业经济问题》2006 年第 11 期。

决策略,为留守儿童的健康成长营造优质环境。① 孔东菊就民事立法的角度认为,中国关于未成年人监护制度规定的不足是留守儿童监护权缺失的重要原因,需要完善中国民法关于未成年人监护制度的规定,结合中国农村实际,充分发挥居(村)民委员会的指导监督作用,规范未成年人委托监护行为,逐步实现农村留守儿童监护人群体化和监护工作职业化。② 唐有财、符平引入动态生命历程视角,考察留守儿童与亲子分离的关系,指出留守儿童的社会化呈现一种"反埃里克森定律"的现象,应引起学界乃至社会的高度关注。③ 秦彩虹认为留守儿童问题不应只是农村外出务工人员自己去解决的问题,而应该由全社会共同努力,为留守儿童创造健康成长的环境和空间。④ 段成荣、吕利丹等利用2010年第六次全国人口普查数据估算全国农村留守儿童的规模、结构、地域分布等基本情况,并重点分析农村留守儿童的受教育状况、家庭照料状况等。⑤ 邬志辉、李静美调查发现,留守儿童在身体生长发育、教育监管方面弱于非留守儿童,而在心理和学习等方面与非留守儿童无显著差异。农村留守儿童并非"问题儿童",而是"弱势儿童";农村留守儿童群体内部存在分化,母亲外出留守儿童、低龄留守儿童以及处于成长关键期的留守儿童需引起社会各界重点关注。解决农村留守儿童问题的原则与路径在于,构建关爱留守儿童的长效机制,关注留守儿童重点群体与关键方面,呼唤母亲回归与城市接纳。⑥ 陆士桢认为留守儿童问题虽然引起全社会的高度重视,但社会

---

① 张晓艳:《农村留守儿童的生存状况及应对策略》,《内蒙古师范大学学报》(教育科学版) 2007年第10期。
② 孔东菊:《农村留守儿童监护权缺失问题的民法研究——以未成年人监护制度为视角》,《广西社会科学》2008年第4期。
③ 唐有财、符平:《动态生命历程视角下的留守儿童及其社会化》,《中州学刊》2011年第4期。
④ 秦彩虹:《农村留守儿童生存现状调查报告》,《新一代》2012年第3期。
⑤ 段成荣、吕利丹、郭静等:《我国农村留守儿童生存和发展基本状况——基于第六次人口普查数据的分析》,《人口学刊》2013年第3期。
⑥ 邬志辉、李静美:《农村留守儿童生存现状调查报告》,《中国农业大学学报》(社会科学版) 2015年第1期。

应对的主要措施还是个别的、零散的，迫切需要全面建构起中国留守儿童生存发展的保障体系，包括政策体系、运行体系，也包括创新发展服务模式。① 孔炜莉通过对宁夏生态移民地区的调查，分析留守儿童在生活卫生习惯、营养获得、生病治疗、家务劳动和娱乐活动等方面的异同点和存在的问题，就留守儿童生存权利保障提出了思路。②

2. 关于心身健康研究

（1）关于心理健康研究

大部分学者从心理学视角，通过量表调查，以留守儿童和非留守儿童、性别、年龄等视角比较分析留守儿童的心理健康问题。江荣华认为留守儿童的心理问题主要包括性格缺陷、心理障碍、人生观的转变及价值观的偏移等，与留守儿童心理发展相关的教育问题需要多方面措施的配合。③ 于杰、阳德华认为要采取参与互动式的教学及心理咨询，培养正确的性观念；开展与社会期待相符的性别角色教育，树立良好的恋爱观，构建立体的教育体系，以对留守儿童青春期性心理问题进行教育和疏导，保证留守儿童的身心和谐健康发展。④ 张丽芳、唐日新等调查发现，留守儿童的主观幸福感略低于非留守儿童，但不存在显著差异；留守女孩主观幸福感显著低于留守男孩；留守儿童中独生子女的主观幸福感要高于非独生子女，留守儿童的主观幸福感与教养方式存在一定相关。⑤ 周宗奎、孙晓军等认为在教师看来，农村留守儿童在一般表现、学习、品行和情绪感受上比父母都在家的儿童的问题更严重；学生问卷的结果表明，留守儿童在

---

① 陆士桢：《建构我国留守儿童生存发展保障体系》，《青少年研究与实践》2015年第1期。
② 孔炜莉：《宁夏生态移民地区留守儿童生存现状和权利保障》，《宁夏社会科学》2015年第3期。
③ 江荣华：《农村留守儿童心理问题现状及对策》，《成都行政学院学报》（哲学社会科学版）2006年第1期。
④ 于杰、阳德华：《农村留守儿童青春期性心理发展及教育策略研究》，《内蒙古师范大学学报》（教育科学版）2006年第2期。
⑤ 张丽芳、唐日新等：《留守儿童主观幸福感与教养方式的关系研究》，《中国健康心理学杂志》2006年第4期。

孤独感、社交焦虑方面与其他儿童存在显著差异。促进留守儿童心理的健康发展需要家庭、学校、社会和政府多方面措施的共同配合。[①] 高亚兵对留守儿童和非留守儿童进行心理健康、人格特征调查，认为留守现象对儿童心理健康和人格发展有消极影响，初中留守儿童心理问题更为严重。[②] 高亚兵还对四种监护类型留守儿童和普通儿童的心理健康状况、人格特征进行比较发现，隔代监护和上代监护的留守儿童心理健康问题比较多，单亲监护留守儿童与隔代监护留守儿童在心理发展状况上存在显著性差异，单亲和同辈监护留守儿童与普通儿童差异较小，认为采取单亲监护方式较好，或改善隔代监护和上代监护家庭教育现状。[③] 张建育、贺小华认为留守儿童心理健康水平与人格特征关系密切。[④] 姚计海、毛亚庆对西部10个省市中宁夏回族自治区的农村小学生进行调查，研究发现，非留守儿童的学业心理状况表现最好，父母都外出留守儿童的学业心理状况好于父母单方外出的留守儿童，父母单方外出留守儿童的学业心理状况表现不佳，尤其是仅母亲外出留守儿童的学业心理状况最为不佳。[⑤] 熊磊、石庆新认为留守儿童自卑心理、逆反心理、人际交往障碍、性格与行为偏差等问题是父母教育缺位、监护人教育不当、学校教育不足、社会教育不良等造成的，应采取完善的家庭教育、充分利用学校教育资源、整合社会力量，构建留守儿童教育和监护体系，教育留守儿童加强自身心理素质培养等措施。[⑥] 袭开国认为农村留守儿童焦虑水平受多种因素影

[①] 周宗奎、孙晓军等：《农村留守儿童心理发展问题与对策》，《华南师范大学学报》（社会科学版）2007年第6期。
[②] 高亚兵：《农村留守儿童心理健康状况及人格发展特征》，《中国公共卫生》2008年第8期。
[③] 高亚兵：《不同监护类型留守儿童与普通儿童心理发展状况的比较研究》，《中国特殊教育》2008年第7期。
[④] 张建育、贺小华：《留守儿童心理健康状况与人格特征关系》，《中国公共卫生》2008年第8期。
[⑤] 姚计海、毛亚庆：《西部农村留守儿童学业心理特点及其学校管理对策研究》，《教育研究》2008年第2期。
[⑥] 熊磊、石庆新：《农村留守儿童的心理问题与教育对策》，《教育探求》2008年第6期。

响，留守儿童状态焦虑水平普遍比非留守儿童高，而特质焦虑水平两者没有显著差异。① 李志凯认为不同性别的留守儿童在心理弹性和社会支持上存在显著差异，其社会支持及其各维度与心理弹性之间存在显著的正相关，社会支持是影响留守儿童提高心理弹性的非常重要的保护性因素。② 李永鑫、骆鹏程等也认为社会支持对留守儿童心理弹性具有显著正向影响。③ 崔丽娟通过与非留守儿童的比较发现，留守儿童在自尊、心理控制、情绪控制、心理支援、生活信心、社会适应等心理发展上都明显落后于非留守儿童，留守儿童的性别、留守时间、年龄及打工父母与留守儿童的联系状况等对留守儿童心理成长有影响。④ 赵峰认为农村留守儿童有心理问题的比例明显高于非留守儿童，在人际关系、适应性、情绪失调、焦虑等方面与非留守儿童相比均存在显著性差异。⑤ 王晓丹、陈旭调查发现，小学留守儿童的社交焦虑和认知偏差显著高于非留守儿童，小学儿童的社交焦虑与认知偏差在各个维度上都存在不同程度的正相关。⑥ 孙晓军、周宗奎等认为留守儿童表现出更多的友谊冲突或背叛，双亲外出打工的留守儿童孤独感体验显著高于单亲外出打工的留守儿童和非留守儿童，但单亲外出打工的留守儿童和非留守儿童间差异不显著，留守儿童同伴关系对孤独感的预测力显著低于非留守儿童。⑦ 刘佰桥、王薇认为农村留守儿童面临更多的负性生活压力事件，心理健

---

① 袭开国：《农村留守儿童焦虑现状及其个体差异》，《中国健康心理学杂志》2008年第4期。
② 李志凯：《留守儿童心理弹性与社会支持的关系研究》，《中国健康心理学杂志》2009年第4期。
③ 李永鑫、骆鹏程等：《人格特征、社会支持对留守儿童心理弹性的影响》，《河南大学学报》（社会科学版）2009年第6期。
④ 崔丽娟：《留守儿童心理发展及其影响因素研究》，《上海教育科研》2009年第4期。
⑤ 赵峰：《农村留守儿童心理健康状况及教育对策》，《首都师范大学学报》（社会科学版）2010年第3期。
⑥ 王晓丹、陈旭：《留守儿童与非留守儿童社交焦虑及认知偏差的比较研究》，《四川师范大学学报》（社会科学版）2010年第2期。
⑦ 孙晓军、周宗奎等：《农村留守儿童的同伴关系和孤独感研究》，《心理科学》2010年第2期。

康状况较差。① 雷芳通过对贫困地区与相对富裕地区农村留守儿童的心理健康和人格特征进行比较，发现富裕地区留守儿童的心理健康水平低于贫困地区的留守儿童，贫困地区的留守儿童更容易表现出情绪不稳定、孤僻与环境相处困难等特点，相对富裕地区的留守儿童心理健康问题更为严重，尤其是留守女生显示的地区差异比留守男生更明显。② 郭文姣、黄俊伟认为留守初中生与非留守初中生在心理健康水平上存在显著差异，留守初中生出现更多的孤独倾向、自责倾向、过敏倾向和身体症状；不同性别留守儿童在心理健康状态上存在显著差异，女生的心理健康水平低于男生；留守初中生与非留守初中生在心理健康素质上不存在显著差异。③

（2）营养健康

钟继灿、王健采用文献研究的方法，简单介绍农村留守儿童产生的背景和现状，着重分析农村留守儿童的健康问题，并指出这方面研究的不足，以期引起广大卫生工作者的重视。④ 陈在余运用中国营养与健康调查数据，分析了父母外出对农村留守儿童营养与健康的影响。对于青少年生长发育来说，家庭收入水平的提高及母亲照料所引起的营养条件的改善可能对健康的影响更加显著。⑤ 宋月萍、张耀光研究发现，与其他农村儿童相比，留守儿童存在"高患病率、高就诊率"的特征，存在"医疗服务替代日常护理、收费治疗替代家庭照料"的卫生服务过度使用现象，其

---

① 刘佰桥、王薇：《农村留守儿童生活压力事件及心理健康状况调查分析》，《中国健康心理学杂志》2010年第2期。
② 雷芳：《不同地区留守儿童心理健康状况和人格特征比较》，《中国健康心理学杂志》2010年第1期。
③ 郭文姣、黄俊伟：《农村初中留守儿童心理健康问题研究》，《社会心理科学》2011年第1期。
④ 钟继灿、王健：《农村留守儿童的健康问题研究》，《中国初级卫生保健》2006年第1期。
⑤ 陈在余：《中国农村留守儿童营养与健康状况分析》，《中国人口科学》2009年第5期。

患病风险最高、就诊率最低，处于最为不利的境地。① 陈丽、王晓华等认为流动儿童发育状况相对较好，留守儿童的发育不良问题较严重，流动儿童的营养过剩问题开始显现。营养摄入与儿童的发育关系密切，需要帮助儿童形成健康的膳食结构，促进其良好发展。② 李强、臧文斌通过父母外出对留守儿童健康的影响分析，发现仅母亲外出及父母均外出的留守儿童生病或患慢性病的概率较父母均在家的儿童高，而仅父亲外出对留守儿童健康的影响不显著。政府应积极采取措施减少父母外出给留守儿童健康带来的影响。③ 顾颜、崔文香通过对近年来研究留守儿童以及健康素质的文章进行分析，找出留守儿童的主要问题所在，并提出合理有效的建议，使留守儿童能够得到足够的关注，身体、心理、社会适应等方面都能很好地发展。④

3. 关于社会交往行为研究

留守儿童的交往行为是生存权的一种表现，许多学者运用量表法进行调查，就留守儿童的交往行为现状及影响因素进行了分析探讨。张德乾在调查中发现，近80%的留守儿童有这样或那样的交往问题，交往问题显著受父母在外打工时间和回家间隔时间长短的影响，时间越长影响越严重。⑤ 同时存在年级差异和性别差异，年级越低受到的影响越大，四年级留守儿童显著地在各个交往特征上受到最深重的影响。留守儿童女生比男生在交往交流问题上需要更多的关注。⑥ 陈旭、谢玉兰发现，留守儿童存在情绪方面的问题行为较为严重，其次为学业适应不良及人际关系不适应；男生容易出现学习不适应问题，女生较易出现情绪不稳定问题。是否

---

① 宋月萍、张耀光：《农村留守儿童的健康以及卫生服务利用状况的影响因素分析》，《人口研究》2009年第6期。
② 陈丽、王晓华等：《流动儿童和留守儿童的生长发育与营养状况分析》，《中国特殊教育》2010年第8期。
③ 李强、臧文斌：《父母外出对留守儿童健康的影响》，《经济学》（季刊）2011年第1期。
④ 顾颜、崔文香：《留守儿童健康素质研究进展》，《中外妇儿健康》2011年第8期。
⑤ 张德乾：《农村留守儿童交往状况的调查与分析》，《安徽农业科学》2006年第21期。
⑥ 张德乾：《农村留守儿童交往问题的实证研究》，《安徽农业科学》2007年第12期。

与兄弟姐妹生活在一起、父母外出时间、外出距离、回家频率、代养人类别及教养方式、留守儿童性别及年级是影响留守儿童问题行为的重要因素。① 段玉香、阎平认为留守儿童应付方式的选择具有不成熟性,留守儿童对挫折和应激情境以中间型和不成熟型应付方式为主,男女生在成熟型应付方式选择上具有显著性差异,不成熟型与中间型应付方式随年龄而变化的趋势明显;与非留守儿童相比,他们倾向于使用非成熟型应付方式,且表现差异性,需要给予指导和促进其完善发展。② 徐为民、唐久来等认为留守男童在分裂样、强迫行为、攻击性行为和多动障碍上问题显著高于非留守男童,留守女童行为问题与非留守女童差异显著。农村留守儿童行为问题发生率高,值得社会关注。③ 梁静、赵玉芳认为与父母联系的方式对留守儿童的学习成绩有显著影响,父母外出情况、寄养方式、与父母联系方式和联系频率是影响留守儿童家庭功能的重要因素;留守儿童的学习成绩与家庭功能呈显著正相关,与父母的亲密度、适应性对留守儿童的学习成绩和当前生活家庭的亲密度、适应性有直接的正向预测作用。④ 范兴华、方晓义认为留守现象对儿童行为适应存在不利影响,祖辈监护儿童、上代监护儿童尤其明显。⑤ 余应筠、石水芳、敖毅等认为留守类型对儿童生活事件的影响可能存在性别差异;留守经历对儿童生活事件影响有一定的持续性;无论正在留守还是曾经留守的儿童,留守年限越长对生活事件

---

① 陈旭、谢玉兰:《农村留守儿童的问题行为调查及家庭影响因素》,《内蒙古师范大学学报》(哲学社会科学版)2007年第1期。
② 段玉香、阎平:《农村留守儿童应付方式的研究》,《中国健康心理学杂志》2007年第4期。
③ 徐为民、唐久来等:《安徽农村留守儿童行为问题的现状》,《实用儿科临床杂志》2007年第11期。
④ 梁静、赵玉芳等:《农村留守儿童家庭功能状况及其影响因素研究》,《中国学校卫生》2007年第7期。
⑤ 范兴华、方晓义:《不同监护类型留守儿童与一般儿童问题行为比较》,《中国临床心理学杂志》2010年第2期。

的影响可能越大。①

（三）发展权利保障研究

在社会化过程中，儿童发展起到至关重要的作用。儿童发展主要包括儿童的教育、文化等方面，儿童发展权包括精神、情感、认知、社会、文化等方面的权利，在国际《儿童权利公约》里，发展权利主要指信息权、受教育权、娱乐权、思想和宗教自由权、个性发展权等，是为了保证儿童在社会化过程中，身体、智力、精神、道德、个性等方面均得到充分的发展。为了及时、准确了解中国农村留守儿童、城乡流动儿童成长发展状况，2012年全国妇联儿童工作部、中国人民大学人口与发展研究中心共同组成课题组，由国家统计局提供数据支持，开展了全国农村留守儿童、城乡流动儿童状况研究，②为国内相关研究提供了权威的数据、理论支撑，更为有效解决留守儿童、流动儿童问题提供了科学依据。

1. 关于受教育权研究

受教育权是实现发展权的最主要途径。因此，早期引起学者关注的是留守儿童的教育问题，当时留守儿童教育研究成为社会科学研究的热点，学者们多从"问题"出发以旁观者视角关注留守儿童，多以政府、学校、家庭三个层面探讨解决留守儿童教育问题。

于慎鸿认为留守儿童的教育问题对中国经济和社会持续发展有一定影响，政府需要加强对农村教育的资金投入和宏观指导，农村学校和城市农民工子弟学校要制定针对留守儿童的切实可行的教育措施，外出务工的父母要尽量多与孩子沟通交流，妇联等社会团体组织要积极配合并参与留守儿童的教育工作。③ 段宝霞认为政府要加大教育投入、学校加强教育和管

---

① 余应筠、石水芳、敖毅等：《不同类型农村留守儿童生活事件分析》，《中国学校卫生》2013年第2期。
② 全国妇联课题组：《全国农村留守儿童、城乡流动儿童状况研究报告》，《中国妇运》2013年第6期。
③ 于慎鸿：《农村"留守儿童"教育问题探析》，《中州学刊》2006年第3期。

理、家庭重视育人功能，解决农村留守儿童的教育和管理问题。[1] 曹述蓉发现农村留守儿童的学校适应情况并不理想，农村留守儿童的学习适应水平较低，行为适应中社交领导行为比较差，攻击破坏行为并不像已有的对留守儿童行为问题的报道那样令人忧虑，留守儿童的情绪适应水平很低，易出现焦虑、孤独感，自我效能感差。[2] 刘屹、唐绍洪认为亲情教育的缺失将是留守儿童在学习、生活和人生成长中的最大障碍。[3] 叶敬忠、王伊欢等对中国中西部地区的 10 个农村社区的留守儿童的学习方面带来的影响进行了微观社会学研究，发现父母外出务工影响到了留守儿童的学习辅导与监督、学习目的和学习成绩，并从留守儿童外出父母、监护人、学校和社区的角度出发提出了相关建议。[4] 张宇辉指出留守儿童存在的学习、心理、安全、品行等方面的问题，需要政府、学校、家庭和社会方面共同努力，为解决留守儿童教育问题尽职尽责。[5] 刘明华、李朝林等认为解决留守儿童问题的关键在于政府要认真履职，家长要主动担责，学校要积极跟进，社会要广泛响应。通过推进学校标准化建设、"共享蓝天"和"绿色通道"三大工程，推广校园关爱行动、"代理家长制"和社会爱心行动三大成功经验，构建经费、制度和监护三大保障体系，争取能够从根本上保障农村留守儿童公平的受教育权。[6] 胡枫、李善同研究发现，父母外出务工尤其是远距离外出务工，会导致农村留守儿童的学习成绩下降；留守

---

[1] 段宝霞：《农村留守儿童教育和管理探析》，《河南师范大学学报》（哲学社会科学版）2006 年第 3 期。
[2] 曹述蓉：《农村留守儿童学校适应的实证研究——以湖北省 6 县 304 名留守儿童为例》，《青年探索》2006 年第 3 期。
[3] 刘屹、唐绍洪：《对"留守儿童"亲情教育缺失的理性思考》，《社会科学家》2006 年第 6 期。
[4] 叶敬忠、王伊欢等：《父母外出务工对农村留守儿童学习的影响》，《农业经济》2006 年第 7 期。
[5] 张宇辉：《河南农村留守儿童教育状况的调查与思考》，《河南社会科学》2007 年第 2 期。
[6] 刘明华、李朝林等：《农村留守儿童教育问题研究报告》，《西南大学学报》（社会科学版）2008 年第 2 期。

子女较多的家庭中，留守女童所受到的负面影响更为明显；父母外出打工寄回的汇款能减少这种负面影响，这种正面作用对初中及以上学习阶段的留守儿童较为显著；留守儿童监护人是否为其父亲或母亲对留守儿童教育并没有显著的正面影响。[1] 张艳国、胡盛仪等认为农村留守儿童的社会教育状况不容乐观，社会体制和教育体制改革滞后，社会教育法律法规缺失，农村集体资金短缺，留守儿童家庭教育缺位；应加大农村社区社会教育基地建设，加强农村文化娱乐场所管理，充分调动社会力量关爱留守儿童，为留守儿童社会教育提供法律保障。[2] 王章华、戴利朝认为社会工作作为专业的助人服务活动，其功能、方法、介入模式对留守儿童教育问题的解决具有促进作用。[3] 张显宏认为父母打工对其留守子女的学习影响具有两面性，留守儿童并不都是"学习问题"学生。[4] 孔炜莉从外出打工父（母）对留守儿童的"远程教育"、监护人对留守儿童家庭教育以及知识的获取等方面分析了留守儿童家庭教育现状，并在此基础上得出相应研究结论。[5] 许传新比较流动儿童与留守儿童的学校适应情况，发现在学习方法、学习环境、行为习惯和人际交往方面，流动儿童的学校适应情况要好于留守儿童；在留守儿童中，男生、非独生子女以及高年级儿童的学校适应情况要差一些，而流动儿童则不存在这些差别。[6] 周兴国、林芳通过对案例的现象学分析与对教师生活体验的反思，探索出一种留守儿童教育的现象学研究方法，即基于同情性的行为意义之理解，确定留守儿童所面临

---

[1] 胡枫、李善同：《父母外出务工对农村留守儿童教育的影响》，《管理世界》2009年第2期。
[2] 张艳国、胡盛仪等：《农村留守儿童社会教育的发展趋势研究——以湖北农村留守儿童现状为例》，《湖北行政学院学报》2009年第3期。
[3] 王章华、戴利朝：《社会工作在农村留守儿童教育问题中的介入模式探索》，《现代教育管理》2009年第7期。
[4] 张显宏：《农村留守儿童教育状况的实证分析——基于学习成绩的视角》，《中国青年研究》2009年第9期。
[5] 孔炜莉：《宁南山区留守儿童家庭教育现状调查与思考——以宁夏固原市原州区为例》，《宁夏师范学院学报》2009年第2期。
[6] 许传新：《学校适应情况：流动儿童与留守儿童的比较分析》，《中国农村观察》2010年第1期。

的存在性问题,并由此展开有针对性的教育工作。① 路娟阐述了中国农村留守儿童受教育权得到的保障现状,分析了导致受教育权受损的原因,提出了切实保障留守儿童受教育权的措施,要加强和完善教育立法,设立专项经费,确保义务教育经费的正确投入,改革现行的户籍制度,认真解决好留守儿童的受教育问题。② 段成荣等通过对留守儿童的家庭教育和学校教育、教育机会和学业成绩、义务教育和后义务阶段教育等方面进行综合比较,分析农村留守儿童教育面临的突出问题,并提出相应的政策建议。③ 段成荣等还认为开展留守儿童关爱和扶助工作时,一定要将接受义务教育作为留守儿童工作的重中之重,建议逐步把城镇留守儿童纳入相关政策与制度的框架,明确指出农村留守儿童与其他亲属居住不利于其健康成长。④

一些研究在了解留守儿童教育的基本情况上,分析产生原因,探讨存在问题,进一步讨论对策建议。徐群、王江荷分别从农村留守儿童教育基本现状和他们在教育上存在的问题出发,深层次分析产生的原因,并从制度建设上探讨解决留守儿童教育问题的策略。⑤⑥ 范先佐就农村留守儿童的教育公平问题及其产生的原因进行了比较全面的分析,提出保障农村留守儿童公平接受教育问题的政策建议。⑦ 张俊良、马晓磊通过对农村留守儿童在家庭、个人、学校等教育问题分析,从家庭、学校和社会的角度分

---

① 周兴国、林芳:《爱的缺失与补偿——留守儿童教育问题的现象学分析》,《教育科学研究》2011 年第 1 期。
② 路娟:《对保障农村留守儿童受教育权的法律思考》,《新西部》(理论版) 2012 年第 14 期。
③ 段成荣、吕利丹、王宗萍:《城市化背景下农村留守儿童的家庭教育与学校教育》,《北京大学教育评论》2014 年第 3 期。
④ 段成荣、赖妙华、秦敏:《21 世纪以来我国农村留守儿童变动趋势研究》,《中国青年研究》2017 年第 6 期。
⑤ 徐群:《关注留守儿童教育与创建和谐农村》,《现代农业科技》2007 年第 11 期。
⑥ 王江荷:《农村留守儿童现状及教育问题对策研究》,《黑龙江教育学院学报》2009 年第 2 期。
⑦ 范先佐:《关于农村"留守儿童"教育公平问题的调查分析及政策建议》,《湖南师范大学教育科学学报》2008 年第 6 期。

析农村留守儿童教育问题形成的原因,并提出了解决农村留守儿童教育问题的一些政策性、法律性、制度性的对策和建议。[①] 郝志瑞分析了新时期农村留守儿童教育问题产生的诸多原因,并提出了解决农村留守儿童教育问题的对策建议。[②] 此外,彭清燕以平等发展权的崭新视角审视留守儿童平等发展权尚未厘清的核心理论,探析留守儿童平等发展权的人权特征及其人权本原。[③]

2. 关于思想道德研究

留守家庭父母榜样的缺失和监控机制的弱化对留守儿童的思想道德有一定影响,直接关系他们道德情感、道德观念以及道德行为的养成。迟希新认为家庭教育的缺失是导致留守儿童道德成长问题的主要原因,解决留守儿童道德发展的现实途径在于充分利用农村现有的教育资源,扩展农村学校的道德教育与心理辅导功能。[④] 孙志飞认为留守儿童的思想道德状况呈现主流稳定、进取务实和健康向上态势,但主流背后也隐藏着一些与青少年正常思想道德发展不和谐的暗流。[⑤] 何建云认为农村留守儿童有道德意志薄弱、道德心理不健康等问题,家庭教育、学校教育和道德教育机制是主要原因,解决农村留守儿童的道德教育需要完善政府在农村留守儿童道德教育中的角色,完善家庭在农村留守儿童道德教育中的责任,创造农村留守儿童道德教育的良好环境。[⑥]

(四)受保护权利保障研究

《儿童权利公约》中儿童受保护权是指不受危害自身发展影响的、被

---

① 张俊良、马晓磊:《城市化背景下对农村留守儿童教育问题的探讨》,《农村经济》2010年第3期。
② 郝志瑞:《新时期农村留守儿童教育问题探析》,《山西农业大学学报》(社会科学版) 2010年第1期。
③ 彭清燕:《农村留守儿童平等发展权理论新思考》,《当代青年研究》2012年第12期。
④ 迟希新:《留守儿童道德成长问题的心理社会分析》,《江西教育科研》2006年第2期。
⑤ 孙志飞:《加强农村留守儿童德育的思考》,《山西青年管理干部学院学报》2006年第1期。
⑥ 何建云:《农村留守儿童道德教育现状调查与对策分析》,《经济研究导刊》2013年第1期。

保护的权利，主要包括保护儿童免受歧视、剥削、酷刑、虐待或疏忽照料。近年来，学术界就维护留守儿童的受保护权利、关爱留守儿童提出了对策建议。

1. 社会支持研究

学者们主要以社会支持评定量表对调查对象进行考察，通过比较分析，探讨不同情况下社会支持的影响，从而得出结论。殷世东、朱明山认为需要国家、学校、家庭和社区合力构建社会支持体系，共同关注留守儿童的教育，以消除留守儿童的教育问题，解除农民工的后顾之忧，促进农村经济、社会的可持续发展。① 刘霞、范兴华等探讨初中留守儿童社会支持与问题行为的基本状况以及两者之间的关系，认为小学留守儿童与对照组儿童在大部分社会支持因子上不存在显著性差异，在社会支持与孤独感的关系模式上却存有差异。② 刘霞、胡心怡等认为不同性别、年级和留守时间的初中留守儿童的社会支持状况存在一定差异。③ 许传新从社会学视角分析了留守儿童教育的国家支持系统、群体支持系统、个人支持系统的现状及存在的问题，并认为留守儿童教育问题的最终解决有赖于中国社会经济的发展。④ 肖云认为解决农村留守儿童的问题除了强化家庭功能，外出父母多关心孩子的生活、身体、情感和心理健康状况，提高"隔代教育"的质量外，还必须充分利用社会资源，建立农村留守儿童社会支持体系。⑤ 段玉香认为尽管农村留守儿童与非留守儿童在支持总分上没有显著性差异，但是加强留守儿童对支持的利用是促进其积极应对的重要举

---

① 殷世东、朱明山：《农村留守儿童教育社会支持体系的构建——基于皖北农村留守儿童教育问题的调查与思考》，《中国教育学刊》2006 年第 2 期。
② 刘霞、范兴华等：《初中留守儿童社会支持与问题行为的关系》，《心理发展与教育》2007 年第 3 期。
③ 刘霞、胡心怡等：《不同来源社会支持对农村留守儿童孤独感的影响》，《河南大学学报》（社会科学版）2008 年第 1 期。
④ 许传新：《"留守儿童"教育的社会支持因素分析》，《中国青年研究》2007 年第 9 期。
⑤ 肖云：《农村留守儿童社会支持探析》，《重庆工商大学学报》（社会科学版）2007 年第 5 期。

措。① 张克云、叶敬忠认为留守儿童非正式社会支持网异质性较低,亲属支持的来源与监护人的社会关系有较强的关联性,外出父母在留守儿童非正式支持中的重要性降低,父母主要提供经济支持,但情感支持不足。② 王玉花认为社会支持是心理弹性最重要的保护因子之一,来自家庭、同伴、社会的支持有利于留守儿童的适应与心理健康恢复。③ 胡昆认为农村留守儿童的社会支持系统较差。④ 张连云探讨了不同情况下社会支持对留守儿童孤独感的影响。⑤

左小彩运用社会工作的个案、小组和社区三大专业方法,致力于改善学校学习环境和条件,帮助农村留守儿童解决各种具体的问题和困难,不断增强该群体自身的能力和信心,促进他们的健康成长。⑥ 秦敏认为通过社会工作介入外出打工父母这个责任主体以增强其教育能力,同时积极争取社区、学校、社会、政府多方资源和力量,以共同解决农村留守儿童教育问题,促进社会工作走进新的领域。⑦ 张学浪认为全面提升社会治理能力,实现农村留守儿童关爱服务体系构建工作的协同创新,整体推进农村留守儿童关爱服务体系构建工作的制度创新,推动"主动型"农村社会工作介入,促进农村留守儿童关爱服务体系构建工作的模式创新。⑧

2. 安全幸福感研究

王进鑫发现留守儿童获得抚养人给予的性安全教育及自我性保护指导

---

① 段玉香:《农村留守儿童社会支持状况及其与应付方式的关系研究》,《中国健康心理学杂志》2008年第4期。
② 张克云、叶敬忠:《留守儿童社会支持网络的特征分析》,《中国青年研究》2010年第2期。
③ 王玉花:《从心理弹性理论视角看留守儿童的社会支持网络》,《教育学术月刊》2010年第10期。
④ 胡昆:《农村留守儿童社会支持状况调查研究》,《中国健康心理学杂志》2011年第8期。
⑤ 张连云:《农村留守儿童社会支持与孤独感的关系》,《中国特殊教育》2011年第5期。
⑥ 左小彩:《学校社会工作介入农村留守儿童问题研究》,《长春工业大学学报》(社会科学版)2010年第2期。
⑦ 秦敏:《社会工作介入农村留守儿童教育问题研究》,《社会工作》(学术版)2011年第5期。
⑧ 张学浪:《创新社会治理体制下的农村留守儿童关爱服务体系构建》,《农村经济》2018年第2期。

明显低于非留守儿童，留守儿童从家庭、父母获得的情感支持远远低于非留守儿童。① 朱丹研究发现，留守儿童心理安全感明显低于非留守儿童，不同年级的留守儿童心理安全感发展差异显著，安全感弹性发展的留守儿童与非弹性发展组儿童在应对方式、自我效能感与社会支持方面呈现显著差异，安全感弹性发展与自我效能感、应对方式和社会支持相关显著，且自我效能感、客观支持、主观支持、自责与退避能预测安全感弹性发展。② 申继亮、胡心怡等探讨留守儿童的歧视知觉特点及与主观幸福感的关系，认为留守儿童的个体和群体歧视知觉显著高于非留守儿童，留守儿童的歧视知觉不存在性别、留守时间和年级上的差异。③ 张莉、申继亮认为留守儿童主观幸福感各成分得分显著低于非留守儿童，留守儿童内部主观幸福感各成分上年级差异显著，性别差异仅存在消极情感上，而留守时间上差异不显著；留守儿童的公正世界信念得分显著低于非留守儿童，高年级留守女生的公正世界信念得分显著高于低年级女生；公正世界信念与主观幸福感的各成分显著相关，其对生活满意度和积极情感具有显著的正向预测作用，对消极情感具有显著的负向预测作用。这表明公正世界信念是影响主观幸福感的重要内部因素之一。④ 王克认为社会、学校、家庭都有义务采取措施确保农村留守儿童的安全。⑤ 黄月胜、郑希付等认为初中留守儿童的情绪安全感相对较低，内隐行为问题突出，初中留守儿童的安全感是行为问题的一个重要预测变量。⑥ 刘永刚认为留守儿童与非留守儿

---

① 王进鑫：《青春期留守儿童性安全问题调查研究》，《青年研究》2008 年第 9 期。
② 朱丹：《初中阶段留守儿童安全感的特点及弹性发展研究》，《中国特殊教育》2009 年第 2 期。
③ 申继亮、胡心怡等：《留守儿童歧视知觉特点及与主观幸福感的关系》，《河南大学学报》（社会科学版）2009 年第 6 期。
④ 张莉、申继亮：《农村留守儿童主观幸福感与公正世界信念的关系研究》，《中国特殊教育》2011 年第 6 期。
⑤ 王克：《社会转型期农村留守儿童安全问题探析》，《山西青年管理干部学院学报》2010 年第 3 期。
⑥ 黄月胜、郑希付等：《初中留守儿童的安全感、行为问题及其关系的研究》，《中国特殊教育》2010 年第 3 期。

童在安全感与亲子依恋安全性上均有显著差异,亲子相处的时间、替代养育方式、分离时间对留守儿童安全感及亲子依恋安全性的发展有着显著的交互影响。① 李新、张静认为应做好农村留守儿童安全状况的统计工作,建立健全监护机制,为其安全成长提供法律保障,从而积极营造农村留守儿童健康成长的良好氛围。②

3. 监护制度研究

吴凤丽针对性地对未成年人尤其是农村留守儿童保护制度的立法改革进行思考,并进一步就留守儿童权益保护体系的确立提出建议。③ 黄忠认为应当在立法上区分亲权与监护,在监护制度的设计上强化国家公权力的介入,设立专门的国家监护组织,推行监护的社会化运作,着重完善委托监护制度,并切实加强国家的监护监督职能。④ 姜良琴、冯玉香认为分析留守儿童家庭监护的类型及其监护的效度以及家庭监护缺失的危害,有助于提升家庭监护意识,确保家庭监护职责切实得到贯彻和落实,形成家庭、社会、学校三方面的教育合力,保障留守儿童身心健康发展,推进农村教育事业发展。⑤ 朴今海、郑小新分析延边地区留守儿童的现状、问题及其特点,探求解决留守儿童问题的对策,留守儿童需要家庭、学校、社会全方位的关注与支持。⑥ 杨晓峰通过借鉴国外有益的经验探讨中国未成年人监护制度的完善问题,促进有效保护留守儿童的各项合法权益。⑦

4. 犯罪问题研究

王道春认为留守儿童犯罪增多,除遵循青少年犯罪的共同缘由外,根

---

① 刘永刚:《农村留守儿童安全感及其影响因素初探》,《社会心理科学》2011年第1期。
② 李新、张静:《农村留守儿童安全问题刍议》,《人民论坛》2012年第8期。
③ 吴凤丽:《完善农村留守儿童保护机制的法律探讨》,《乡镇经济》2007年第9期。
④ 黄忠:《从留守儿童问题看中国监护制度之改进》,《西北人口》2009年第2期。
⑤ 姜良琴、冯玉香:《农村留守儿童家庭监护缺失的对策》,《牡丹江教育学院学报》2007年第2期。
⑥ 朴今海、郑小新:《延边地区朝鲜族留守儿童的教育与监护问题》,《延边大学学报》(社会科学版)2009年第1期。
⑦ 杨晓峰:《农村留守儿童监护的现状与对策》,《攀登》2012年第3期。

本原因在于缺少父母关爱监护，缺少社会的有效监护、关心和教育等，留守儿童更多地暴露在不良社会环境中，使得原本薄弱的学校教育因为家庭教育的缺失而大打折扣，从而造成社会化过程扭曲。预防农村留守儿童犯罪已成刻不容缓之事，应从建设和谐家庭入手，国家、社会、部门以及家庭齐抓共管，把留守儿童纳入有效的监管，使其得到真正的关心、爱护与良好的教育。[1] 刘洁辉指出农村留守儿童成为犯罪的高危人群，近年来已呈严重化发展趋势，而社会未对此给予足够的关注。应加强对农村留守学生犯罪问题的研究，找出其存在的原因，以便对症下药，让农村留守儿童健康成长。[2] 郭津、衣晶等针对农村留守儿童犯罪的特点、成因，指出建立社会、学校、家庭三位一体的农村留守儿童问题治理体系，从而有效地预防和减少留守儿童犯罪，切实维护这类特殊群体的生存权、受教育权、发展权。[3]

（五）参与权利保障研究

《儿童权利公约》中儿童参与权是指参与家庭、文化和社会生活的权利。也就是说，儿童有权参与家庭、社会文化生活，有权利对涉及他们的一切事项表达自己的意见。关于留守儿童参与权利保障方面的研究如下。

石硕、张庭华对海南省少数民族与贫困地区留守儿童这一特殊群体体育活动参与现状进行考察，发现留守儿童仅能完成学校体育锻炼要求，而课外体育活动开展不足。[4] 于海强、周婧、王滨从社会学和义务教育公平的角度，运用体育学、教育学、心理学等学科的知识，以辽宁省农村小学留守儿童的体育行为为研究对象进行深入的考察，以了解辽宁省农村留守儿童的现状，并提出对策措施。[5] 薛冬梅、张学文、陈凯华从生物学价值、社会学价值、

---

[1] 王道春：《农村"留守儿童"犯罪原因及预防对策刍议》，《北京青年政治学院学报》2006年第3期。
[2] 刘洁辉：《农村留守儿童犯罪原因及对策研究》，《陕西行政学院学报》2007年第2期。
[3] 郭津、衣晶等：《中国农村留守儿童犯罪问题探析》，《中国农学通报》2009年第21期。
[4] 石硕、张庭华：《海南省少数民族与贫困地区留守儿童体育活动参与现状分析》，《改革与开放》2013年第19期。
[5] 于海强、周婧、王滨：《辽宁省农村留守儿童健康与体育参与现状调查研究》，《科学大众》（科学教育）2012年第10期。

第二章　研究现状及评论

人文价值等方面对留守儿童参与体育锻炼的价值进行了探讨,以期对该问题的研究提供参考。① 蔡猛、尹志华、汪晓赞提出应多渠道传播体育文化以强化农村留守儿童的体育锻炼动机,应加大场地器材投入建设以促进留守儿童体育多项目发展,应加强农村体育人力资源开发与利用以确保留守儿童科学参与锻炼,应加快农村经济发展以鼓励留守儿童加强体育锻炼,应促进农村社区体育、家庭体育和学校体育互动发展以满足留守儿童多种锻炼需求等建议。②

鲁楠基于教育学研究中的"参与式"方法,探讨了参与式视角下农村留守儿童的媒介素养教育的内容、参与式行动的主体、参与式行动的组织等问题。③ 郑素侠将参与式传播的工作方法应用于农村留守儿童的媒介素养教育之中,考察了参与式传播在帮助留守儿童重获自尊与自信、增强自身行动能力方面的赋权意义,探讨了参与式行动方法在留守儿童媒介素养教育中的运用策略,并对如何实现留守儿童真正的参与,以及如何实现媒介素养教育的"赋权"目标进行反思,认为电视和网络在留守儿童生活中并未起到提供信息、增长见识的工具性作用,而仅仅扮演了提供精神慰藉的角色。④⑤

我们要坚持儿童权益优先,把实现和维护好农村留守儿童合法权益作为首要任务,不断完善农村留守儿童救助保护机制,以有效措施为农村留守儿童解难事、办实事。各级政府精准保护关爱留守儿童,及时解决当前部分农村留守儿童面临的无人监护、父母一方外出另一方无监护能力、失

---

① 薛冬梅、张学文、陈凯华:《留守儿童体育参与的价值研究》,《青少年体育》2012 年第 2 期。
② 蔡猛、尹志华、汪晓赞:《农村留守儿童参与体育锻炼的制约因素及其对策研究》,《体育研究与教育》2014 年第 S2 期。
③ 鲁楠:《农村留守儿童媒介素养教育的参与式视角》,《新闻爱好者》2012 年第 24 期。
④ 郑素侠:《农村留守儿童的媒介素养教育:参与式行动的视角》,《现代传播》(中国传媒大学学报)2013 年第 4 期。
⑤ 郑素侠:《参与式传播在农村留守儿童媒介素养教育中的应用——基于河南省原阳县留守流动儿童学校的案例研究》,《新闻与传播研究》2014 年第 4 期。

学辍学、无户籍等现实问题，应将所有农村留守儿童纳入有效、妥善的监护照料范围，杜绝农村留守儿童无人监护现象，有效遏制监护人侵害农村留守儿童权益行为，切实兜住农村留守儿童人身安全底线。

三 研究的不足和评价

（一）调查对象不确定性

如本章第一节所述，由于留守儿童概念的不确定性，国内仍然没有权威的统一的界定，研究者和实际部门只从各自需要出发来界定留守儿童，致使目前留守儿童规模数据差异显著。调查对象的不确定，使研究结果缺乏客观真实性，不仅使实际部门在制定决策上针对性不足，而且给社会带来了不良影响。

（二）"问题"意识偏重

或许是受舆论媒介的影响，一些研究尤其是早期研究以"问题"为主导，在研究过程中，更多地侧重于留守儿童"问题"意识，缺乏对调查对象的价值中立性判断，扩大了留守儿童的事实，忽视了留守儿童的正向积极方面，不利于社会各界对留守儿童的认识和政府决策。其实，我们往往忽视留守儿童坚强乐观、自强不息的一面，孩子们苦中作乐，乐观面对生活是值得所有人尊重的，这也是需要我们宣扬和称赞的。留守儿童不是都有心理问题的，社会不应再给他们过于沉重的标签。因此，在对于留守儿童的表述方面我们不能一概而论。

（三）研究方法较为单一

研究成果在数量上，虽然年年持续性地急剧增加，但是，在研究方法上，大部分研究是采用量表式、心理测验为工具的定量调查，以深入访谈、观察法的定性研究比较少。由于量化统计分析仅限于对研究对象的表面问题进行描述，所以只提出了宏观的建议和对策。而对研究对象的来龙去脉以及深层次的原因分析却未做深入充分的探讨，更缺乏相关的理论分析。

（四）法学视角下权利保障研究比较少

以往的研究大多是从教育学、心理学、社会学等学科进行研究，留守儿童是人类社会中的特殊群体，涵盖作为一个人的所有方面。随着留守儿童研究的深入，以留守儿童为主体，从儿童权利保障出发的法学研究比较欠缺。以留守儿童可持续发展来看，从行使个人主体权利出发是关爱留守儿童的有效手段。

（五）参与权利保障研究非常匮乏，研究范围过于狭窄

留守儿童参与权利保障研究的文献寥寥无几，仅有二十余篇研究文献。严格来说，这方面几乎是空白的。已有的研究文献多是以参与式研究方法，从政府、非政府组织、新闻传媒等视角探讨留守儿童教育问题。而真正意义上的以留守儿童为主体、实施自主参与权利的研究文献，都是从体育学视角就留守儿童的体育锻炼探讨其参与权利，研究范围过偏、过窄。

从以上分析可以看出，留守儿童研究还处于基础研究阶段，有待于进一步深入规范，需要我们从留守儿童主体出发，研究体系进一步完善，研究领域继续扩大，研究团队不限于学术界，还需要更多的实体部门、相关机构和社会组织的共同参与，从而为留守儿童的健康发展做出一定贡献。

第三章　宁夏农村教育的回顾和思考[*]

"百年大计，教育为本。"新中国成立以来，党和国家高度重视教育，始终把教育放在优先发展的战略地位，中国教育事业取得了举世瞩目的成就，总体发展水平跃居世界中上行列。2018年，是我国实行改革开放40周年，也是宁夏回族自治区成立60周年。数十年来，尤其是党的十八大以来，在习近平新时代中国特色社会主义思想指引下，宁夏的农村教育取得了历史性进展。党的十九大报告提出，要推动城乡义务教育一体化发展，高度重视农村义务教育，努力让每个孩子都能享有公平而有质量的教育。近年来，宁夏积极推进教育公平，加大学前教育的投入力度，不断完善学前教育资源配置，满足人民群众对普惠优质学前教育的需求。加强城乡义务教育均衡发展，巩固提高全区义务教育普及水平，统筹城乡教育一体化建设，为宁夏社会经济发展奠定坚实基础。

第一节　教育改革持续优化教育结构

一　党和国家始终把坚持教育事业优先发展

新中国成立以来，特别是改革开放以来，党和国家始终把坚持教育作

---

[*] 本章中除标注外，相关资料均来源于宁夏回族自治区教育厅、宁夏各市教育局。

为中华民族伟大复兴最根本的事业来优先发展。党的十一届三中全会召开前夕,邓小平就提出了"教育是一个民族最根本的事业"。党的十二大报告第一次把教育提高到现代化建设战略重点之一的地位。①党的十三大报告提出:"必须坚持把发展教育事业放在突出的战略位置。"党的十四大报告提出:"必须把教育摆在优先发展的战略地位,努力提高全民族的思想道德和科学文化水平,这是实现我国现代化的根本大计。"第一次明确提出要把教育摆在优先发展的战略地位。之后,每一次党代会都明确提出要将教育事业放在优先发展的地位。1995年,党中央召开第三次全国科学技术大会,提出要"实施科教兴国战略",把优先发展教育的思想上升到国家战略,科教兴国成为国家的基本国策。党的十五大报告和十六大报告强调必须把教育"摆在优先发展的战略地位"。党的十七大把"优先发展教育,以建设人力资源强国"作为主要任务。党的十八大以来,我国教育改革发展进入一个新的阶段,党中央继续"坚持优先发展教育",以立德树人为根本任务,努力办好人民满意的教育。党的十九大报告中坚定地提出"必须把教育事业放在优先位置",并将中华民族伟大复兴和教育紧密联系起来。近年来,我国教育公共服务水平和教育治理能力不断提升,中国特色社会主义教育制度体系进一步完善,教育事业取得的历史性成就和发生的历史性变革,为全面开创教育改革发展的新局面、全面开启建设教育强国的新征程奠定了坚实基础。②

二 全面加强学前教育资源建设

长期以来,宁夏学前教育普及水平始终低于全国平均水平。2010年,国务院印发《关于开展国家教育体制改革试点的通知》,决定在宁夏、辽宁、上海等地区尝试学前教育发展尤其是学前教育公共服务体系改革,宁

---

① 翟博:《教育是实现中国梦的力量源泉》,《中国教育报》2013年5月13日。
② 刘延东:《深入学习贯彻党的十九大精神 全面开创教育改革发展新局面》,《求是》2018年第6期。

夏回族自治区积极探索创新办园体制，加强学前教育资源建设。2010年以来，宁夏回族自治区先后出台实施第一期和第二期《学前教育三年行动计划》、《宁夏回族自治区学前教育暂行条例》、《关于推进全区农村学前教育发展的意见》、编制第三期《宁夏学前教育行动计划（2017～2020年）》等一系列政策、法规，加快全区学前教育发展步伐。尤其是以发展农村学前教育为重点，采取多种形式，不断加大幼儿园建设。一是大力发展公办幼儿园，2011年起，宁夏回族自治区启动实施学前教育三年行动计划和宁夏回族自治区"十二五"幼儿园建设规划方案，每年投入约1亿元资金，用于改、扩建公办幼儿园。二是将农村调整后的中小学富余校舍用于发展学前教育，通过独立幼儿园、校中园、邻村联办幼儿园（班）和幼教点等方式建立。三是加强城镇小区配套幼儿园建设。把小区配套幼儿园作为城市学前教育发展的重要途径，各地制定了小区配套幼儿园建设，继续扩大城市学前教育规模。四是积极鼓励和支持机关、团体、部队、国有企业、事业单位、街道和村集体等利用国有资产或集体资产创办公办幼儿园，采取移交接管、经费补贴等方式支持机关团体企事业单位和村集体兴办幼儿园，使已有的学前教育资源不流失。[①]通过以上措施，使全区学前教育资源布局不断扩充完善、办园条件显著改善。

三 推动义务教育均衡发展

（一）有步骤地实施九年制义务教育，提高基础教育水平

早在20世纪70年代，国家领导人就高度关注我国的教育改革问题。1980年，中共中央、国务院出台《关于普及小学教育若干问题的决定》，提出"全国应基本实现普及小学教育的历史任务，有条件的地区还可以进而普及初中教育"。在邓小平同志"教育要面向现代化、面向世界、面向未来"的号召下，1984年，宁夏回族自治区教育厅制定《关于加速我区普及初等教育步伐的意见》，全区各市、县结合实际情况贯彻执行。

[①] 田继忠、禹晓成：《2011年宁夏教育事业发展报告》，《宁夏教育科研》2011年第4期。

1985年5月，党中央召开了改革开放后的第一次全国教育工作会议，并颁布《中共中央关于教育体制改革的决定》（以下简称《决定》），该《决定》在中国当代教育发展史上具有里程碑意义，意味着中国的教育体制改革从此开始。《决定》提出了"改革管理体制""调整教育结构"等一系列教育改革内容，指出"实行九年制义务教育，实行基础教育由地方负责、分级管理的原则，是发展我国教育事业、改革我国教育体制的基础一环"。1986年，国家实施《中华人民共和国义务教育法》，首次建立了九年义务教育制度，正式把普及义务教育的国家政策转变为法律条款。宁夏回族自治区首先对初等义务教育进行改革，为后来推进基本普及九年义务教育和基本扫除青壮年文盲打下了坚实的基础。宁夏回族自治区党委、政府出台《关于改革和加强教育工作的决定》，开启了宁夏的教育体制改革，全区由此有步骤地实施九年义务教育。基础教育的"分级办学、分级管理"调动了宁夏各级政府乃至全社会的力量，尤其是县、镇政府发展基础教育的积极性，改变了宁夏中小学特别是农村中小学的落后面貌。

（二）基础教育改革进一步深化，顺利完成"两基"工作

1994年，改革开放后的第二次全国教育工作会议在北京召开，确定将基本普及九年义务教育和基本扫除青壮年文盲（简称"两基"）列为教育工作的"重中之重"。宁夏"两基"攻坚工作拉开了序幕，以九年义务教育为基础，大力加强基础教育工作。1995年，全国人大发布《中华人民共和国教育法》，这标志着中国教育工作进入依法治教的新阶段。为了落实科教兴国战略，20世纪末，党中央出台一系列政策、措施全面推进教育的改革和发展。在党中央的政策指导下，宁夏回族自治区先后出台了《关于加快教育改革和发展全面推进素质教育的决定》（1999）、《关于加快基础教育改革与发展的决定》（2001），对全区基础教育布局结构进行调整，以撤并、置换、改造、新建等形式，推动中小学合理化布局，提高规模效益和整体办学水平。特别是加强农村初中学校建设，南部山区各县集中办学，减少学校布点，积极发展寄宿制学校。党的十六大以来，宁夏举全区之力，优先增加"两基"的经费投入，将"两基"项目作为重点

工程优先安排实施。仅在 2002~2007 年，全区教育总投入就达到了 127.6 亿元，并且积极争取国家资金和项目支持"两基"攻坚，宁夏先后组织实施了国家贫困地区义务教育工程、中小学危房改造工程、中小学现代远程教育工程、农村寄宿制学校建设工程等教育重点工程，城乡办学条件得到根本改善，保障了义务教育阶段学生的受教育权利。同时，通过城镇教师定期支教、机关及事业单位定点支教、闽宁对口支援、大学毕业生志愿支教、川区百名教师到山区支教等制度，以及公开招聘、吸收胜任教学工作的行政事业单位人员充实教师队伍等，大大缓解了师资不足和学科结构性短缺的矛盾。① 2007 年全区"两基"人口覆盖率实现 100%，2008 年顺利通过国家评估验收，实现"两基"目标。

（三）促进教育公平，推进义务教育均衡发展

1. 推进县域内义务教育均衡发展

2007 年，党的十七大报告第一次提出"促进义务教育均衡发展"，这成为我国在新的历史时期教育发展的战略方针。为此，宁夏回族自治区政府制定了《宁夏义务教育均衡发展行动计划》（2007）、《宁夏中长期教育改革和发展规划纲要》（2011），以推进县域内义务教育均衡发展为重点，将公共教育资源向中南部山区、农村地区、薄弱学校和民族中小学校倾斜，完善资助覆盖困难群体就学的政策体系。加快发展覆盖城乡、布局合理的学前教育体系；巩固提高九年义务教育，合理调整学校布局，优化教育资源配置。为了更好地落实教育规划，宁夏回族自治区人民政府制定了《宁夏回族自治区进一步推进义务教育均衡发展实施方案》（2011），进一步深化教育改革，建立学校之间帮扶协作机制，提升农村学校办学水平，促进学校内涵发展。2011 年，宁夏回族自治区出台了《关于进一步加强中小学校长和教师队伍建设的意见》，首次对宁夏中小学校长和教师队伍建设做出了战略部署，制定实行中小学校长轮岗交流制度。"十二五"时期，宁夏回族自治区就 35 万中南部生态移民子女教育，制定出台了《宁

---

① 齐平、许凌：《教育事业发展谱新篇》，《经济日报》2008 年 9 月 19 日。

夏"十二五"中南部地区教育移民实施方案》（2012）等"教育移民"政策措施，让宁南山区移民子女到川区享受优质的教育资源。

2. 推进义务教育学校标准化建设

党的十八大以来，宁夏基础教育从"有学上"向"上好学"转变，进入"以提高质量和效益为中心"的深入发展阶段。2014年，根据国家《关于全面改善贫困地区义务教育薄弱学校基本办学条件的意见》（2013）和《关于编制全面改善贫困地区义务教育薄弱学校基本办学条件项目规划（2014~2018）的通知》（2014），宁夏制定全面改善贫困地区义务教育薄弱学校基本办学条件（以下简称"全面改薄"）项目规划，重点对义务教育薄弱学校的基本教学条件、学校生活设施、县镇学校大班额问题、农村学校教育信息化等方面进行了全面的改善。宁夏加强完成农村义务教育阶段薄弱学校基本办学条件改造任务，全面实现义务教育基本均衡发展目标，基本解决"上好学"的问题。2016年，宁夏回族自治区出台了《宁夏义务教育学校管理标准》《乡村教师支持计划（2015~2020年）实施办法》，进一步发展乡村教育，稳定乡村教师队伍，缩小城乡师资水平差距，提升农村教育教学质量，形成乡村学校教师"进得来、留得住、教得好"的良好局面，实施了义务教育优质资源扩面提升工程。2017年，宁夏回族自治区制定印发了《宁夏回族自治区教育综合改革方案》、《关于进一步加强义务教育阶段学校作业管理的实施意见》和《宁夏回族自治区消除义务教育阶段学校大班额专项规划（2017~2020年)》，对今后一个时期义务教育改革做出细化部署，着力解决人民日益增长的美好生活需要和学校发展不平衡不充分问题。2018年，宁夏在全国首家获批建设"互联网+教育"示范区，为了圆满完成示范区建设，根据国家《教育信息化2.0行动计划》的总体要求，教育部与自治区政府签订了共建协议，拟订了《"互联网+教育"示范区建设规划（2018~2022年)》和《"互联网+教育"示范区建设实施方案》，高标准、高起点、高质量全面推动"互联网+教育"示范区建设，进一步提升全区教育质量，促进教育均衡发展。

第二节 农村学前教育普及程度明显提升

1958年宁夏回族自治区成立时，宁夏有幼儿园28所，教职工共有159人，其中幼儿教师有59人，入园幼儿总数1624人。改革开放初期，宁夏学前教育迅速发展。1980年，宁夏幼儿园有134所，教职工836人，入园幼儿数1.1万人。21世纪以来，宁夏学前教育蓬勃发展。2008年宁夏幼儿园达到286所，教职工有5375人，入园幼儿数11.3万人。[①] 全区幼儿入园入托问题得以缓解。

一 加大学前教育投入力度

宁夏学前教育是教育事业的短板，宁夏回族自治区持续加大学前教育资金的投入，专门设立了学前教育专项经费。为了满足群众对普惠优质学前教育的需求，宁夏回族自治区完善政府购买学前教育服务机制，自2015年起每年投入2000万元，逐步扩大购买学前教育服务范围。"十三五"期间，宁夏着力解决普惠性学前教育资源短缺和农村学前教育资源不足的问题，累计投入21.22亿元，新建、改扩建幼儿园699所，新增学位8.97万个，实现全区常住人口规模1500人以上建档立卡贫困村学前教育资源全覆盖，完成279所城镇小区配套幼儿园治理任务，2020年学前教育毛入园率达到88.5%。[②]

二 学前教育持续发展

近年来，全区大力发展普惠型幼儿园，学前教育资源布局不断完善、办园条件显著改善、保教质量持续提高，学前三年教育普及程度明显提

[①] 宁夏回族自治区统计局，《宁夏年鉴（2017）》，中国统计出版社，2017。
[②] 《聚焦高质量发展 办人民满意教育"十三五"宁夏绘就教育发展新画卷》，《宁夏日报》，2020年12月17日。

升，提前五年实现了《宁夏中长期教育改革和发展规划纲要（2010~2020年）》的目标。

(一)办学规模大幅增长

宁夏农村幼儿园有了较快发展，全区所有乡镇至少建成一所幼儿园，农村学前教育实现全覆盖。截至2019年底，全区共有各类幼儿园1329所，比2012年增加了802所，增幅达1.5倍；全区在园幼儿（含学前班）24.8万人，比2012年增加了8.8万人，提高了55个百分点；学前教育毛入园率为86.4%，提高了28.6个百分点。农村幼儿园573所，比2012年增加了4.6倍。农村幼儿园所占比例为43.1%，增加了23.7个百分点（见表3-1）。其中，教育部门在农村办了463所幼儿园，占80.8%。农村在园儿童5.5万人，比2018年增加了0.3万人，增加了5.7%；农村在园儿童占全区比例为22.2%，比前一年增加了0.7个百分点。

表3-1 农村学前教育发展情况

项目	2012年 全国	2012年 宁夏	2019年 全国	2019年 宁夏	增减(%) 全国	增减(%) 宁夏
幼儿园数(所)	181251	527	281174	1329	55.1	152.1
在园儿童(万人)	3894.7	16.0	4713.9	24.8	21.0	55.0
学前教育毛入园率(%)	64.5	57.8	83.4	86.4	18.9	28.6
农村幼儿园数(所)	63091	102	98688	573	56.4	461.7
农村幼儿园占比(%)	34.8	19.4	35.1	43.1	0.3	23.7

资料来源：《国家教育统计数据》（2012年、2019年）《宁夏回族自治区教育统计手册》（2012年、2018年、2019年）

(二)发展水平高于全国平均水平

从全国和宁夏的数据比较看（见表3-1），2019年，全国和宁夏幼儿园数分别比2012年提高了55.1%和152.1%，宁夏高出全国97个百分点；在园幼儿数分别比2012年提高了21%和55%，宁夏高出全国34个百分点；学前教育毛入园率分别比2012年提高18.9%和28.6%，宁夏高出全国9.7个百分点。这是自2016年首次超过全国平均水平后，宁夏学前教育发展水平进一步提高。

三 教师队伍配置状况持续改善，乡村教师队伍快速发展

为了优化教师队伍，自治区把幼儿园教师培训纳入教师培训体系，仅在2013~2015年间，通过中西部项目、国培计划、远程培训等项目，就累计培训园长、教师1.6万余人次，[①] 使教师素质水平整体提高。2019年，全区幼儿专任教师数量为12971人，比2012年增加了90.0%；乡村专任教师1660人，增加了2.1倍（见表3-2）。全区幼儿专任教师中，学历为大专及以上的占88.4%，比2012年提高了9.1个百分点；乡村幼儿专任教师中，学历为大专以上的占79.4%，比2012年提高了14.2个百分点。乡村教师学历增长速度高于全区增长水平。

表3-2 学前教育专任教师学历情况

	年份	合计 人数（人）	本科及以上 人数（人）	本科及以上 比例（%）	专科 人数（人）	专科 比例（%）	高中阶段 人数（人）	高中阶段 比例（%）	高中以下 人数（人）	高中以下 比例（%）
全区	2012	6826	1070	15.7	4343	63.6	1320	19.3	93	1.4
全区	2019	12971	2246	17.3	9224	71.1	1389	10.7	112	0.9
乡村	2012	539	56	10.4	295	54.8	177	32.8	11	2.0
乡村	2019	1660	190	11.4	1128	68.0	309	18.6	33	2.0

资料来源：《宁夏回族自治区教育统计手册》（2012年、2019年）

宁夏全面实施《宁夏第三期学前教育行动计划（2017~2020年）》，强化县级政府发展学前教育的责任，继续抓好政府购买学前教育服务，以市为单位调整公办幼儿园和普惠性民办幼儿园保费标准，继续新建改（扩）建一批普惠性幼儿园，进一步提高全区学前教育三年毛入园率。

[①] 根据《宁夏社会蓝皮书（2014~2016）》宁夏人民出版社，统计整理

第三节 城乡义务教育均衡发展取得显著成效

一 义务教育普及水平巩固提高

1958年宁夏回族自治区成立时，全区小学有2968所（见表3-3），在校生25.0万人，分别比1950年增加了3.3倍和4.6倍；普通中学有58所，在校生1.5万人，分别增加了5.4倍和14倍。改革开放初期，宁夏义务教育阶段学校规模达到高峰期，小学有5318所，普通中学有667所，分别比1958年增加了0.79倍和10.5倍。21世纪以来，宁夏义务教育取得了一定成效。2006年，宁夏提前一年全面实现了以县（市、区）为单位普及九年义务教育、基本扫除青壮年文盲的目标，"两基"人口覆盖率达到100%，使义务教育阶段学生"有学上"，保障了学生的受教育权利。2008年，宁夏"两基"工作顺利通过国家评估验收，率先在西部省（区）以县为单位实现了"两基"目标，义务教育普及水平进一步提高，宁夏教育从此进入了一个新的发展阶段。[①] 2012年，宁夏在西部省区率先实现基本普及高中阶段教育工作目标。这一年，宁夏在全国教育发展水平排名第10位，位居中西部地区前列。[②] 同年，在教育部2011年首次组织开展的30个省（区、市）参加的全国教育行风评议测评结果公布中，宁夏以96.54分位居全国第一。[③] 由于我国计划生育政策的实施、人口流动、"撤点并校"等原因，宁夏义务教育阶段学校数量持续下降。截至2012年，宁夏小学由2008年的2202所下降到1896所，减少了13.9%；普通中学由377所下降到314所，减少了16.7%；小学六年巩固率82.9%，比2008年降低了3.8个百分点；初中三年巩固率为90.5%，比2008年提高了0.5个百分点。

[①] 《宁夏"两基"工作通过国家验收》，《中国教育报》2008年7月21日。
[②] 张进海主编《宁夏社会蓝皮书（2013）》，宁夏人民出版社，2013。
[③] 田继忠：《历史回顾与未来发展——宁夏教育科学研究所十年发展历程与教育科学研究前瞻》，《宁夏教育科研》2014年第4期。

表 3-3 宁夏教育发展情况

年份	学校数(所) 小学	学校数(所) 普通中学	在校生(万人) 小学	在校生(万人) 普通中学	巩固率(%) 小学六年	巩固率(%) 初中三年	生师比 小学	生师比 初中
1950	695	9	4.5	0.1				
1958	2968	58	25.0	1.5				
1978	5318	667	61.3	23.3	91.2		28	27
2008	2202	377	58.9	42.9	86.7	90.0	21	17
2012	1896	314	61.8	45.0	82.9	90.5	18.9	15.1
2019	1188	316	58.4	45.2	100.3	99.8	17.0	14.5

数据来源：宁夏统计局《宁夏年鉴（2019）》，中国统计出版社，2019年9月；《宁夏回族自治区教育统计手册》（2019年）。

党的十八大以来，宁夏回族自治区积极推进义务教育均衡发展，全区义务教育普及水平进一步巩固提高。2018年，宁夏22个县（市、区）全部达到国家评估标准，率先在西部实现以省为单位义务教育基本均衡发展。2019年，宁夏小学和普通中学共有1504所，其中小学有1188所，比2012年降低了37.3%（见表3-3）；小学在校生有58.4万人，较2012年降低了5.5%；小学六年巩固率达100.3%，提高了17.4个百分点。普通中学（含九年、十二年一贯制学校）有316所，在校生45.2万人，分别比2012年提高了0.6%和0.4%；初中三年巩固率达99.8%，提高了9.3个百分点。小学、初中生师比分别为17.0、14.5，比2012年降低了1.9、0.6。6岁及以上人口平均受教育年限由2010年的8.5年增长到2017年的9.0年，提高了0.5年，整体达到了九年义务教育水平。[①]

二 着力改善基础环境，推进贫困地区学校标准化建设

（一）教育经费持续增长，为宁夏教育发展奠定基础

近十年来尤其是十八大以来，宁夏回族自治区党委、政府优先发展教

[①] 《2017年宁夏常住人口682万人》，《宁夏日报》，2018年2月4日；宁夏回族自治区人民政府：《宁夏回族自治区人口发展"十二五"规划》，2012年7月29日。

育事业，将其作为政府财政支出重点领域给予优先保障，教育投入总量持续增加。近年来，宁夏公共财政教育经费占全区生产总值比例始终保持在4%以上（见表3-4），各类公办教育均建立生均拨款制度，为宁夏教育发展奠定了坚实基础。2019年，宁夏公共财政教育经费179.4亿元，比2012年增加76.5亿元，增长了74.3%，公共财政教育经费每年呈持续上升趋势。公共财政教育经费与财政经常性收入增长幅度比较来看，2015年以来除过2018年外每年教育经费的增幅都高于财政经常性收入，可见，宁夏教育经费占公共支出比例呈上升趋势，并且涨幅高于全区财政经常性收入的涨幅。公共财政教育经费保障了宁夏的教育发展，为教育进一步高质量发展奠定了基础。

表3-4 2012~2019年宁夏公共财政教育支出情况

项目	一般公共预算教育经费（亿元）	一般公共预算教育经费本年比上年增长（%）	占全区生产总值比例（%）	占一般公共预算支出比例（%）	财政经常性收入本年比上年增长（%）	与财政经常性收入增长幅度比较（百分点）
2012年	102.9	5.7	4.4	11.9	8.1	-2.4
2013年	111.7	8.6	4.3	12.1	18.2	-9.6
2014年	119.6	7.0	4.3	12.0	18.8	-11.8
2015年	139.2	10.9	4.8	12.2	7.0	3.9
2016年	149.7	7.6	4.8	11.9	6.2	1.4
2017年	166.8	11.4	4.8	12.1	7.3	4.1
2018年	168.0	0.7	4.5	11.8	4.4	3.7
2019年	179.4	6.8	4.5	12.5	0.2	6.6
年均增长	11.0	7.3	0.0	0.0	8.8	-1.4

资料来源：《全国教育经费执行情况统计公告》（2012~2018年）；《宁夏回族自治区人民政府工作报告》（2013~2020年）。

（二）实施校舍安全工程，全面改造供暖设施

宁夏回族自治区高度重视校舍安全工作。2009年起，宁夏在全国率先启动实施"中小学校舍安全工程"，在各级各类城乡中小学开展校舍抗震加固和提高综合防灾能力建设，大幅度消除校舍安全隐患，安全状况得

到明显改善。2009～2013年，全区中小学校舍安全工程共完成校舍加固改造和拆除重建407万平方米，其中加固170万平方米，重建237万平方米。① 2014～2019年全区批复的校舍建设项目竣工率和设备采购完成率，提前完成了国家要求的"超九成"的要求，位居全国前列。同时有效地缓解了"大班额、大通铺"现象。

2013～2015年，宁夏回族自治区人民政府实施农村中小学供暖设施改造项目，着力改善农村中小学校冬季供暖条件，共安排资金2.7亿元，改造了1485所农村中小学的172万平方米的供暖设施，使农村义务教育学校彻底告别火炉取暖时代。2015～2016年，宁夏回族自治区政府将农村教学点标准化改造列入民生计划项目，投入资金8738万元，安排改造263所教学点，教学设施满足基本教学需要，生活设施满足基本生活需要。②

（三）"全面改薄"成效显著，综合满意度位居全国前列

宁夏制定全面改善贫困地区义务教育薄弱学校基本办学条件（以下简称"全面改薄"）工作是宁夏回族自治区政府近年来对贫困地区义务教育发展、保障教育公平做出的重要决策，是推进宁夏义务教育均衡发展的重点工程。2014年起，宁夏回族自治区以"全面改薄"项目为重点，着力加强全区中小学基础设施建设。宁夏回族自治区统筹农村义务教育经费保障机制、农村中小学校舍维修改造长效机制、初中校舍改造工程、进城务工农民子女接受义务教育、特殊教育等各类相关义务教育资金和项目，同时鼓励各地加大地方财政投入，确保改善贫困地区义务教育薄弱学校基本办学条件。

2014～2017年，宁夏顺利实施"全面改薄"项目，全区共投入资金

---

① 根据《2010年宁夏教育呈现十项新亮点》（《宁夏教育》2011年第2期）、《宁夏严格校舍安全工程建设标准》（《宁夏日报》2010年5月6日）、《宁夏校舍安全工程投资12亿惠及655校》（《宁夏日报》2011年2月17日）、禹晓成2012～2013年《宁夏教育事业发展报告》（《宁夏教育科研》2012年第4期）2013年第4期）计算得出。

② 宁夏回族自治区教育厅：《统筹城乡促均衡 多措并举惠民生 宁夏"全面改薄"》，中国网，http://edu.china.com.cn/2017-05/12/content-40800377.htm，2017年5月12日。

54.46亿元，其中基本建设资金35.77亿元，设备采购资金18.69亿元。新建、维修改造校舍面积121.69万平方米，改造室外运动场地282.9万平方米；购置图书、课桌椅、生活设施、信息化设备、教学仪器等设备1642.32万台（件、套、册）。① 通过"全面改薄"，宁夏小学生均校舍面积由2012年的5.0平方米增加到2018年的8.2平方米，增长了64%；初中生均校舍面积由9.2平方米增加到12.3平方米，增长了33.7%；普通高中生均校舍面积由15.7平方米增加到19.5平方米，增长了24.2%。② 办公室、桌椅、图书、仪器设备等设施基本满足教学需求，宿舍、厕所、食堂、饮水等生活设施保障了师生的基本生活需要。近年来，宁夏实施中小学校舍安全工程、薄弱学校改造工程、普通高中改造计划、农村中小学体育运动场和供暖设施改造等一批教育民生重大项目，学校面貌焕然一新，薄弱学校改造项目网络满意度测评位居全国第三。

三　全国首家省级"互联网+教育"示范区

近年来，在国家实施的教学点卫星数字教育资源全覆盖项目带动下，宁夏大力实施教育信息化建设。2016年，全区实现了农村教学点、规模较小农村学校教育信息资源全覆盖和农村学校宽带互联网全覆盖。2017年宁夏教育信息化建设的各项工作取得突破性进展，建成"宁夏教育云"公共服务平台，完成"三通两平台"建设任务，校舍安全、扶贫计划、营养计划等实现了"云"管理。宁夏通过打造教育资源公共服务平台，努力通过信息化手段不断缩小城乡、区域之间的办学差距，在全国以省为单位率先实现从学前教育到高等教育各学段数字教育资源全覆盖。2018年李克强总理在宁夏考察时谈道，教育是获取知识、促进起点公平的关键，"互联网+教育"可以让贫困地区孩子也能听到好老师的讲课，开拓

---

① 宁夏回族自治区教育厅：《统筹城乡促均衡 多措并举惠民生 宁夏"全面改薄"》，中国网，http://edu.china.com.cn/2017-05/12/content-40800377.htm，2017年5月12日。
② 宁夏教育厅编《宁夏教育事业统计快报（2012年、2018年）》。

他们的眼界，点燃改变人生的火把。2018年，宁夏获批成为全国首家"互联网+教育"示范区，标志着宁夏教育事业进入了新的历史阶段，将推进区域、城乡、校际、群体的均衡发展。

（一）规划布局：国家指导和顶层设计

2018年7月，教育部决定宁夏成为全国首家省级"互联网+教育"示范区，这是国家对宁夏教育信息化成绩的肯定，为宁夏教育改革发展带来了新的历史机遇，也对宁夏教育事业的发展提出了更高要求。教育部批复文件指出，宁夏"互联网+教育"示范区建设要围绕国家教育现代化和建设教育强国发展目标，在完善实施建设方案基础上，落实配套政策等制度保障条件，加快推动示范区建设工作。宁夏回族自治区政府与教育部签署共建协议，联合成立共建领导小组，强化顶层设计。宁夏回族自治区加强与教育部联系沟通，在教育部指导下，示范区建设规格和起点提升到国家层面。宁夏回族自治区政府制定《宁夏"互联网+教育"示范区建设规划（2018年~2022年）》（以下简称《规划》）和《宁夏"互联网+教育"示范区建设实施方案》（以下简称《方案》），明确示范区建设的目标和任务，切实提高政治站位，严格要求，以国家标准和质量完成"互联网+教育"示范区建设，示范引领全国"互联网+教育"顺利发展。

（二）发展目标：实现更加公平更有质量的教育

《规划》以坚持立德树人、育人为本、融合创新、开放共享、协同推进、积极稳妥为基本原则，把立德树人作为根本任务，构建以学习者为中心的教育生态，以信息技术与教育教学融合提升个人能力素质。《规划》明确了"互联网+教育"示范区的建设目标，到2020年宁夏"互联网+教育"要基本实现"三全两高一大"，也就是说利用网络学习空间，全体教师要实现教学应用，全体适龄学生要实现学习应用，全体学校要实现数字校园建设，普遍提高全区信息化应用水平和全体师生信息素养，建成"互联网+教育"大平台。在未来两年内，宁夏通过教育云平台，基本实现教学应用、学习应用、数字校园的信息化建设全覆盖，通过提高宁夏教育信息化应用率，提升全体师生的信息素养。到2022年，宁夏基本形成以人才培养、教育服务、教育治理为主的信息化创新机制体制模式，推进宁夏区域、城乡、校际、群体均衡发展，加强教育资源共享、创新素养教育、教师队伍建设、学校党建思政、现代教育治理建设，最终建立一批可复制、可借鉴的新时代"互联网+教育"模式。在未来四年内，宁夏创新现代化教育新模式，建立和完善现代化教育治理体系，在《规划》引领下系统构建"互联网+教育"的制度框架，创新现代化教育体制机制作为宁夏教育信息化的行动指南，让宁夏的教育发展水平和人才培养质量实现跨越式发展，努力为全区人民实现更加公平更高质量的教育。

（三）行动举措：改革创新和示范引领

"互联网+教育"确定宁夏原州区、盐池县等9个县（区）作为在线课堂项目建设单位，银川市第二十一小等11所中小学作为"互联网+教育"智慧校园项目建设单位。《规划》中指出，"互联网+教育"将建设五个示范区并实现改革创新、示范引领作用，形成可以借鉴推广的现代化教育模式。提升基础设施环境，创新优质教育资源供给模式，建设教育资源共享示范区；推动信息技术与创新素养教育深度融合，探索创新素养为核心的素质教育改革，全面提升学生信息化合作、实践能力，建设现代化创新素养教育示范区；建立人工智能推进教师队伍建设体系，提升各类学校校长和教师信息素养，充分发挥新时代优秀教师的引领示范作用，建设"互联网+"教师队伍建设示范区；加强党对教育工作的全面领导，搭建"智慧党建"和"智慧思政"网络平台，增强各级党组织和党员的沟通互动，实现党建思政资源信息化、教育督导常态化，建设"互联网+"学校党建思政示范区；推进教育治理体系和治理能力现代化建设，构建"对接全国"的教育政务信息资源大数据体系，提升政府教育决策和公共服务水平，实现科学便捷的管理教学和社会服务，满足广大民众对教育更加公平更高质量的追求，形成"互联网+"现代教育治理示范区。

（四）"互联网+教育"推进教育均衡发展

1. 推进区域教育均衡发展

受经济社会发展和教育资源分配不均的影响，宁夏与发达地区教育水平仍然存在差距。"互联网+教育"将利用现有的沪宁、闽宁等合作项目，加强发达省市各级各类教育优质学校与宁夏学校的结对帮扶，集合名师名校先进教育教学经验和优质教育资源，共享到宁夏教育云平台，以资源共享、优势互补、合作交流等方式促进宁夏教育事业发展。通过课程教学在线交流和探讨，学习发达地区先进的教育发展理念和教学经验，提升我区教育水平和教学质量，提高教师创新能力和课堂实践能力，让更多学生不用走出宁夏就可享受到高质量的教育。

2. 推进城乡义务教育的均衡发展

农村是宁夏教育现代化的重点和难点。长期以来，宁夏回族自治区坚持将教育公共资源向农村倾斜。"互联网+教育"示范区建设结合国家乡村振兴战略，经过一年多的建设，全区3456所各级各类学校全部接入网络，65%的学校互联网宽带实现100M以上，配备数字化教学设备的班级占85%，覆盖在线课堂的中小学校占65%，所有中小学校开通了学校空间。[①] 有效推动优质教育资源在全区的全面覆盖，通过开展网络教学、教研在线互动、共享活动，缓解农村师资不足，解决外语、艺术、科学等课程薄弱现象，从而弥补农村教育资源不足短板。教育云为城乡学校搭建结对帮扶平台，打破以往城乡教育分割的传统模式，形成跨时间、跨地域的现代化课堂。优质教育资源通过同步课堂、远程直播、录制网络课程等形式达到城市与农村共享，城市教育带动农村学校发展。不仅加强城乡学校之间的交流互动，更提高了农村教育教学质量，满足农村儿童追求更加公平、更有质量的教育，进一步缩小城乡教育差距，促进城乡教育一体化。

3. 推进校际教育均衡发展

受公共教育资源紧缺，城市教育资源供给不足的影响，宁夏学校之间教育资源不均衡，有限的优质教育资源不能满足所有学生的教育发展，形成"择校热""大班额""入公办园难、入民办园贵"等现象，

---

① 《国家级示范区"互联网+教育"宁夏任重道远》，《经济日报》2019年6月12日。

培养的人才质量及科研创新能力不能满足经济社会发展。望子成龙、望女成凤成为所有家长的期盼，群众日益追求优质的教育资源，对学校、教师、专业、课程的要求也越来越高。"互联网+教育"则构建各阶段教育一体化体系，统筹校内校外、课内课外、线上线下等各个优质教育资源，依托教育云平台建立线上同步课堂，以"一校带多点、一校带多校"的名校、名师网络课堂等形式，推进优质教育资源跨校整合，形成强校带弱校、强弱共建联盟、学校集团化等办学方式，提高教育资源覆盖面，推进校际教育均衡发展。同时，宁夏加强与国内知名学校的交流合作，利用不同学校的学科、专业的优势，建立名校优质教育资源共享课程，实现校际优势互补、互利共赢，优化宁夏各教育阶段学校资源配置。

4. 推进各类群体的均衡发展

宁夏学校教育和社会教育之间是相互分割、各成体系，并没有实现教育资源共享。"互联网+教育"体现的是跨界链接，让教育走出学校，形成真正的开放包容、公平均衡的教育环境。不仅是基础教育、职业教育、高等教育以及特殊教育的资源共享，除了满足普通学校学生的学习要求外，还要为自愿学习者和终身教育机构提供规范、开放的信息化服务，以成人教育、老年教育、社区教育等形式，满足社会人群的教育需求，为他们提供丰富的教育资源。学校的教育设施资源、课程资源、教师资源与社会共享，为全民学习、终身学习提供公共服务，使全社会每个人都能享受到优质的教育资源，最终建成全民终身教育服务体系。[①] 实现学历与非学历教育互通互动，实现职前与职后教育前后衔接，线上和线下学习上下融合，基本建成人人皆学、时时可学、处处能学的学习型社会，推进各类群体的均衡发展。

5. 推进师生素养教育均衡发展

现代化教育以立德树人为根本任务，对培养创新人才起着重要作用，

---

① 边琦：《内蒙古自治区中小学教师信息技术应用能力提升培训设计与实施》，《中国信息技术教育》2015年第17期。

是构建智能化、个性化提升个人信息素养的教育。"互联网+教育"将通过信息技术与创新素养教育深度融合，智能化推进教师队伍建设体系。加强各级各类学校教师信息素养培训，培养其现代化应用技术能力，提高教师信息化教学能力，进而提升新时代教师的信息素养。现代化教育以人为本，这就要求我们公平地关注每一名学生。根据学生需求改革创新网络课程，以提高学生的信息素养。通过网络学生可以在线上线下、课内课外自由地接受各种教学活动，可以与老师、同学、家长沟通交流。根据学生的网络教学活动进行数据收集分析，制定学生信息素养评价指标体系，为推动学生个性化学习和教师针对性教学提供支持，从而挖掘学生的主体性和创造性，全面提升学生信息素养和自主创新能力。[①]

四 建立教育资助体系，保障学生享有受教育权利

21世纪以来，我国基础教育重点是提高教育质量。2006年起，国务院实施农村义务教育经费保障机制改革，宁夏回族自治区将所有义务教育阶段学校纳入公共财政保障范围，免除农村义务教育阶段学生的学杂费、书本费，补助家庭经济困难寄宿学生生活费（简称"两免一补"）。此外，宁夏为享受"两免一补"的学生又免费提供一套教辅材料。宁夏是第一个以省（区）为单位把国家"两免一补"政策创造性扩大为"三免一补"。[②] 2016年开始，固原市实行"三免一补"：免学费、免住宿费、免书本费并增加生活补助500元。2017年秋季学期开始，扩大到山区9县和其他地区的建档立卡贫困家庭学生。家庭经济困难学生和六盘山连片扶贫开发区学生每生每年享受补助2000元。[③]

宁夏完善了家庭经济困难学生资助、薄弱学校结对帮扶、一对一师生（特殊困难学生）关爱体系，建立各学段资助政策。在银川市建立六盘山

---

① 王瑞娥等：《五步测评法：提高教师培训项目绩效的有效策略》，《教师教育论坛》2018年第5期。
② 陈晓东：《宁夏教育确保实现三个"不能少"》，《中国教育报》2008年9月21日。
③ 朱磊：《贫困娃心灵很"富有"》，《人民日报》2017年5月25日。

高级中学和育才中学，专门面向中南部贫困地区择优招收农村初中毕业生，全部免收学费和住宿费，并发放生活补助。2015年起，宁夏回族自治区出台《关于进一步加强进城务工人员随迁子女和农村留守儿童教育管理工作的实施意见》等文件，实施"特殊教育提升计划"和"医教结合"试点工作，使残疾儿童入学率达到85%。以流入地政府管理和全日制公办中小学为主，将常住人口纳入区域教育发展规划，把随迁子女纳入财政保障范围，随迁子女接受公办免费义务教育比例达99%，取消高中择校"三限"政策，小学、初中实现了划片免试就近入学。2016年，宁夏回族自治区出台《宁夏教育精准扶贫行动方案（2016~2020年）》，保证所有家庭经济困难学生"一个都不能少"。2017年，宁夏出台的《关于推进脱贫富民战略的实施意见》，确保全区常住人口规模超过1500人的建档立卡贫困村学前教育资源全覆盖，并对学前教育在园建档立卡贫困户家庭适龄儿童（含农村非建档立卡贫困户经济困难残疾儿童）享受"一免一补"政策，每生每年免除1500元保教费，补助900元生活费。普通高中家庭经济困难学生平均资助标准为每生每年2000元。2012~2017年，全区共投入资金40多亿元，资助学生468万人次，[①] 努力让所有孩子应助尽助、应学尽学。

近年来，宁夏回族自治区职业教育专项经费不断增长，从每年的5000万元增加到1亿元，累计争取中央和宁夏回族自治区各类资金15.4亿元，[②] 重点改善中南部深度贫困地区职业学校办学条件，显著提升了职业教育质量。构建国家资助、扶贫资助和社会资助三大体系，保障每名学生接受教育的权利，使他们能"上得起学"。2013年，宁夏回族自治区发挥职业教育优势助推精准扶贫，在西部率先实现以省为单位中等职业教育全免费。给予初中未升入普通高中、高中未升入高等学校的毕业生全部免

---

① 龚建崇：《细作深耕培沃土　满园桃李竞芬芳》，《新消息报》2018年9月10日。
② 《一技之长"拔穷根"　我区职业教育助推精准脱贫》，搜狐网，http://sohv.com/a/219885099_387134，2018年1月30日。

费接受职业教育或技能培训，固原地区实施9+3职业教育专项资助政策。建档立卡贫困家庭子女，农、林、师范类专业的宁夏籍高职学生，按每年4200元的标准免除学费。[1] 2007年以来，中职学生共有23万人次享受到每人每年1500元的国家助学金；有3.5万名贫困家庭学生得到"雨露计划"每人每年1500元的补助；近1万名学生接受了燕宝基金等社会资助，[2] 保障学生不因家庭经济困难而失去接受职业教育机会的目标，通过帮助他们学习一技之长，进而带动家庭摆脱贫困。2017年，宁夏实施"技能致富"计划，职业教育对中南部地区农村新增劳动力有序转移，帮助贫困家庭脱贫致富，将初中毕业未升入高中、高中毕业未进入大学的学生全部纳入职业教育和技能培训，中职就业率达到96%，高职达到93%，均高于全国平均水平。据测算，职业教育的经济增长贡献率宁夏位列西部前列。[3]

五 教师队伍配置状况持续改善

近年来，宁夏回族自治区党委、政府分别出台了《关于进一步加强中小学校长和教师队伍建设的意见》（2011年）、《乡村教师支持计划（2015~2020年）》（2016年）和《宁夏回族自治区党委人民政府关于全面深化新时代教师队伍建设改革的实施意见》（2018年）等措施，制定向农村教师倾斜政策、不断创新农村教育人力资源的均衡机制，努力改善教师队伍结构。全面加强特岗教师招聘、免费师范生接收以及音体美、外语、信息技术等紧缺薄弱学科教师录取工作，累计招聘特岗教师近2.4万人，覆盖全区1200多所中小学校，尽可能将新任教师分配到农村中小学

---

[1] 张滢等：《宁夏：贺兰山下崛起职教高地》，《中国教育报》2017年10月8日。
[2] 宁夏回族自治区教育厅：《宁夏回族自治区多举措保障职业教育发展》，教育部网站，http:/moe.gov.cn/jyb_ xwfb/s6192/s222/moe_ 1762/201606/t20160629_ 270052.html，2016年6月29日。
[3] 宁夏回族自治区教育厅：《我区职业教育六项措施助推精准脱贫》，宁夏回族自治区人民政府网站，http:/nx.gov.cn/ztsj/zt/tpgj-1542/201802/t20180201-683845.html，2018年2月1日。

任教。2018年招聘特岗教师972名,安置公费师范生391人,面向农村招录培养一专多能全科公费师范生300名。落实解决农村教师工资待遇、职称评聘、培训等问题,宁夏农村学校教师和特岗教师补贴标准山区人均500元、川区300元,惠及2万多名教师。建立校长、教师定期轮岗交流制度,实行学校对口帮扶,开展走教和送教下乡等活动,鼓励和支持优秀教师到农村学校"下得去、留得住、教得好",有效促进城乡教师资源的均衡配置,缩小城乡差距。推进教师资格考试改革,中小学副高以下职称评审权下放到学校和全区各市,为实现城乡义务教育均衡发展提供师资保证。

宁夏回族自治区采取多种措施加强中小学教师师德师风建设,并且将教师思想政治和师德教育作为必修课纳入各级各类培训。2018年,全区小学教师学历合格率连续两年为100%,初中教师学历合格率为100%,教师的学历层次进一步提升。全年宁夏培训教师8.3万余人。全面落实乡村教师支持计划,组织200名乡村教师外出疗养,表彰"乡村教学名师"和"最美乡村教师"200余人,宁夏回族自治区党委、政府表彰了100名"教书育人楷模"和100名"师德标兵",营造了尊师重教的良好氛围。

第四节 制约农村教育发展的瓶颈

一 城乡基础教育不均衡

虽然宁夏推进义务教育均衡发展,扩大优质教育资源覆盖面,促进城乡一体化发展,提升了农村教育质量,但是,城乡二元体制使得优质的教育资源向城市的基础教育倾斜,政府对农村基础教育的资源投入不如城市,加上受各地经济发展水平的影响,对农村教育资源的投入存在一定的地域差异,使得城乡基础教育在教育质量、办学效益上存在较大的差距。农村地区办学条件需要进一步改善,一些学校教学设施器材需要补充更新,特别是信息化条件达不到国家规定的数字校园建设标准,全区仍有16.5%的教学班没有配备网格多媒体教学设备,不能适应新时代教育发展需要。受经济压力等因素的影响,全区各级财政教育经费紧张,小规模学校取暖经费短缺。农村学校虽然完成了供暖改造,但由于有的学校学生少,按生均100元取暖经费计算,锅炉或电取暖成本高,费用大,根据锅炉取暖计算,小规模学校用于供暖的费用占公用经费比重在50%~90%,致使小规模学校难以维持基本运转。

二 农村基础教育日趋弱化

随着宁夏惠农政策和城镇化进程的加快,农民的生活水平日益提高,农村教育已不能满足村民的需求,大量农村人口向城市迁移,大多数儿童涌向城镇接受更优质的教育,导致农村学生逐年减少,学校的递减幅度也越来越高,"空巢"学校和小规模学校日益增多。2019年,全区农村小学有781所,比2018年减少7.9%,比2013年减少了46.4%。农村小学教学点有512所,比2018年减少了16.6%,比2013年增加了1.3倍。农村小学在校生15.7万人,比2018年减少3.1%,比2013年减少了30.8%。农村普通中学87所,比2018年增加了1.2%,比2013年减少了8.4%;农村普通中学在校生4.3万人,比2018年增加了16.2%,比2013年减少了10.4%。[①]农村生源逐年减少,农村学校也随之呈现缩减趋势,或者改建为小规模的教学点。农村学校规模越来越小,成为制约农村教育发展的主要瓶颈,从而进一步拉大了城乡教育差距。

三 农村学生厌学、辍学现象严重

目前,农村家庭教育环境薄弱,家长文化水平偏低甚至是文盲。加上受"读书无用论"的影响,一些家长对子女受教育程度要求不高。而且,留在农村学校的学生多数为留守儿童、单亲家庭子女、重组家庭子女,大

---

① 宁夏教育厅编《宁夏回族自治区教育统计手册》(2013年、2018年、2019年)。

部分由爷爷奶奶看管，家庭教育缺失。因此，一些农村学生在学业上缺乏明确的追求目标，遇到学习困难缺乏家庭辅导，无法及时解决，日积月累使他们丧失学习信心。农村学校教学方式单一，缺乏吸引力，教育方法不当，严峻的应试教育使学生缺乏学习兴趣，产生厌学情绪，造成少数儿童辍学。2018年，宁夏回族自治区共排查出义务教育阶段辍学学生9572名，[1] 其中大多数是农村学生，尤其是农村初中学生辍学现象比较突出。此外，全区义务教育阶段进城务工人员随迁子女有10万人。[2] 由于外出务工人员流动性大，频繁更换地址，一些子女随家长离开农村，没有办理转学手续，农村学校不能及时掌握学生接受教育情况，给中、小学学籍管理增加了很多难题，加大了控辍保学攻坚工作量。

四 教师队伍难以适应新时代教育发展需要

（一）教师结构不均衡

在农村生源逐年减少、教师编制有限的情况下，小规模学校、微型班级数量逐年增加，许多农村学校教师与学生比例失调，学校存在教师数量富余、学科数量缺编现象的结构性问题。也就是说，按师生比核算，许多农村学校教师超编，但按教学课程开设来看，却存在教师特别是科任教师不足的问题。农村学校由于优先招聘语文、数学主科教师，各个学科教师结构不均衡，语文、数学教师占多数，其他科目如英语、音乐、体育、美术、信息技术教师配备不足。农村教师每周平均课时数量在16～20节，村小及教学点教师多数授课在20节以上。因而农村教师经常担负多学科、多年级、超课时的教学任务，有的边远教学点实行包班上课，这不利于教师队伍的专业发展和素质完善，最终影响到农村教育的发展与提高。

---

[1] 《宁夏回族自治区人民政府2018年度履行教育职责情况自查报告》，宁夏回族自治区人民政府网，http：/nx.gov.cn/zwgk/tzgg/201908/t20190816_1667872.html，2019年8月15日。

[2] 宁夏教育厅编《宁夏回族自治区教育统计手册（2019年）》。

（二）教师队伍不稳定

近年来，为了补足教师缺口，宁夏回族自治区将新招聘的教师分配到农村学校任教。有的学校地理位置偏远，生活环境艰苦，而招聘的特岗教师60%以上是女性，在偏远山区工作有诸多困难，给教师分配带来困难。随着城市新建学校和民办学校的增加，很多农村年轻教师辞职到城市工作，致使教师队伍不稳定。目前，山区偏远学校教师总量仍然不足，农村缺少中、青年骨干教师，普遍存在名师、优秀教师、骨干教师比例较低或级别较低现象。

（三）教师队伍老龄化严重

目前，大多数农村学校已实现数字校园建设。由于年轻教师进不来、难留住，农村教师队伍老龄化现象严重。农村教师的信息技术运用能力均是通过职称模块考试或县级教育部门组织的培训班获得。年长的教师对信息技术知识掌握不全面，对现代化教学功能无法充分了解，导致学校配置的教学设备、实验仪器等现代化教学设备利用率不高，造成了教育资源的浪费，现代化设施和教师应用能力不相适应，不利于全区"互联网＋教育"的顺利实施，更制约农村学生有效享受优质教育资源。此外，全区学前教育教师为大专及以上学历的呈下降趋势，应引起重视。虽然农村幼儿专任教师学历增长速度高于全区水平，但是农村教师大专以上学历比例仍低于全区平均水平，仍有两成多专任教师是高中及以下学历。

第五节　加快推进农村教育发展的建议

一　改善办学条件，优化教育资源

近年来，宁夏回族自治区采取一系列重大政策措施，不断加强农村义务教育、改善农村办学条件。目前，需要着力补齐农村教育短板，充分利用宁夏回族自治区"全面改薄"项目，加强农村幼儿园、中小学校校舍建设，努力实现生均占地面积、生均建筑面积达标，进一步改善农村教育发展基础条件，力求每一所学校都成为标准化学校。以"互联网+教育"示范区建设为契机，完善农村教育配套设施，推动优质教育资源全覆盖。结合国家课程和地方课程要求，以外语、艺术、科学课程为重点，涵盖所有学科，为农村学校提供丰富优质在线教育资源，补齐师资不足短板。中央和宁夏回族自治区财政需要加大转移支付力度，继续加大农村基础教育资源的投入力度，保证农村教育获得充足的经费支持和教育资源，尤其要向农村小规模学校倾斜。在落实中央财政对农村小规模学校拨付公用经费补助政策的同时，宁夏回族自治区要进一步提高农村学校生均采暖经费水平，尤其确保小规模学校冬季足额费用，不得滞留或挪用，保证小规模学校正常运转。

二 推进帮扶共建，提高农村教育质量

从城乡教育一体化、提升农村教育质量出发，进一步推进宁夏优质学校与农村薄弱学校结对共建工作，加大城乡共建共享力度，通过多种举措合理分配农村和城市教育资源。学校老师要树立现代化教育理念，以儿童发展为中心，加快提升农村教育质量，注重学生德智体能的全面发展，切实提高育人水平。小规模学校发挥小班教学优势，改变刻板的授课方式，加强个性化教学和针对性辅导，丰富课堂内容，以形式多样的教学方式吸引学生的学习兴趣。学校要重视留守儿童、厌学儿童等特殊儿童的心理健康教育，保证每个学校至少配备一名专职心理咨询教师，应将心理健康课程纳入教学计划，切实保障每一位儿童接受教育的权利。此外，学校要完善家访制度，密切和家长的联系，充分发挥家长委员会和家长学校作用，促进提高家庭教育质量，形成家校育人合力。

三 抓好控辍保学，助推教育精准扶贫

全区坚持联动责任制，继续抓好控辍保学。坚持依法依规控辍、加强管理控辍、提高质量控辍、资助关爱控辍等多措并举，落实主体责任，扎

实做好控辍保学工作,确保脱贫村和建档立卡贫困家庭学生都能上学。首先,各级政府要坚决落实教育精准扶贫和资助政策,精准识别贫困家庭基础教育阶段学生资助对象,解决好贫困家庭的后顾之忧,保障贫困学生资助到位,做到贫困家庭学生"应助尽助",确保不让一个学生因贫困而失学;其次,政府加大宣传教育力度,让贫困家庭能认识到子女教育的重要意义,保障儿童接受教育的合法权益;最后,贫困家庭父母要积极了解儿童权利方面的相关法律、法规知识,尊重、关爱子女,积极配合政府工作,让子女依法完成九年义务教育的学习。

四 加强教师队伍建设,提高教师待遇

2018年,国家和宁夏回族自治区先后出台了《关于全面深化新时代教师队伍建设改革的意见》,加强党和人民满意的高素质专业化创新型教师队伍建设,全面提升国民素质和人力资源质量,办好人民满意的教育基础。

(一)建立教师培训机制,提高教师队伍的整体素质

根据全区基础教育改革发展需要,优化教师教育课程体系,加强英语、艺术、科学等紧缺薄弱学科教师的引进和培养。借助"互联网+教育"建设,经常开展农村中小学教师全员培训,建立统一的信息化教师培训平台,推动信息技术与教师培训的有机融合,实行线上线下相结合的混合式研修。改进培训内容,组织高质量培训,邀请国内著名教育专家、教师进行授课,让农村教师接受现代化前瞻性的教育理念,切实提升教学水平。继续实施校长、教师国培计划,重点开展农村中小学骨干教师培训和名校长研修。加快青年拔尖人才培养,在培训、职称评聘、表彰奖励等方面向农村青年教师倾斜,优化他们的发展环境,加强农村高层次人才引进工作,促进青年教师尽快成长。创新农村幼儿园教师培养模式,大力培养初中毕业起点的五年制专科层次幼儿园教师,依托高等学校和优质幼儿园,重点采取集中培训与跟岗实践相结合的方式培训幼儿园教师。

（二）完善城乡教师交流轮岗机制，提高教育质量

宁夏各级教育机构继续从教师绩效考核出发，大力支持城市教师尤其是骨干教师服务偏远、贫困农村教育，鼓励支持乐于奉献、身体健康的城市优秀退休教师到农村学校支教讲学，将先进的教育新思想、新理念、新方法传递到农村，打破农村传统单一的教育模式，提高农村教育质量。支持小规模学校大胆探索，创新教育思想、教育模式、教育方法，形成具有农村乡土气息的教学特色和办学风格。

（三）优化基础教育教师资源配置，提高教师待遇

创新城乡统一的教职工编制标准，将编制向农村学校倾斜，按照班师比、科师比与生师比相结合的方式，解决教师不足和结构性短缺问题。严禁挤占、挪用、截留编制和有编不补，及时解决长期不在编的教师编制，使教师能享受到应有的社会保障，解除他们的后顾之忧。落实中小学教师平均工资收入水平不低于或高于当地公务员平均工资收入水平。建立特岗老师工资正常增长机制，保证特岗教师工资与社会平均工资同步增长，缩小特岗教师与公办教师的待遇差距。建立特岗教师评价机制与激励机制，对在工作中表现突出的优秀教师予以奖励，提高特岗教师工作的积极性。

第四章　宁夏儿童的权利保障

儿童时期是人类发展的基础阶段，儿童的健康成长决定着民族的未来和祖国的发展。随着社会文明的进步，儿童的发展越来越引起社会广泛的关注，促进儿童发展已成为人类发展目标的重点之一。本章依据第三期中国妇女社会地位调查儿童专卷的数据，从儿童生存、发展、受保护、参与权以及性别观念认知等几个方面来分析宁夏儿童权利保障状况。

第一节　研究背景与分析框架

一　研究背景

联合国等国际组织高度关注儿童的发展。自1989年第四十四届联合国大会协商一致通过《儿童权利公约》，到1999年已有191个国家承诺尊重和保护儿童的生存权、发展权、受保护权和参与权等基本权利。自1990年首次世界儿童问题首脑会议以来，联合国分别于2000年和2002年召开千年首脑会议和儿童问题特别会议,[1] 亚太地区也分别于2003年和2010年召开了第六次儿童发展部长磋商会议和儿童权利国际合作高级别会议，讨论了儿童发展面临的问题和挑战，制定了社会发展、儿童

---

[1] 中国人权研究会编《中国人权年鉴（2000～2005）》，团结出版社，2007。

发展的全球和区域性目标。中国是儿童最多的发展中国家之一。自1992年中国政府批准履行《儿童权利公约》以来，积极履行承诺，在改善儿童生存、发展、权益保障方面做了积极的努力。中国先后制定了三个国家行动计划——《九十年代中国儿童发展规划纲要》（1992年）、《中国儿童发展纲要（2001~2010年）》（2001年）、《中国儿童发展纲要（2011~2020年）》（2011年），尤其是最新制定的2011~2020年的《中国儿童发展纲要》，把促进儿童发展纳入国民经济和社会发展当中，从儿童健康、教育、福利、社会环境、法律保护等5个领域提出了儿童发展的主要目标和策略措施。20多年来，中国逐步完善维护儿童权利的法律体系，儿童权利得到进一步保护，儿童的生活、教育、法律保护、参与权利得到了有效保障，儿童发展取得了巨大成就。

21世纪以来，宁夏相继颁布实施《宁夏妇女发展规划纲要（2001~2010年）》《宁夏妇女发展规划（2011~2020年）》《宁夏儿童发展规划纲要（2001~2010年）》《宁夏儿童发展规划（2011~2020年）》，为了提高妇女儿童健康保障水平，提升出生人口素质，宁夏回族自治区政府在全区开展婚前医学免费检查、农村孕产妇免费住院分娩、新生儿四种代谢性疾病免费筛查、新生儿听力障碍疾病免费筛查、先天性疾病患儿免费治疗、农村妇女乳腺癌免费筛查、农村妇女宫颈癌免费筛查，对农村孕产妇急救和农村妇女乳腺癌、宫颈癌治疗给予救助（简称"七免一救助"），[①]这一举措进一步促进了城乡妇幼保健服务的均等化，使宁夏妇女儿童的健康水平得到了明显改善。

宁夏儿童生存、保护、发展的环境和条件得到明显改善，儿童发展事业取得了较大成效，儿童健康指标、营养状况明显改善。宁夏妇幼卫生体系日趋完善，服务水平显著提高，妇幼健康指标有了明显改善。2019年，全区5岁以下儿童死亡率由2012年的12.6‰下降到5.2‰，婴儿死亡率

---

① 《宁夏回族自治区人民政府办公厅转发卫生部等部门关于实施妇幼卫生"七免一救助"意见的通知》，（宁政办发〔2014〕4号），2014年1月21日。

由2012年的9.8‰下降到3.7‰，分别下降了7.4个和6.1个千分点；孕产妇死亡率由2012年的27.5/10万下降到17.6/10万，均呈逐年下降趋势。宁夏回族自治区多部门联系出台《宁夏出生缺陷综合防治实施方案》，对近5万计划怀孕夫妇进行产前优生检查，为近10万名新生儿48项代谢性疾病和听力障碍筛查，对72种先天性结构畸形进行救助。宁夏免费为12个县（区）的农村9.3万名儿童发放营养包59.6万盒，[1]促进宁夏城乡婴幼儿营养状况改善。

改革开放以来尤其是十八大以来，宁夏回族自治区党委、政府贯彻党的教育方针，坚持优先发展教育事业，深入实施科教兴国和人才强国战略，将其作为政府财政支出重点领域，优先保障教育投入总量。宁夏公共财政教育经费占全区生产总值的比例始终保持在4%以上，而且教育经费占公共支出比例呈上升趋势，涨幅高于全区财政经常性收入的涨幅。公共财政教育经费保障了宁夏的教育发展，实现了基础教育水平的历史性突破，为宁夏教育发展奠定了坚实基础。2006年，宁夏九年义务教育实现了全面普及，九年义务教育人口覆盖率达到100%。学前教育普及程度逐步提高，义务教育保障水平不断提高。截至2019年，宁夏学前教育毛入园率为86.4%，比2012年提高了28.6个百分点；小学六年巩固率达100.3%，提高了17.4个百分点；初中三年巩固率达99.8%，提高了9.3个百分点；小学、初中生师比分别为17.0、14.5，比2012年降低了1.9、0.6，各项指标均比2012年有显著增加。[2] 宁夏更加注重改善农村中小学办学条件，核拨专款推动农村学校标准化建设项目，为农村中小学配备教育教学仪器和图书，建设运动场以及改造供暖设施，极大地优化了农村适龄儿童的受教育环境。

---

[1] 《2012年宁夏卫生健康工作统计公报》，宁夏卫生健康委员会网，2013年6月8日，http://wsjkw.nx.gov.cn/info/1061/9420.htm；《2018年宁夏卫生健康工作统计公报》，宁夏卫生健康委员会网，2019年6月13日，http://wsjkw.nx.gov.cn/info/1061/4374.htm；《2019年宁夏卫生健康统计公报》，宁夏卫生健康委员会网，2020年11月4日，http://wsjkw.nx.gov.cn/info/1061/20375.htm。

[2] 《宁夏教育事业统计快报》（2012年、2019年）。

二 分析框架

本章依托第三期中国妇女社会地位调查儿童专卷的数据,将《儿童权利公约》和《中华人民共和国未成年人保护法》提出的儿童生存、发展、受保护和参与四项基本权利作为本研究的分析框架。此外,家庭、学校、社会的性别观念影响在儿童社会化过程中起着重要作用,因此将儿童性别观念也纳入分析范围(见图4-1)。

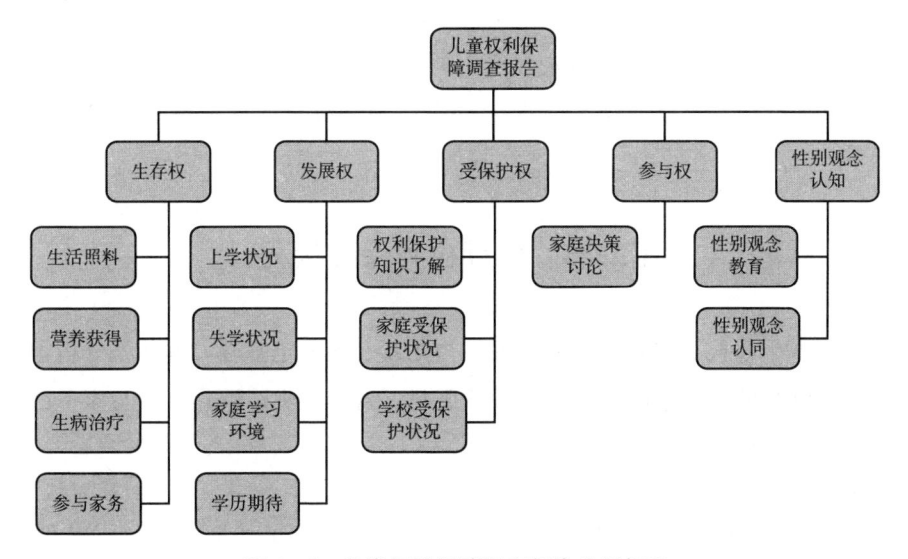

图4-1 儿童权利保障调查报告分析框架

由于宁夏社会经济发展的不平衡,加上受传统观念和宗教文化等因素的影响,城乡、地区、性别之间产生差异,进而导致儿童发展产生差异。本章在对儿童生存权、发展权、受保护权、参与权、性别观念认知等进行分析时,将分城乡、性别进行比较分析,力求通过宁夏儿童不同群体的对比分析,考察宁夏儿童在生存权、发展权、受保护权、参与权和性别观念认知的现状和差异。

三 调查问卷的基本情况

根据全国妇联和国家统计局联合组织实施的第三期中国妇女社会地位

调查安排，宁夏妇联和宁夏统计局于2010年12月至2011年4月在全区开展了第三期中国妇女地位调查工作，依托此次调查，对儿童群体也进行了专门调查。本次调查的儿童群体在10~17岁，共回收有效问卷589份，占宁夏全区妇女地位调查儿童专卷总问卷的28.1%。被访儿童中，男童占55.8%，女童占44.2%。城镇儿童占38.9%，农村儿童占61.1%。其中，城镇男童占56.3%，女童占43.7%；农村男童占55.4%，农村女童占44.6%。汉族占63.0%，回族占36.8%，满族占0.2%。10~14岁的儿童占69.7%，15~17岁占30.3%。被访儿童在家中是独生子女的占28.0%，被访儿童所在的家庭有2个孩子的占39.2%，有3个孩子的占21.0%，有4个及以上孩子的占11.8%。调查对象的抽选基本符合设计要求。

第二节 生存权利保障状况

儿童生存权决定着其未来发展，为儿童发展奠定基础。本节先分析被访儿童父母的基本情况，然后从生活照料、营养、生病治疗、参与家务劳动等四个方面来了解儿童的生存状况。

一 父母的基本情况

调查显示，被访儿童的父亲年龄在30~49岁的占96.5%，母亲年龄在30~49岁的占98.2%。被访儿童父亲、母亲是初中文化的居多（见表4-1），分别占42.1%和33.6%。除小学、不识字或识字很少之外，母亲接受初中、高中（中专）、专科以上教育比例均低于父亲，可以看出母亲受教育程度低于父亲。父亲、母亲的在业率分别为94.9%和80.5%，失业率分别为2.3%和1.4%，料理家务分别为0.1%和14.8%。父亲的在业率和失业率分别高于母亲14.4个和0.9个百分点，料理家务的比例低于母亲14.7个百分点。说明父亲在外工作比例高于母亲，母亲料理家务多于父亲。

表4-1 被访儿童父母受教育程度

单位：%

双亲	不识字或很少识字	小学	初中	高中	中专	大学专科及以上	不清楚
父亲	10.4	18.4	42.1	13.5	3.3	11.6	0.7
母亲	19.5	24	33.6	10.4	3.2	8.7	0.6

二 生活照料状况

（一）与父亲共同生活情况

在家庭中，儿童与父母共同生活，并受到他们的照料，这是儿童赖以生存的基本条件。调查显示（见表4-2），八成以上儿童和父亲共同生活，城乡儿童的比例相当。城乡男童与父亲生活比例高于女童，分别高出3.9个和3.6个百分点。农村儿童和父亲在"周末或放假同住"的比例高于城镇儿童，城镇儿童父亲"长期不在"的比例高于农村儿童。

表4-2 被访儿童与父亲共同生活情况

单位：%

儿童	是	周末/放假同住	长期不在	亡故
城镇男童	89.7	4.6	4.1	1.5
城镇女童	85.8	6.5	5.8	1.9
农村男童	89.3	7.3	1.5	1.9
农村女童	85.7	7.7	4.2	2.4

（二）与母亲共同生活情况

调查显示（见表4-3），大部分儿童和母亲共同生活，城镇儿童比例高于农村儿童，城乡男童的比例高于女童。农村男、女童和母亲在"周末或放假同住"比例分别高出城镇3.2个和1.5个百分点，城镇儿童母亲"长期不在"身边的比例高于农村儿童。

表4-3 被访儿童与母亲共同生活情况

单位：%

儿童	是	周末/放假同住	长期不在	亡故
城镇男童	93.4	3.6	3.1	0
城镇女童	91.1	5.1	3.8	0
农村男童	90.7	6.8	2.0	0.5
农村女童	89.9	6.6	3.6	0

综上所述，城乡大部分儿童与父母共同生活，城乡儿童和母亲共同生活的比例高于父亲，而且城乡男童的比例高于女童；农村儿童在周末或放假时期和父母共同生活的比例高于城镇，农村家庭平时父亲外出打工的比较多，周末或放假时回家和家人团聚的比例高于城镇；城乡儿童和母亲共同生活的比例高于和父亲生活的比例。可以看出，城乡家庭依然受"男主外、女主内"传统观念的影响，家庭中男女性别分工明显，母亲往往承担照顾子女的责任，父亲则担起外出挣钱养家的责任。

三 营养状况

本章从蛋类、奶制品、肉/鱼三类优质蛋白质的获得情况来了解儿童的营养现状。向被访儿童提的问题是："如果想吃，你每天能否吃到下列食品？"问卷列出三种高蛋白食品让被访儿童选择回答。调查显示（见表4-4），女童每天能吃到的蛋类、奶制品、鱼/肉等食品的比例分别为92.3%、76.9%、69.2%，男童分别为93.9%、79.6%、72.3%。由此看出，男、女童的营养获取相差不大，女童在饮食营养补充上略低于男童。城镇儿童每天能吃到的蛋类、奶制品、鱼/肉等食品的比例分别为95.7%、93.4%、85.2%，农村儿童分别为91.4%、68.8%、61.6%，可以看出城乡儿童的营养状况存在差异，尤其是奶制品、肉/鱼类的获取存在显著差异，城镇比农村分别高出24.6个和23.6个百分点，说明受经济发展水平的制约，农村儿童的营养摄取状况不如城镇儿童。

表 4-4　被访儿童每天能否吃到下列食品

单位：%

项目	分性别		分城乡	
	男童	女童	城镇儿童	农村儿童
蛋类	93.9	92.3	95.7	91.4
奶制品	79.6	76.9	93.4	68.8
肉/鱼	72.3	69.2	85.2	61.6

四　生病治疗状况

除了营养获得，卫生健康也是儿童生存的一项重要内容。本项调查用"你生病时通常能得到及时治疗吗？"这一问题来测量儿童的卫生健康状况。调查显示（见表4-5），城镇女童生病时100%能得到及时治疗，高出男童0.9个百分点；农村有98.6%的女童生病时能得到及时治疗，与男童差异不大；总体看，无论城镇农村，无论男童女童，差异都不大，城镇女童生病时能100%地得到及时治疗。可以说，儿童在医疗卫生资源的享受程度上差异不大。

表 4-5　被访儿童生病时能否得到及时治疗

单位：%

儿童	全体	城镇	农村
男童	98.7	99.1	98.4
女童	99.2	100.0	98.6

五　参与家务劳动状况

家务劳动的承担反映了儿童在生存环境中时间的利用和成长状况，也能反映出城乡、性别差异。问卷询问被访儿童"你平时在家干活吗？"并列出4个选项让他们选择回答。由表4-6可知，城镇中，81.2%的女童参与家务劳动，高出男童3.5个百分点，尤其是女童"每周三四次"参与家务劳动，高出男童7.5个百分点，说明城镇女童平时参与家务劳动多于男童。在农村，92.5%的女童在家干活，高出男童12.7个百分点，而且女童"每天都有干"的比例就高出男童9.2个百分点，说明农村女童参与家务劳动高于男童。从城乡女童看，农村女童参与家务劳动比例高出城镇11.3个百分点，说明农村女童经常参与家务劳动多于城镇女童。总体来看，农村男女童参与家务劳动的差异远高于城镇男女童的差异，城乡女童参与家务劳动多于男童，而且农村女童参与的最多，说明农村受传统的性别分工观念影响大于城镇。

表4-6 被访儿童在家干活情况

单位：%、个百分点

项目	城镇 男童	城镇 女童	农村 男童	农村 女童	城镇男女童差异	农村男女童差异	城乡女童差异
从不	22.3	18.8	20.2	7.5	3.5	12.7	11.3
每周一两次	63.8	59.4	56.1	58.1	4.4	-2.0	1.3
每周三四次	5.4	12.9	11.6	13.1	-7.5	-1.5	-0.2
每天都有干	8.5	8.9	12.1	21.3	-0.4	-9.2	-12.4

第三节 发展权利保障状况

儿童成长过程中，教育是保障儿童发展权的最主要内容。通过教育可以促进儿童充分发展，以满足儿童成长中的各种需要，并逐步成为被社会接纳的合格社会成员。本节就上学状况、失学状况、家庭学习环境、学历期待等多个方面，从城乡、性别视角分析儿童发展状况。

一 上学状况

近年来，我国非常重视儿童义务教育的发展。宁夏将义务教育的均衡发展纳入宁夏回族自治区民生计划为民办实事之一，一些市县实行了义务教育均衡发展问责制，把完成目标情况作为党政干部考核的重要内容。据调查，宁夏 10~17 岁的儿童，城镇男、女童在学比例分别为 96.5% 和 100%，城镇女童全部在上学，高于男童 3.5 个百分点；农村男、女童在学率分别为 93.2% 和 91.7%，女童低于男童 1.5 个百分点。总体来看，城镇儿童在学率高于农村，城乡女童在学比例差异明显；城镇女童在学率高于男童，农村女童在学率低于男童。

分年龄看（见图 4-2），10~12 岁儿童在学比例呈上升趋势，11~12 岁儿童全部上学，没有失学儿童；12~17 岁儿童在学比例呈逐年下降趋势，而且随着年龄的增长，逐年递减趋势愈加明显，尤其是 17 岁儿童在学比例仅有 77.2%，和 16 岁儿童在学比例相差 12.7 个百分点。可以看出，在 12~17 岁的儿童，年龄越大，在学率越低。根据我国《义务教育法》规定，凡满 6 周岁儿童就应当上小学。以此测算，12 岁正是儿童小学毕业开始上初中时期。可以说，儿童 10~12 岁小学时期就学率最高，而 12 岁以后，在学率呈下降趋势，尤其是 15~17 岁儿童下降趋势更明显。

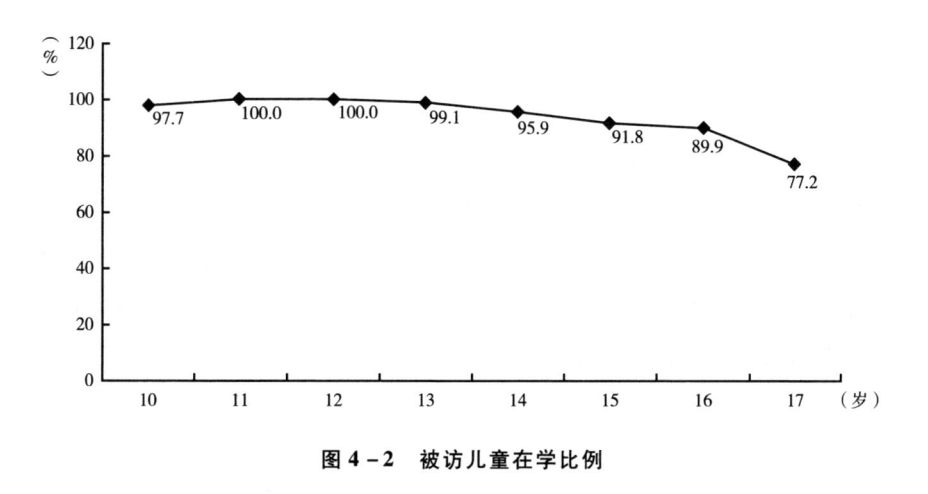

图 4-2 被访儿童在学比例

从年龄、上学阶段可以看出（见表 4-7），以 14 岁为"分水岭"，14 岁以下儿童，在小学阶段呈下降趋势，初中儿童呈上升趋势，这是因为随着年龄的增长，儿童逐渐从小学进入初中。14 岁以后，初中阶段呈下降趋势，高中则呈上升趋势，因为儿童随着年龄的增长由初中升入高中，个别儿童就读中专/中技/职高等学校。这与儿童不同年龄相应地就读不同级别的学校是相符的。值得关注的是，儿童在小学、初中、高中时期最高在学率分别为100%、95.8%、75.0%，尤其是高中在学率和小学、初中时期悬殊较大，分别相差25个、20.8个百分点。我国实施九年义务教育，特别是小学教育在农村全面普及。因此，小学、初中时期儿童在学率比较高。由于高中时期不在国家义务教育范围内，加上学校、家庭、个人等因素，学生在学率偏低。

表4-7 被访儿童在学率和年龄交叉情况

单位：%

受教育程度	10岁	11岁	12岁	13岁	14岁	15岁	16岁	17岁
小学	100	93.8	67.8	19.8	4.2	2.6	2.8	2.3
初中	0	5.2	32.2	80.2	95.8	70.1	42.3	15.9
高中	0	0	0	0	0	26.0	50.7	75.0
中专/中技/职高	0	1	0	0	0	1.3	4.2	6.8

在学儿童中，男、女童走读比例分别为83.0%、83.5%，女童高于男童0.5个百分点；城镇女童比例（96.0%）高出男童（89.5%）6.5个百分点；农村女童比例（75.6%）则低于男童（78.9%）3.3个百分点。可以看出，儿童在学和走读方面，城镇比农村高；城乡女童存在很大的差异性。一些儿童由于学校离家较远而在寄宿制学校读书，特别是偏远地区农村寄宿制学校较多，所以农村儿童的走读比例要低于城镇。

二 失学状况

受教育权是儿童享有的基本权利，让适龄儿童接受教育是学校、家长和社会的义务。据本次问卷调查（见图4-3），10~17岁儿童中，除11岁、12岁儿童没有失学现象外，其他年龄段儿童均有失学现象，尤其是13~17岁儿童，失学比例呈逐年增长趋势。值得关注的是，15岁以上儿童失学比例达到 8.0% 以上，17 岁儿童失学比例达到 22.8%。儿童在小学、初中时期受国家《义务教育法》的保护，绝大多数儿童的受教育权利能得到保障，而在高中阶段，一方面缺乏国家法律、法规的保障，另一方面因为家庭、学校、个人等原因导致儿童失学。

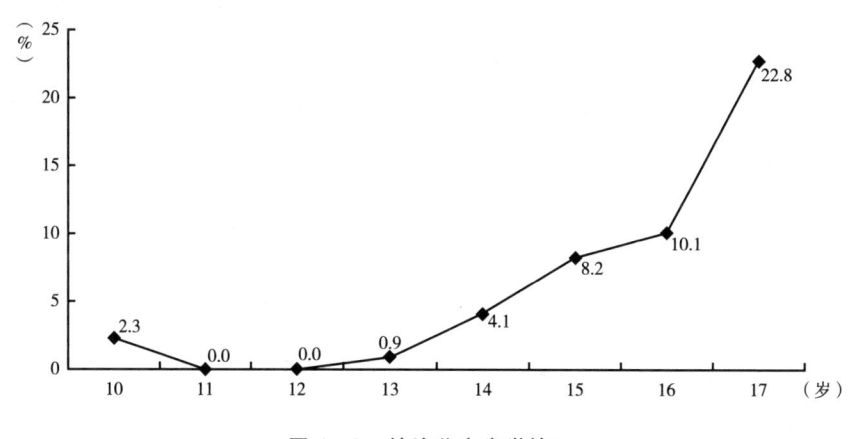

图 4-3 被访儿童失学情况

失学儿童中，城镇儿童占 14.7%，农村儿童占 85.3%；女童占 44.6%，男童占 55.4%；之前从未上过学的占 4.8%，曾经上过学的占 95.2%。农村女童失学比例达 10%，高出男童 3.5 个百分点。值得注意的是，城镇女童没有失学现象，失学女童全部在农村，城乡女童差异显著。对于失学儿童，问卷询问他们"你目前主要在做什么?"并给出 6 个选项让他们选择回答。根据统计结果，29.2% 的在家"料理家务"，25.9% 的在"务农"，16.5% 的在"学徒/学艺"，22.2% 的"没做什么"。

在询问失学的被访儿童"你未能上学/继续升学的主要原因"时，给出 9 个原因让他们选择回答。调查显示（见表 4-8），女童因"家里没钱供"和"家里需要劳动力"而失学的占 43.8%，而男童则没有因此失学现象；女童由于"成绩不好/没考上"失学比例为 25.0%，低于男童 16.2 个百分点；女童由于"不喜欢学校的学习"失学的 12.5%，低于男童 16.9 个百分点。可以看出，男女童失学原因有明显差异，女童失学主要是因为家庭经济困难、缺乏劳动力和学校成绩不好等，而男童主要是因为"不喜欢学校的学习"及其学习成绩不好，说明不喜欢学校的学习、学习成绩不好是男童失学的主要因素。农村儿童由于"成绩不好/没考上""不喜欢学校的学习"等学校因素失学的比例为51.8%，比城镇低14.8个百分点；农村儿童因家庭原因造成失学的比例为24.1%，城镇则没有因此失学的儿童。可以看出，城乡失学儿童由于学校因素或个人成绩造成失学的占一半以上，说明学校因素和学习成绩是造成城乡儿童失学的主要原因。值得注意的是，四成多的女童因为家庭经济和缺劳力而失学，四成多的男女儿童因为"身体不好/残疾"而失学。

表4-8 被访儿童失学主要原因

单位：%

失学原因	男童	女童	城镇	农村
家里没钱供	0	25.0	0	13.8
家里需要劳动力	0	18.8	0	10.3
自己认为上学没用	11.8	6.2	0	10.3
成绩不好/没考上	41.2	25.0	33.3	31.1
不喜欢学校的学习	29.4	12.5	33.3	20.7
身体不好/残疾	11.8	12.5	33.3	10.3
其他	5.8	0	0.1	3.5

三 家庭学习环境

调查问卷用"家里是否有你自己的书桌、房间"来考量孩子们的学习环境。调查显示（见表4-9），城镇女童有自己书桌的比例比男童高出1.7个百分点，说明城镇女童家庭学习环境略好于男童；农村女童则比男童低10.6个百分点，说明农村女童家庭学习环境不如男童；城镇女童比农村女童高35.7个百分点，表明城镇女童家庭学习环境要远远好于农村女童，城乡女童差异明显。90%以上的城镇儿童拥有自己的房间，男女童相差不大；农村只有一半的儿童拥有自己的房间，农村女童比男童低1.1

个百分点,说明农村女童拥有独立空间低于男童;农村男女童拥有自己的房间比例分别低于城镇37.4个和37.9个百分点,城乡儿童相差很大。

表4-9 被访儿童家庭学习环境情况

单位:%

学习环境	城镇		农村		全体	
	男童	女童	男童	女童	男童	女童
家里有自己的书桌	95.3	97.0	71.9	61.3	80.2	75.1
家里有自己的房间	90.7	90.1	53.3	52.2	68.0	67.0

由表4-10看出,在被访儿童的回答中,城乡85%以上的父母重视孩子的学习。城镇父母重视女童的比例分别高出男童1.8个和2.2个百分点,农村父母重视女童的学习分别高于男童3.5个和5.9个百分点,说明城镇和农村父母重视女童的学习高于男童。总体来看,城乡父母更重视女童的学习。

表4-10 被访父母重视儿童学习的程度

单位:%

儿童	非常重视		比较重视		一般		不太重视		很不重视	
	父	母	父	母	父	母	父	母	父	母
城镇男童	73.8	80.8	21.3	16.0	4.9	3.2	0	0	0	0
城镇女童	74.2	76.8	22.7	22.2	2.1	0	0	0	1	1
农村男童	64.1	66.8	21.5	19.9	11.3	8.2	2.6	3.6	0.5	1.5
农村女童	66.0	73.8	23.1	18.8	6.1	7.3	4.8	0	0	0

四 网络利用情况

随着现代科技的进步,电脑成为人们生活的一部分,电脑网络已成为人们学习、沟通、信息传递的主要媒介和手段。在这里,我们主要根据儿童上网时间和上网地点来分析儿童城乡、性别差异。调查显示(见表4-11),城镇女童上网比例为53.5%,比城镇男童高4个百分点;农村女童上网比例为14.3%，比农村男童低9.8个百分点，农村男女童差异略高于城镇男女童。城乡男女童中，城镇女童上网比例最高，农村女童上网比例最低，两者相差39.2个百分点；城镇男童上网比例为49.5%，比农村男童高25.4个百分点。可见，城乡儿童上网差异较大，城镇儿童每天上网比例高于农村儿童。大多数城乡儿童上网时间在一小时之内。

表4-11 被访儿童每天上网时间

单位：%

上网时间	城镇男童	城镇女童	农村男童	农村女童
从不上网	50.5	46.5	75.9	85.7
半小时以内	29.1	29.3	14.0	7.1
半小时至一小时	16.3	18.5	6.3	4.8
一至三小时	4.1	5.1	2.4	1.8
三至八小时	0	0.6	0.9	0.6
八小时以上	0	0	0.5	0

从上网地点看（见表4-12），大多数城镇男女童在自己家上网，城镇女童在家上网比例为81.7%，比城镇男童高12.5个百分点；城镇男女童在学校上网比例相当，女童略高男童。农村儿童在学校上网比例高于在自己家上网，农村女童在自己家上网比例为27.3%，比农村男童高12.7个百分点；农村女童在学校上网比例比农村男童高7.2个百分点。城乡女童在自己家和学校的上网比例分别为93.9%和63.6%，分别比城乡男童高13个和19.9个百分点。城乡男童在网吧上网高于城乡女童，值得关注的是农村男童在网吧上网比例占50.0%，比农村女童高31.9个百分点。城镇女童除了在自己家上网比例比农村女童高54.4个百分点外，其他上网地点城镇女童均低于农村女童，说明城镇女童家庭条件优于农村女童，大多数城镇女童可以在家中上网，而农村女童多数家中没有电脑，只能在学校、网吧、同学（朋友）家上网。

表 4-12 被访儿童上网地点

单位：%

上网地点	城镇男童	城镇女童	农村男童	农村女童
手机上网	1.1	0	0	4.6
自己家	69.2	81.7	14.6	27.3
学校	11.7	12.2	29.1	36.3
网吧	6.4	3.7	50.0	18.1
同学/朋友家	11.6	2.4	6.3	9.1
亲戚家	0	0	0	4.6

五 学历期待和自我评价

调查问卷在问及被访儿童"你希望自己上学上到什么程度"时，给出4个选项让他们回答。调查数据显示（见表4-13），城乡儿童希望将来上大学的比例最高，均达到半数以上，而且农村儿童比例高于城镇儿童，其中，城镇女童低于男童8.3个百分点；农村女童高于男童2个百分点；农村女童高于城镇女童11.4个百分点，说明农村女童最希望上大学。在希望将来读研究生中，城镇女童比例最高，达41.8%，高出城镇男童13个百分点；农村女童高出男童7.3个百分点；城镇女童高出农村女童15.7个百分点，说明城镇女童最希望上研究生。城乡儿童希望读大学以上学历的，城镇男、女童分别为91.2%和95.9%，女童高于男童4.7个百分点；农村男、女童分别为82.3%和91.6%，农村女童高于男童9.3个百分点；城镇女童高于农村女童4.3个百分点，说明八成以上儿童希望有大学以上学历，以便有较好的发展条件；而且，城乡女童比例都高于男童。此外，在自我评价上，城镇男、女童对自己的能力有信心的分别为95.6%和95.2%，城镇儿童相差不大；农村男、女童分别为92.6%和96.0%，女童高出男童3.4个百分点，说明农村女童的自信心高于男童。可以看出，城乡绝大多数儿童充分肯定自己的能力，对自己有信心。农村女童的自信心高于男童。

表4-13 被访儿童希望自己将来的受教育程度

单位：%

儿童	初中	高中/中专/中技	大学	研究生	不好说
城镇男童	0	3.2	62.4	28.8	5.6
城镇女童	0	1.0	54.1	41.8	3.1
农村男童	2.1	9.4	63.5	18.8	6.3
农村女童	2.1	2.8	65.5	26.1	3.5

第四节 受保护权利和参与权利保障状况

受保护权利是儿童享有的基本权利之一，包括保障儿童得到平等对待，免受一切形式的歧视，免受精神、生理、情感等方面的伤害等。本节从儿童对权利保护知识的了解、受保护状况两方面进行分析。

一 权利保护知识的了解

我国加入联合国《儿童权利公约》和实施《未成年人保护法》，承诺尊重和保护儿童的基本权利已有20余年。调查问卷对被访儿童就《儿童权利公约》、《未成年人保护法》和性别平等知识的了解程度做了询问。调查显示（见表4-14），对于《未成年人保护法》，有21.1%女童"不了解"，比男童低3.9个百分点；男女童"了解一点"的占多数，女童有65.5%，比男童高5.1个百分点；男女童"比较了解"的比例最少，女童比例为13.4%，与男童相差不大。数据显示，78.9%的女童知道《未成年人保护法》，高出男童近4个百分点。对于《儿童权利公约》，女童"不了解"的占43.1%，略低于男童；女童了解的为56.9%，和男童了解程度相当。对于男女平等知识，女童"不了解"比例为21.0%，略低于男童1.3个百分点；男女童"了解一点"和"比较了解"比例相当，差别不大。

表 4-14 被访儿童对儿童权利保护知识的了解

单位：%

项目	《未成年人保护法》		《儿童权利公约》		男女平等知识	
	男	女	男	女	男	女
不了解	25.0	21.1	44.0	43.1	22.3	21.0
了解一点	60.4	65.5	46.8	48.8	59.6	60.2
比较了解	14.6	13.4	9.2	8.1	18.1	18.8

总体来看，半数左右的儿童对权利保护知识仅是"了解一点"，不足20.0%的儿童"比较了解"。男女童对《儿童权利公约》的了解程度比较低，比《未成年人保护法》比例分别低19个和22个百分点，比知道男女平等知识比例分别低21.7个和22.1个百分点，说明儿童的权利意识还有待提高。女童对权利保护知识的了解要高于男童，说明女童自我保护意识高于男童。

二 受保护状况

（一）在家庭的受保护状况

受保护权是儿童享有的不受歧视、虐待和忽视的权利。在问及"近一年来你父母打过你吗？"时，给出4个选项让被访儿童选择。调查表明（见表4-15），除了"从来没有"受到父母体罚之外，16.3%和25.7%的女童近一年来分别"偶尔""有时""经常"受到父亲和母亲的体罚，女童受到父亲体罚的比例低于母亲9.4个百分点；男童"偶尔""有时""经常"受父亲体罚的比例为38.9%，比受母亲体罚比例高出4.5个百分点。分儿童性别来看，女童受父亲体罚的比例比男童低22.6个百分点，男女童悬殊较大，说明父亲对男童的体罚多于女童；同样，女童受到母亲体罚的比例比男童低8.7个百分点，母亲对男童的体罚也多于女童。可见，父母对女童的体罚少于男童。

表4-15 被访儿童受到父母体罚情况（1）

单位：%

项目	父亲		母亲	
	男童	女童	男童	女童
从来没有	61.1	83.7	65.6	74.3
偶尔	31.4	15.1	26.1	21.7
有时	6.6	0.8	8.0	4.0
经常	0.9	0.4	0.3	0.0

从城乡儿童看（见表4-16），除了"从来没有"受父母体罚外，父亲和母亲"偶尔""有时""经常"对农村儿童体罚的比例（31.1%、32.5%）高出城镇4.7个、4.8个百分点，说明农村儿童受到父母的体罚多于城镇。值得注意的是，城乡儿童受到父亲体罚的比例（26.4%、31.1%）略低母亲1.3个、1.4个百分点，说明城乡儿童受到母亲的体罚多于父亲。总体来看，1/3的儿童受到父母不同程度的体罚，说明一些父母仍然保持传统家庭教育观念，缺乏儿童受保护权利意识，当儿童不能达到自己期望时，则不尊重甚至侵犯儿童权利，对其进行体罚。

表4-16 被访儿童受到父母体罚情况（2）

单位：%

项目	父亲		母亲	
	城镇	农村	城镇	农村
从来没有	73.6	68.9	72.3	67.5
偶尔	21.8	25.9	23.3	24.7
有时	3.7	4.3	4.4	7.5
经常	0.9	0.9	0.0	0.3

（二）在学校的受保护状况

在学校，儿童受保护权利主要是通过学校和老师对待学生的态度和行为来体现。在问及被访儿童"在学校你是否有过'被老师忽视'或'被老师体罚'的经历"时，被访儿童对4个选项选择回答的结果显示（见

表4-17），在受到老师体罚和忽视方面，30.4%的女童受到老师的体罚，男童的比例达到43.5%，二者相差13.1个百分点；35.8%的女童受到老师的忽视，比男童低9.1个百分点。可以看出，老师对儿童体罚和忽视有显著的性别差异，对男童的体罚和忽视远多于女童，即使如此，仍有三成女童受到过老师的体罚和忽视。儿童受到老师体罚的比例高于父母的体罚，女童受到老师的体罚比例分别高出父母14.1个和4.7个百分点。

表4-17 被访儿童受到老师体罚和忽视的情况

单位：%

项目	体罚		忽视	
	男童	女童	男童	女童
从来没有	56.5	69.6	55.1	64.2
偶尔	35.1	25.1	36.5	29.7
有时	6.8	4.9	7.1	5.3
经常	1.6	0.4	1.3	0.8

三 参与权状况

关于儿童参与权的分析，本节主要从儿童"在家里，能参与讨论或决定与你有关的事情吗"这一问题来分析儿童参与状况。调查表明（见表4-18），在给出的可以选择的5项事情中，城镇女童参与家庭讨论"买衣物""课外补习""升学/择校""与朋友交往""父母到外地工作"的讨论决策方面都略高于男童，男女童相差分别为2.6个、4.4个、3.7个、2.4个、0.6个百分点；农村女童仅参与讨论"与朋友交往"的比例低于男童外，其他均高于男童，尤其是参与讨论"父母到外地工作"上，农村儿童差异显著，女童高出男童10.2个百分点，以上说明女童参与家庭讨论决策多于男童。城镇女童参与家庭讨论决定的各项事情的比例都高于农村女童，在参与讨论决定"买衣物""课外补习""父母到外地工作"方面两者差异显著，分别相差11.4个、11.6个、12.3个百分点，说明城镇女童更愿意或有更多机会参与到家庭讨论决策当中。在 5 项参与讨论决定的事项中，城乡儿童参与讨论决定"与朋友交往"的比例最高，均在90%左右；儿童参与讨论决定"父母到外地工作"比例最低，均不足50%，城镇男女童比例相当，农村儿童差异明显，农村男童低于女童10.2 个百分点。

总体来看，女童除"与朋友交往"略低于男童0.7 个百分点外，其他参与决策事项的比例均高于男童。可以看出，在家庭讨论决策中，城乡女童参与家庭决策比例高于男童，而且城镇儿童参与比例高于农村，说明城镇儿童比农村儿童有话语权，城乡女童话语权高于男童。

表 4-18 被访儿童参与讨论决定的事项

单位：%

项目	城镇 男童	城镇 女童	农村 男童	农村 女童	全体 男童	全体 女童
买衣物	91.3	93.9	80.4	82.5	84.7	86.9
课外补习	88.0	92.4	77.8	80.8	82.3	85.7
升学择校	69.7	73.4	65.8	69.3	67.1	70.9
与朋友交往	90.5	92.9	91.4	88.8	91.0	90.3
父母到外地工作	44.0	44.6	22.1	32.3	30.7	36.4

第五节 性别观念认知状况

性别观念是个体在学校、家庭、社会活动中形成性别角色的观念。儿童性别观念的形成，家长和老师起着重要作用。本节从儿童的性别观念教育和性别观念认知两个方面来分析儿童性别观念认知状况。

一 性别观念教育

在儿童的性别观念教育上，家长和老师主要是通过某些期望和个人态度以及固有的性别刻板印象来影响儿童，使儿童朝着大人们预期的性别角色方向发展，潜移默化地影响着儿童，从而使儿童把这些期望同化成自己的性别角色刻板观念。本次调查通过父亲、母亲和老师有没有说过"男孩女孩一样聪明""男孩女孩都能学好数学""女孩不应该太淘气""男孩应该坚强""男孩要有男孩样，女孩要有女孩样"等5个话题来了解父母、老师对儿童性别观念的影响。其中，"男孩女孩一样聪明""男孩女孩都能学好数学"是表达性别平等的正向思维，其他3项则是带有性别刻板印象的负向思维。

（一）父亲的教育

调查显示（见表4-19），父亲对女童说过"男孩女孩一样聪明""男孩女孩都能学好数学"的比例分别为65.9%和62.6%，分别高出男童15.8个和16.1个百分点，说明父亲更重视给予女童性别平等观念意识的教育。父亲教育"女孩不应该太淘气"，对女童说过的比例高出男童20.2个百分点；教育"男孩应该坚强"则对女童说过的比男童低25.0个百分点。可以看出，对于不同性别的儿童，父亲对其教育则有相应的浓厚性别刻板印象教育，男女童差异显著。父亲关于"男孩要有男孩样，女孩要有女孩样"的意识教育对女童来说，差异不大。

（二）母亲的教育

调查显示（见表4-19），母亲对女童说过"男孩女孩一样聪明""男孩女孩都能学好数学"的比例分别比男童高出9.4个和7.6个百分点，说明

表4-19 被访儿童接受的性别教育

单位：%

项目	父亲		母亲		老师	
	男童	女童	男童	女童	男童	女童
男孩女孩一样聪明	50.1	65.9	59.5	68.9	80.1	84.2
男孩女孩都能学好数学	46.5	62.6	50.5	58.1	82.7	85.4
女孩不应该太淘气	39.9	60.1	48.8	73.6	58.3	60.0
男孩应该坚强	84.7	59.7	82.6	58.1	81.8	78.0
男孩要有男孩样,女孩要有女孩样	69.0	74.3	74.5	83.6	71.8	75.0

母亲给予女童性别平等观念意识教育的比例高于男童。母亲教育女童"女孩不应该太淘气"的比例高出男童24.8个百分点；母亲教育女童"男孩应该坚强"则比男童低24.5个百分点。对母亲是否有"男孩要有男孩样，女孩要有女孩样"的教育，持肯定态度的女童高出男童9.1个百分点。

综上所述，父母对于男女童的教育理念大体相似，一方面父母能对儿童进行性别平等意识的观念教育，另一方面仍然以"女孩不应该太淘气""男孩应该坚强""男孩要有男孩样，女孩要有女孩样"等性别刻板观念教育儿童。而且对"女孩不应该太淘气""男孩要有男孩样，女孩要有女孩样"这样的观念，母亲比父亲更多地向女童灌输，这两项母亲分别高出父亲13.5个和9.3个百分点。关于"男孩应该坚强"，父母对男童灌输的比例都比较高，分别为84.7%和82.6%。可见，父母常常将自己的性别刻板观念潜移默化地传输给子女，无形中强化了儿童性别刻板印象，使得儿童有意识地将这种印象加以巩固和深化。

（三）老师的教育

我们看到（见表4-19），老师对儿童关于"男孩女孩一样聪明""男孩女孩都能学好数学"的正向思维教育比例都在八成以上，而且对女童教育的比例分别高出男童4.1个和2.7个百分点，说明老师比较注重对男女童进行平等的性别观念教育。老师教育女童"女孩不应该太淘气""男孩应该坚强""男孩要有男孩样，女孩要有女孩样"的比例与教育男童的比例分别相差1.7个、3.8个和3.2个百分点，说明仍有半数以上老师认同儿童的性别刻板印象。

可以看出，老师对儿童进行性别平等教育的同时，也对儿童传递了性别刻板印象理念。对"女孩不应该太淘气"和"男孩要有男孩样，女孩要有女孩样"的认同与父亲基本相同，分别比母亲低13.6个和8.6个百分点。值得注意的是，老师教育女童"男孩应该坚强"比例分别高出父母18.3个和19.9个百分点。

二 性别观念认知

本章还对儿童的性别观念进行了调查，问卷分别列出"女人的能力不比男人差""男人应该以社会为主，女人应该以家庭为主""挣钱养家主要是男人的事情""男人也应该主动承担家务劳动""干得好不如嫁得好"等5个提法，询问被访的儿童是否同意。其中，"女人的能力不比男人差""男人也应该主动承担家务劳动"是性别平等的现代观念，其余3项是性别刻板的传统观念。

由表4-20看出，80%以上的儿童认同"女人的能力不比男人差"性别平等观点，城镇女童的认同度比男童低4.6个百分点，农村女童高于男童1.5个百分点，城镇女童高出农村女童6.5个百分点，说明城镇儿童认同该观点高于农村儿童，城镇男童高于女童，农村女童高于男童。70.0%以上的儿童认同"男人也应该主动承担家务劳动"观点，城镇女童高出男童4.9个百分点，农村女童高出男童15.6个百分点，城乡女童认同度达到93.0%，均高于男童，城镇男童高于农村女童10.5个百分点，说明对于"男人也应该主动承担家务劳动"的观点，城乡女童认同度高于男童，城镇儿童认同度高于农村儿童。对于上述两个性别平等观点，70.0%以上的儿童认同，说明多数儿童具有性别平等意识，而且城镇儿童高于农村儿童。

半数以下的儿童认同"男人应该以社会为主，女人应该以家庭为主"的观点，城镇女童认同度最低，低于城镇男童15.3个百分点，农村女童比农村男童低1.6个百分点，城镇女童比农村女童低4.2个百分点，说明城镇男童传统性别观念较强。对于"挣钱养家主要是男人的事情"，城镇

表4-20 被访儿童认同的性别观念

单位：%

项目	女人的能力不比男人差	男人应该以社会为主，女人应该以家庭为主	挣钱养家主要是男人的事情	男人也应该主动承担家务劳动	干得好不如嫁得好
城镇男童	95.1	46.3	53.0	88.1	27.9
城镇女童	90.5	31.0	25.6	93.0	14.3
农村男童	82.5	36.8	46.3	77.6	18.8
农村女童	84.0	35.2	32.9	93.2	25.7

男童认同度最高，占53.0%，高出城镇女童27.4个百分点；农村男童次之，占46.3%，高出农村女童13.4个百分点；农村女童高出城镇女童7.3个百分点，说明城乡女童的认同度均低于男童。不足1/3的城乡儿童认为"干得好不如嫁得好"，而且城镇女童的认同度最低，仅有14.3%，和男童相差13.6个百分点；农村女童认同度高出男童6.9个百分点；农村女童高出城镇女童11.4个百分点，说明该观点城乡男女童的认同度反差较大，城镇女童低于男童，农村女童高于男童，农村女童高于城镇女童。总体看出，城乡儿童对男女性别平等的现代观念认同度比较高，而且城镇儿童认同度高于农村儿童；而城乡儿童对男女有差别的传统观念认同度比较低，而且城乡、男女童差异较大，尤其城镇男女童差异显著，城镇男童具有较强的大男子主义思维倾向，传统性别分工意识更强。

第六节 小结与讨论

一 主要结论：成就与进步

本章根据第三期中国妇女社会地位调查儿童专卷的大量数据，描述分析了宁夏儿童生存权、发展权、受保护权、参与权和性别观念认知状况，进一步从性别、城乡、年龄角度比较儿童的权利保障情况。总体而言，男女童的权利保障状况相差不大，两者较为平等地享有发展资源。女童整体发展水平良好，没有因为性别而受到明显的不平等待遇，有些方面甚至还略有优势。城乡儿童权利保障有较大差异，尤其是城乡女童差异显著。

（一）关于生存权

1. 生活照料

八成以上儿童与父母共同生活，并受到他们的照料。而且城乡儿童和母亲生活的比例高于父亲，母亲在家中照顾子女的比例高于父亲。

2. 营养获取

男女童的营养获取比例相当，性别差异不大，获得蛋类食品比较好。

城镇儿童的营养获得状况良好。受经济水平、区域发展、家庭收入等因素的影响，城乡儿童营养获取存在显著差异，农村儿童营养获得低于城镇儿童。

3. 生病治疗

男女童生病时能够及时得到治疗的比例差异不大。无论是城镇还是农村，女童能够得到及时治疗的比例略高于男童，女童在享受医疗卫生资源方面优于男童。

（二）关于发展权

1. 在学状况

城乡儿童在学情况良好，城镇儿童在学、走读状况高于农村儿童，城乡女童差异明显。城镇女童在学率高于男童，农村女童在学率低于男童。12岁以下儿童基本都上学，12岁以上儿童入学率呈逐年下降趋势，年龄越大下降趋势越明显，在学比例越低。小学时期在学率最高，初中时期在学率次之，高中在学率最低，高中和小学、初中在学率悬殊较大。

2. 失学原因

绝大多数小学、初中儿童的受教育权利能得到保障。13岁以上儿童失学率呈逐年增长趋势。男女童失学原因有明显差异，农村女童主要是因为家庭经济困难、缺乏劳动力等因素失学，而男童则因不喜欢学校的学习、学习成绩不好而失学。从城乡看，学校因素和学习成绩不好是造成城乡儿童失学的主要原因。

3. 家庭学习环境

在基本学习条件上，大部分儿童拥有自己的书桌、房间，城镇男女童差别不大，而且城镇女童优于城镇男童。城乡儿童差异较大，农村女童条件比城镇女童差。尽管如此，绝大多数城乡父母比较重视子女的学习，尤其重视女童的学习。

4. 网络利用

城乡半数以上儿童从不上网，农村儿童不上网比例高于城镇。上网儿童中，大多数儿童上网时间在一小时之内。城乡儿童上网地点差异显著，城镇儿童多是在自己家和学校上网,而且城镇女童比例高于城镇男童。农村儿童多在自己家、学校、网吧等地上网。

5. 学历期待和自我评价

绝大多数城乡儿童希望将来读大学,拥有大学及以上学历,而且女童尤其是农村女童有较高的学历期待比例高于男童。绝大部分城乡儿童对自己的能力有信心,城镇儿童性别差异不大,农村女童自我评价高于农村男童。

(三)关于受保护权和参与权

1. 权利保护知识的了解

儿童对《儿童权利公约》了解比例最低,性别差异不大。儿童对《未成年人保护法》和男女平等知识的了解比例相当,对男女平等知识的了解男女童相差不大。对《未成年人保护法》的了解,男女童差异略大,女童高于男童。

2. 家庭和学校的受保护

六成以上儿童从来没有受到父母的体罚,而且女童比例高于男童,两者差异较大;城镇儿童比例高于农村儿童,可见多数儿童家长有儿童受保护权利意识。半数以上儿童从来没有受到老师的体罚和忽视,女童比例高于男童。

3. 参与家庭决策

在家庭讨论决策中,城乡女童参与家庭决策比例高于男童,城镇儿童参与比例高于农村儿童,城镇女童参与比例高于农村女童。儿童参与讨论买衣物、课外补习、与朋友交往的比例高于升学择校、父母到外地工作的决策比例。

(四)关于性别观念认知

1. 性别观念环境

对于"男孩女孩一样聪明""男孩女孩都能学好数学"性别平等观念,父母和老师对于女童性别平等观念意识教育的比例高于男童,父母对男女童的教育差异大于老师,父亲更注重对女童的性别平等观念教育,老师则比较注重对男女童进行平等的性别观念教育。针对不同性别儿童，家长和老师持有一定的性别刻板印象。与父母相比，老师对儿童的性别刻板印象相对弱一些。总之，父母和老师在不同的场合和语境中交替地对儿童进行正向或负向的性别观念教育。

2. 性别观念认同

大多数儿童认同"女人的能力不比男人差""男人也应该主动承担家务劳动"的性别平等观点，城乡女童认同度高于男童，城镇儿童认同度高于农村儿童。对于男女有别的传统观念，城乡、男女童差异较大，尤其城镇男女童差异显著。

二 主要结论：问题和矛盾

（一）城乡儿童成长环境差别较大，农村儿童地位偏低

1. 农村儿童营养状况低于城镇

根据本次调查，城乡儿童在奶制品、肉/鱼类的营养获取上存在显著差异。在就医方面，城镇女童生病时能得到及时治疗的比例高出农村女童1.4个百分点。

2. 城乡儿童上学状况存在显著差别

城镇父母对子女学习的重视程度高于农村父母。城镇儿童在学率、走读率、课外补习比例都高于农村儿童，特别是城乡女童有较大悬殊。城镇女童全部上学，没有失学现象，而农村女童在学率为90.0%，低于农村男童3.5个百分点，低于城镇女童10个百分点。城镇女童有课外辅导、补习或兴趣爱好的学习所占比例最高，比农村女童高出40个百分点。由于农村就学条件不如城镇，学校和家庭相距甚远，给农村女童上学带来一定困难，因此农村女童上学比例较低，住宿比例较高。

3. 城镇儿童参与家庭讨论决定与自己有关事情的比例高于农村

在参与讨论决定家庭与己有关的事项方面，城乡女童有较大差别，城镇女童参与决定与自己有关的各项事情的比例均高于农村女童。

4. 农村失学儿童多于城镇儿童

失学农村儿童所占比例是失学城镇儿童所占比例的5.8倍，这意味着失学儿童主要集中在农村，失学农村儿童的数量也要比城镇儿童多，而且农村女童失学比例高出男童3.5个百分点。城镇失学儿童均为男童。关于失学的原因，43.8%的失学女童是由于家里没钱供、家里需要劳动力而失学，男童则没有上述原因造成失学现象，说明宁夏目前重男轻女现象仍然存在。可以看出，家庭传统的性别观念是女童的失学因素之一；还有超过半数的在学校学习的儿童因为成绩不好/没考上和不喜欢学校的学习而退学，这不能不说与当前的应试教育和学校的学习环境有直接的关系。

5. 城乡儿童的网络环境有差别

城镇儿童每天上网比例高于农村儿童。城镇女童每天上网比例比农村女童高39.2个百分点，城镇男童上网比例比农村男童高25.4个百分点。城镇儿童主要在自己家里上网，城镇女童在自己家上网比例比农村女童高54.4个百分点，城镇男童在自己家上网比例比农村男童高54.6个百分点。85.4%的农村男童和63.5%的农村女童在网吧、学校、同学（朋友）家上网。

（二）家庭仍受到传统性别分工意识影响，在参与家务劳动方面女童扮演着重要角色

半数以上城乡儿童每周干一两次家务。无论城镇还是农村，女童参与家务劳动的比例均高于男童。农村女童与男童的差异更为显著，仅有少数农村女童"从不"参与家务劳动。此外，城乡女童之间也存在差异，农村女童比城镇女童更多地承担家务劳动。对于传统的性别分工观念，虽然城乡儿童的认同度比较低，但是城乡、性别差异较大，男童尤其是城镇男童具有较强的大男子主义倾向，"男主外女主内"意识比较强烈。可以看出，宁夏的家庭仍然受到传统的性别分工意识影响，在参与家务劳动上，女童尤其是农村女童扮演着重要角色，传统性别分工观念在儿童成长过程中有一定的影响。

（三）家庭和学校的性别观念教育，传递给儿童性别差异印象

家庭和学校是影响儿童性别角色内化的主要因素。调查发现，家庭、学校对儿童的性别观念教育略有差异。学校在注重儿童性别平等教育的同时，仍然存在刻板印象的教育理念。父母根据不同性别的儿童进行有差别的性别教育，对女童更注重具有女性特征的教育，对男童加强男性特征教育。一般情况下，父母与老师并不是简单地恪守正向的性别观念或刻板的传统性别印象，他们往往会在不同的场合和语境中交替地对儿童进行正向或负向的性别观念教育。父母和老师的观念和态度传递给了儿童，使儿童初步有了关于性别角色的印象，包括正向的和负向的，儿童也会有意无意地将这种印象加以巩固和深化。调查显示，对于"男孩女孩一样聪明"和"男孩女孩都能学好数学"的观念，男女童认同比例相当。对具有明显性别特征和刻板印象的性别观念，男女童认同有较大差别。可以看出，男童内化的性别差异印象大于女童，男童的传统性别观念更加浓厚。这种具有刻板印象特征的性别观念，势必会对社会文明的进步和发展特别是实现男女平等产生消极影响。

（四）城镇家庭女童发展优于城镇男童

与男童相比，城镇家庭更注重女童的发展，"望女成凤"现象略盛于"望子成龙"现象。首先，城镇女童上学情况优于男童，城镇父母重视女童的学习高于男童。主要表现在，城镇女童的在学率、走读率以及课外学习比例均高于男童，城镇父母重视女童的学习比例也比男童高。其次，城镇女童的个人期望高于男童。城镇女童希望将来读大学或研究生的比例高出男童4.7个百分点，其中有41.8%的城镇女童希望读研究生，高出男童13个百分点。最后，城镇女童参与家庭讨论决定与自己有关事情的多于男童。城镇女童参与讨论决定"买衣物""课外补习""升学择校""与朋友交往""父母到外地工作"的比例都比男童高。

三 讨论：对策建议

儿童作为国家和民族的未来和希望，他们的成长发展理应受到全社会

的高度重视。重视儿童的成长发展，维护儿童的合法权益，为他们创造有利于身心健康发展的社会环境，使儿童的科学文化素质和思想道德素质能够伴随年龄的增长而不断提高和优化，顺利完成社会化过程，成为各种社会角色的合格承担者。这就需要包括政府、学校、家庭、社区及各行各业在内的全社会的协调配合，既要强化政府的主体责任和职能，又必须强调全社会的共同担当；既注重制度建设和法律政策制定，又需要以物质和财力的投入做基础和保障；既要继续抓好学校教育和家庭教育，又要有良好的社会氛围，全社会各个方面各个领域共同关怀、关爱、保护儿童，让儿童能够健康幸福地生活学习成长。

（一）完善相关法律、政策，保障儿童合法权益

针对目前城乡儿童发展水平的差异，政府在制定法规、政策时，要从统筹城乡发展、着眼全局来考虑，努力实现城乡统一的制度和政策。要积极推进宁夏户籍制度、社会保障、教育、卫生等相关政策改革，实现城乡公共资源和公共产品分配的公平和平等，努力为城乡儿童的发展创造良好的环境。各级教育、民政和妇联等机构应发挥引导作用，成立专门的儿童权益保障机构，加强对儿童权益保障工作的管理和指导，切实保障儿童的合法权益。特别要加强对失学儿童和贫困家庭儿童的救助和关怀，让所有儿童，无论其生活在城镇还是农村，无论其家境贫困或是富裕，都能完成义务教育阶段的学习，向每个儿童至少接受中等及以上的教育目标迈进。要从法规上保障儿童的各项权益，进一步完善《义务教育法》《未成年人保护法》等法律法规细则，增强其可操作性，以确保儿童权益保障的有效实施。

（二）加大对农村义务教育的支持力度，促进农村儿童健康发展

在二元结构体制下，城乡在经济、社会、文化等方面存在很大差距。近年来，国家也在逐步加大对农村公共资源配置的投入力度，尤其是加大教育资源配置的投入，以缩小城乡教育差距。而缩小城乡教育差距的关键在于促进农村尤其是贫困地区普及九年义务教育的健康发展，这就需要国家和政府进一步加强农村义务教育工作，改善农村义务教育资源紧缺状况，改善学校

的办学环境与办学条件,注重农村义务教育老师教学能力的培养和待遇的提高,努力缩小农村在办学条件、教育质量、师资配备上与城镇的差距,为农村儿童创造出良好的学习、生活环境,促进他们全面健康地成长和发展。

(三)学校要营造宽松的教育环境,注重性别平等教育

要继续加快基础教育改革步伐,尽量减轻学校给学生带来的过重负担。在小学、中学阶段,一定要避免单纯地以考试分数作为衡量、评价学生标准,学校要对学生的道德品质、学习能力、交流和合作能力、运动和健康、社会实践等多方面进行综合评价。老师对学生要公平、公正教育,不能歧视成绩不好的学生,要给他们积极的鼓励和引导,给予他们更多的关怀和温暖,帮助他们树立自信心和乐观的生活、学习态度。同时,良好的同学关系也会产生相互感染和带动作用,品学兼优的学生对周围的伙伴群体能产生健康向上的积极影响,儿童在这种环境中生活、学习,会养成良好的习惯,同学之间互相帮助、真诚交往。[1]

通过宽松的教育环境,良好的师生关系和同学关系,增强学生对学校的兴趣和归属感,让他们在学校快乐、健康地成长。学校对儿童性别角色社会化起着极其重要的作用。一方面,要改革教材内容,编制教材时要考虑突破传统性别观念,学校要重视提高课外读物的质量,最大限度地为学生提供体现性别平等的信息资源;另一方面,教师要进行正确的引导。无论是男童还是女童,都拥有人类个体无限发展的潜能,都渴望追求个体自我发展的最大实现。老师必须在发现学生优势潜能的基础上对其发展加以引导和帮助,而不能将固有的传统发展观念施加于个体。老师要有意识地让儿童接受性别角色双性化教育,纠正其性别角色刻板化认识,鼓励男女童共同活动、相互影响,形成优势互补,有助于男女童获得充分自由的发展,促进他们健康和谐地成长。[2]

---

[1] 贾文萍、丁芳:《隐性课程对小学儿童性别角色发展的影响及改善对策》,《江苏教育学院学报》(社会科学版)2009年第1期。

[2] 任亮、刘正萍:《论儿童性别心理差异的成因与教育》,《河北师范大学学报》(教育科学版)2005年第5期。

(四）父母要转变观念，以发展的眼光对儿童进行性别角色教育

关于性别角色差异的刻板印象和观念来自家庭，对儿童的影响很大，这就要求父母要注重自身综合素质的提高，加强自身的文化修养，转变传统的性别角色观念，消除性别角色刻板观念的束缚，淡化成人固有的性别思维定式，尊重儿童的兴趣选择，打破男女界限，使城乡儿童都有更广泛的选择和发展空间。社会发展要求父母尊重男女性别的差异性，同时要以理解和认同的态度看待男女性别角色的共性特征。父母要以发展变化的眼光看待男女性别角色的社会性变化，从有利于儿童身心发展的角度来思考对儿童的性别角色教育。[1] 尤其是农村家庭要给予女童教育上的支持和鼓励，注重培养女童的自主性、独立性和创造性，使儿童能够健康、均衡地发展和成长。

(五）调动社会力量，营造有利于儿童发展的和谐氛围

目前，社会各界对儿童尤其是农村儿童的关注不够。全社会应该从维护儿童权利的视角出发，通过政府、社区、学校、大众传媒等多种渠道，加强对儿童生存、发展、受保护、参与等权利的宣传教育和保障措施。倡导社会各界关注儿童的发展，使全社会形成有利于儿童健康成长的和谐氛围。我国农村的社区教育基本处于空白。政府一方面要在新农村建设中注重农村社区的建设，让农村社区为儿童成长提供扶持，发挥积极作用；另一方面可以整合社会各类慈善机构或鼓励爱心人士，向农村儿童伸出援助之手，建立专门的儿童发展组织和教育机构，对儿童有针对性地进行教育和帮助，定期举行一些丰富多彩的娱乐活动，与孩子沟通交流，及时指导、排解他们遇到的困难和烦恼，引导儿童树立正确的人生观和价值观，建立健康乐观、积极向上的心态，促进儿童的发展。

---

[1] 张胜军：《儿童性别角色期待问题思考》，《学前教育研究》2003年第4期。

第五章 宁夏留守儿童基本情况调查

第一节 概念的界定和调查问卷情况

一 留守儿童的界定

本书认为农村留守儿童的概念主要涵盖四个内容:"农村"指户籍所在地;"留守"指目前居住地;"儿童",《联合国儿童权利公约》规定"儿童系指18岁以下的任何人",中国《未成年人保护法》规定"未成年人是指未满十八周岁的公民";"父母双方或一方回家平均周期"为第四个内容。由于宁夏地域小,加上生态移民地区务工人员多是少数民族,其生活习惯的局限性使多数移民选择在区内打工,回家比较频繁。因此,本书将外出打工父母双方或一方两周以上回家一次、住一两天又外出打工,父母双方或一方一年中累计半年以上在外打工的儿童作为调查对象。本书所指的留守儿童是指居于农村户籍所在地,父母双方或一方因外出打工,平均两周以上回家一次,长期不能和父母双方共同生活在一起的18岁以下的未成年人。

二 调查问卷基本情况

笔者于2014年对宁夏银川、石嘴山、吴忠、中卫、固原五市生态移民新村的1~9年级义务教育阶段留守儿童进行调查,共发放调查问卷618份,回收有效问卷610份,其中,508份为留守儿童,即本研究的调查对象；102份为非留守儿童，这些儿童父母虽然外出打工，但每天都回家。调查对象中，男童占46.5%，女童占53.5%；汉族占9.5%，回族占90.5%；三年级及以下儿童占15.1%，四年级儿童占34.3%，五年级儿童占25.6%，六年级儿童占20.9%，初中生占4.1%。

生态移民工程将县内、县外安置相结合，以县外安置为主。65%的移民在迁出县以外全区范围进行安置，35%的移民在迁出县内进行安置。县内安置移民搬迁后仍然在山区居住，县外安置则迁往交通便利、经济相对发达的川区，本课题县内安置地区留守儿童（文中简称山区留守儿童）占25.6%，县外安置地区留守儿童（文中简称川区留守儿童）占64.8%，其他占9.6%。

第二节 家庭基本情况

一 家庭人口

调查对象中，家中有三口人以下的占1.0%，三口人占5.5%，四口人占23.4%，五口人占32.5%，六口人及以上的占37.6%。可以看出，绝大多数家庭人口在四口以上，五口人及以上的占70%。父母婚姻为在婚的占88.8%，离异的占4.9%，丧偶的占3.0%，未婚的占1.1%，其他的占2.2%。

二 父母受教育程度

调查显示（见表5-1），半数母亲未接受过文化教育，比例高出父亲28.6个百分点，父母未接受教育程度相差显著；母亲接受"小学""初中""高中/中专""大专/大学及以上"教育比例分别低于父亲11.6个、14.7个、1.7个、0.8个百分点，说明母亲接受文化教育程度的比例均低于父亲，两者接受小学、初中教育的比例悬殊较大。总体来看，父、母亲主要接受小学教育，接受大专以上教育的微乎其微。

表5-1　父母受教育情况

单位：%

项目	没上过学	小学	初中	高中/中专	大专/大学及以上
父亲	21.5	48.6	24.0	5.1	0.8
母亲	50.1	37.0	9.3	3.4	0

三　家庭结构

据调查，留守儿童家庭户籍回答"迁过来"的占70.7%，"没有"的占9.2%，"不清楚"的占20.1%。户籍未迁来的家庭中，从本县城（本乡镇）迁来的占63.8%，来自宁夏其他县城的占29.8%。父亲外出打工的占57.7%，母亲外出打工的占5.1%，父母均外出打工的占34.3%。可见，绝大多数父亲外出打工，担负着养家糊口的责任。近四成母亲打工，且多是和父亲共同外出。在劳务输出大省区，父母双双外出打工的居多。宁夏作为少数民族地区，大多数母亲在家中留守，承担农业劳动、照顾老人及孩子。有个别留守儿童，因父母离异、丧偶，祖辈或同辈兄弟外出打工。

总体上，留守儿童与母亲居住的占46.2%，由母亲承担父母角色；与父亲居住的仅占1.5%；与（外）祖父母居住的占31.6%；与兄弟姐妹居住的占17.3%；其他的占3.4%。分父母打工居住情况看（见表5-2），父亲一方打工，大多数留守儿童与母亲居住；母亲一方打工，留守儿童从高到低依次与（外）祖父母、兄弟姐妹、父亲居住；父母双方打工，多数留守儿童与（外）祖父母居住。可以看出，留守儿童与母亲居住的最多，与（外）祖父母生活的次之，与父亲居住的最少。留守儿童主要与直系亲属和兄弟姐妹共同生活。近八成留守儿童与母亲、祖辈居住，与父亲居住比例最低，"父亲缺位"现象严重。由于母亲承担繁重的家务劳动，（外）祖父母年迈体弱，他们只能照顾孩子的基本生活，无暇顾及孩子的教育以及作业辅导，无力为留守儿童提供良好的家庭环境。虽然如此，与大多数父母双方外出的劳务输出大省区相比，宁夏近半数留守儿童家庭具备基本家庭功能，他们能受到母亲的照顾。

表5-2 留守儿童居住情况

单位：%

外出打工	与父亲居住	与母亲居住	与(外)祖父母居住	与兄弟姐妹居住	其他
父亲	0	78.3	13.2	5.8	2.7
母亲	25.9	0	40.8	29.6	3.7
父母	0	0	60.2	35.1	4.7
其他	6.7	13.3	60.0	13.3	6.7

四 和外出打工父母团聚情况

外出打工父母"两周"回来一次的占7.3%，"一个月"回来一次的占21.3%，"两个月"回来一次的占25.4%，"半年"回来一次的占23.8%，"一年"回来一次的占15.8%，半数以上留守儿童两个月内能与父母团聚一次。可以看出（见图5-1），川区留守儿童在两个月以内和父

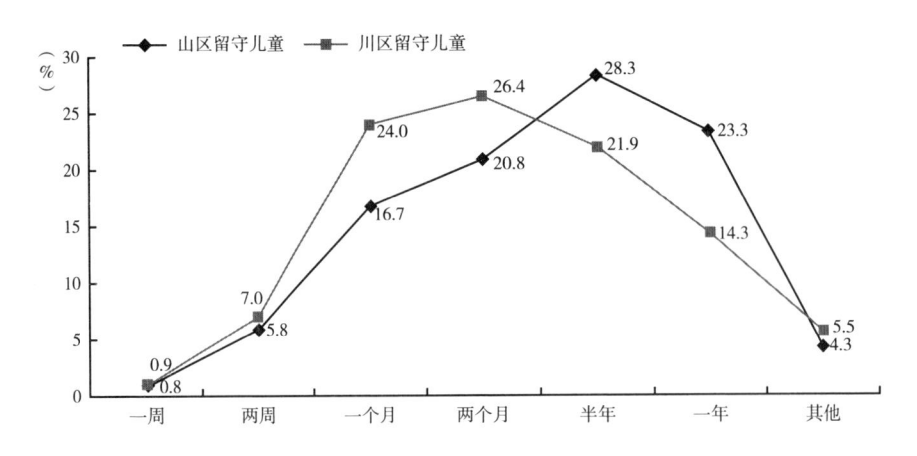

图5-1 山区、川区留守儿童父母回家情况

母团聚比例高于山区,说明在短期时间内川区父母回家次数高于山区;川区留守儿童半年至一年和父母团聚比例低于山区,说明在长期时间内川区父母回家次数低于山区。这是由于川区移民居住在经济发达的城市周边,交通便利,打工父母回家方便。山区移民区仍然位于经济欠发达地区,交通不如川区方便,因此山区打工父母回家不如川区频繁。

父母在本县城(市区)打工的占13.4%,在宁夏其他城市打工的占38.6%,在宁夏以外城市打工的占24.0%,回原来的家种地的占6.3%,不清楚父母打工地方的占17.7%。可以看出,半数以上父母在区内打工,不足1/3人员赴区外打工。需要说明的是,由于迁入区土地有限,个别移民返回原来居住地种庄稼,长期不能和家人团聚,致使子女留守在移民新区,笔者将这些移民作为外出打工人员范围。

从父母打工地点来看(见表5-3),打工地点距离家越近,父母短期(两个月)内回家频率越高,回家周期越短,短期内父母回家从高到低依次为本县城(市)、回原来的家种地、宁夏其他城市、宁夏以外城市;打工地点越远,父母长期(半年到一年)回家频率越高,回家周期越长,长期内父母回家一次比例从高到低依次为宁夏以外城市、宁夏其他城市、回原来的家种地、本县城(市)。总体来看,父母打工距离家越近,回家周期越短,回家频次越高;打工距离家越远,回家周期越长,频次越低。值得关注的是,回原来的家种地的父母一年回来一次的比例高于在宁夏其他城市打工的父母。

表5-3 父母打工地点和回家频率

单位:%

打工地点	两周	一个月	两个月	半年	一年	其他
本县城(市)	10.2	36.8	30.9	8.8	8.8	4.5
宁夏其他城市	7.1	22.5	29.6	28.1	9.2	3.5
宁夏以外城市	1.6	12.3	18.0	27.9	33.6	6.6
回原来的家种地	15.6	25.0	21.9	15.6	18.8	3.1
不清楚	9.9	17.8	23.3	23.3	10.0	15.7

第三节 社会适应状况

关于社会适应,美国心理学家利兰(Leland)和科恩(Cone)都认为,社会适应性是个体在与社会生存环境交互作用中的心理适应,即对社会文化、价值观和生活方式的应对。[①] 国内学者则把社会适应解释为社会交往、社会容让、责任心、稳定性、开放探索。[②] 可以看出,社会适应是个体的人际交往、文化环境及生活方式的反映。因此,社会适应主要表现在个体对所生存与发展的自然地理环境、生活水平的评价以及人际交往等方面。

一 对迁移后生活状况的评价

与搬迁之前相比(见图5-2),对于目前的自然地理环境,山区、川区留守儿童认为"非常好"和"比较好"的分别为74.2%和78.5%,山

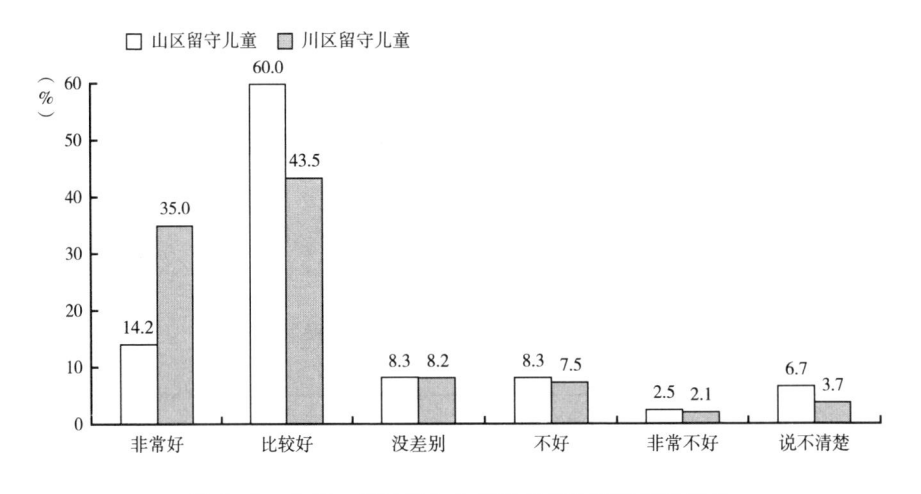

图5-2 山区、川区留守儿童对自然地理环境的评价

[①] 杨彦平、金瑜:《社会适应性研究述评》,《心理科学》2006年第5期。
[②] 马前锋、孔克勤:《人格五因素结构研究的新进展》,《心理科学》1997年第1期。

区比川区低4.3个百分点;"没差别"的比例相当,约占8%;"不好"和"非常不好"分别为10.8%和9.6%,山区高于川区1个百分点;"说不清楚"的分别占6.7%和3.7%,相差3个百分点。可以看出,川区留守儿童对自然地理环境的评价略高于山区。这主要是由于山区移民迁出地、迁入地相距不远,仍然居住在山区,自然环境相差不大,而川区移民是由山区迁入川区,自然地理环境要好于山区。评价相差不大,大概留守儿童搬迁不久,仍然处于适应时期。

二 对搬迁后生活水平的评价

与搬迁以前相比(见图5-3),对于目前的生活水平,山区、川区留守儿童认为"提高许多"和"有所提高"的分别为76.7%和75.4%,两者比例相当,相差仅1.3个百分点;认为"没差别"的分别占8.3%和10.3%,川区高于山区2个百分点;认为"有所下降"和"下降了许多"的分别为10.8%和11.8%,两者相差不大,川区高于山区1个百分点;"说不清楚"的分别占4.2%和2.5%,两者相差1.7个百分点。可以看出,山区、川区留守儿童对目前生活水平的

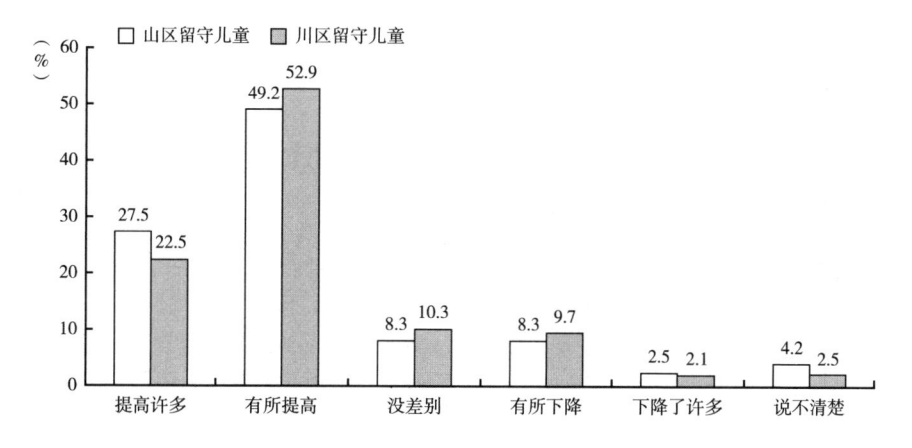

图5-3 山区、川区留守儿童对生活水平的评价

评价相当，大部分认为生活水平比搬迁以前提高了，仍有两成左右家庭生活水平和以前差不多甚至不如以前。这是由于移民迁出前家庭经济基础就非常薄弱，生活已十分困难，搬迁前的积蓄基本上用于迁入地建房。而且，搬迁后，移民对生产方式有个适应过程，短期内收入甚微。有的移民搬迁两年，至今仍无分配到土地。尽管政府发放相应的补贴，移民外出打工增加收入，但生活、生产投入、子女入学等费用要远远高于原居住地，移民中相当一部分农户难以从事正常生产和维持生计，导致生活水平下降。此外，在风俗习惯上，由于移民绝大多数是回族，而且以整村搬迁为主，移民之间的文化认同感较强，所以风俗习惯上没有很大差异。

三 对搬迁后学校的评价

搬迁后，生态移民的义务教育环境有了很大的改善，与搬迁之前相比（见图5-4），山区、川区留守儿童认为现在上学"非常方便"和"比较方便"的分别为90%和87.8%，山区高于川区2.2个百分点；认为"没差别"的分别为2.5%和4.6%，川区高于山区2.1个百分点；认为"不

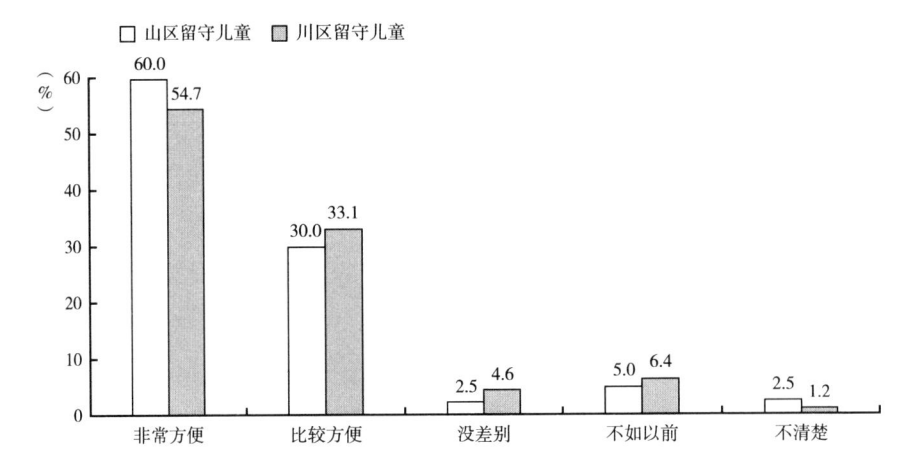

图5-4 山区、川区留守儿童对上学条件的评价

如以前"的分别为5.0%和6.4%，山区比川区低1.4个百分点；"说不清楚"的分别占2.5%和1.2%，两者相差1.3个百分点。可以看出，山区、川区留守儿童对搬迁后的上学环境评价相差不大，近九成留守儿童认为搬迁后上学方便了。搬迁前，由于移民居住偏僻且路途遥远，有的孩子无法上学，有的即使能上学，但学校设施简陋、破旧。如今，大部分学校设在移民新村里，从家走到学校仅需几分钟。而且，学校宽敞明亮，学校的图书室、微机室等教学设备齐全。琅琅的读书声给寂静的村庄增添了许多生机，孩子们的欢声笑语唤醒了沉睡的村庄，背着书包蹦蹦跳跳的小身影成为村中最亮丽的风景。目前，移民们越来越重视子女的教育，搬迁后孩子的教育有保障，消除了移民的返迁意愿，保证移民能"稳得住"。

第六章　宁夏留守儿童生存权利保障调查[*]

第一节　留守儿童生存权利保障现状

一　生活卫生习惯

儿童良好的卫生习惯是身体健康的必要保证，是儿童强身健体的基础。调查显示，留守儿童每天"既刷牙也洗脸"的占88.6%，"不刷牙只洗脸"的占8.3%，"只刷牙不洗脸"的占1.4%，"不刷牙不洗脸"的占0.4%，"其他"占1.3%，说明有8.7%的儿童不刷牙，不懂得爱护牙齿。最近一次洗澡是在"几天前"的占85.4%，"2周前"洗澡的占9.6%，"1个月前"的占1.6%，"2个月前"的占0.8%，"半年前"的占0.2%，"其他"占2.4%。综上所述，八成以上留守儿童具有良好的卫生习惯。据了解，移民地区儿童基本没有午休习惯，一方面是监护人生活习惯的影响，另一方面与父母外出、家中无人叫醒有很大关系。留守儿童每天睡眠时间在"10小时以上"的占9.1%，"10小时"的占15.6%，"9小时"的占37.6%，"8小时"的占23.0%，"7小时"的占11.8%，"6小时以下"的占2.9%。可以看出，留守儿童每天睡眠时间在9小时及以下的占75.3%，七成留守儿童每天睡眠不足10小时。

---

[*] 除标注外，本章中相关资料均来源于宁夏回族自治区教育厅、宁夏各市教育局。

二 营养获得

(一)宁夏实施营养改善计划状况

为逐步改善宁夏南部山区孩子的营养状况,让贫困山区的孩子"吃饱饭、上好学"。近年来,宁夏回族自治区政府把实施农村义务教育阶段学生营养改善计划作为改善民生的重要工作。从2010年启动实施了"营养早餐工程",为中南部山区的农村义务教育学生和县城寄宿生每天早上提供一个熟鸡蛋,所需资金全部由宁夏回族自治区财政承担,实施范围包括宁夏中南部原州区、西吉县、隆德县、泾源县、彭阳县、海原县、同心县、盐池县、红寺堡区、沙坡头区和中宁县部分乡镇共12个县(区)。①

2011年5月,时任中央政治局委员、国务委员刘延东对宁夏西海固地区的教育工作进行考察。她十分关心贫困地区儿童的营养健康,在视察了宁夏的"营养早餐工程"后,决定将国家贫困地区学生营养改善计划在西海固地区进行试点。2011年秋季学期,宁夏开始实施营养改善计划试点工作。根据国家相关政策规定,结合宁夏实际情况,政府将营养改善计划膳食补助标准由国家规定的每生每天3元提高到4.6元,其中早餐0.6元、午餐4元。试点范围由国家确定的7个县扩大到11个县,其中国家试点县7个、宁夏回族自治区试点县4个,国家试点7县学生营养膳食资金由中央和宁夏回族自治区负责承担,其中中央补助3元、宁夏回族自治区承担1.6元;宁夏回族自治区试点4县学生营养膳食资金全部由宁夏回族自治区承担。2011年,宁夏回族自治区党委政府先在11个县的31所农村小学开展了营养改善计划试点工作,从2012年春季学期扩大到以上11个县(区)的1500多所学校实施农村义务教育学生营养改善计划,每天为学生在校期间早上提供一个熟鸡蛋和一顿营养午餐。按照每人每天4.6元的标准,以全年在校时间按200天计算,每名学生每年享受国家和宁夏回族自治区资助920元,宁夏的营养改善计划工作已成为全国教育领

---

① 《宁夏部分地区"营养早餐工程"学生免费吃鸡蛋》,《人民日报》2011年4月30日。

域的一张"名片"。

为保证贫困地区学生的食品安全和充足营养，国家要求各地应以学校食堂供应正餐为主实施营养改善计划，宁夏从2011年试点起以学校食堂供餐为主要供餐模式。国家从2012年起又实施了学生营养改善计划食堂建设项目，利用3年时间为营养改善计划实施范围内各学校新建、改建食堂。截至2014年，宁夏所有营养改善计划实施学校均实现了由食堂供餐的目标。从2014年起，国家不再拨付食堂建设专项资金。

2015年起，每名学生的膳食补助由以前的4.6元提高到5.6元，增长了1元，使学生由过去的"吃饱饭"向"吃好饭"转变。这项工程有效地提高了儿童的身体素质，使山区学生健康状况明显改善。2016年4月，中央政治局委员、国务院副总理刘延东对宁夏营养改善计划取得的成绩给予了充分肯定和褒奖。到2018年，宁夏实施营养改善计划农村义务教育阶段学校共有1238所，受益学生共有26.6万人。①

（二）营养改善计划成效显著

1. 加大财政投入，保障营养改善计划长效运行

对于宁夏生态移民安置的义务教育学生，宁夏回族自治区做出相应的调整。宁夏回族自治区根据《国务院办公厅关于实施农村义务教育学生营养改善计划的意见》（国办发〔2011〕54号）和《农村义务教育学生营养改善计划实名制学生信息管理暂行办法》（教财〔2012〕2号）规定，国家对营养改善计划实施范围实行属地管理和实名制管理，实施范围是贫困地区农村义务教育学校，国家和宁夏回族自治区按照实名制学生数核拨膳食专项资金。在这11个试点县（市、区）农村之间进行移民安置的义务教育学生依然享受营养改善计划，移民到非试点县或试点县城市、县城义务教育学校就读的学生就不再享受营养改善计划。根据国家政策要求，不允许将膳食资金直接发放给学生。

---

① 《宁夏农村义务教育学生营养改善计划让26.6万名学生受益》，人民网，http://nx.people.com.cn/nz/2018/1228/C192493-32465914.html，2018年12月28日。

首先，全面承担"提标扩面"资金。宁夏回族自治区将实施范围由国家试点的7个县（区）扩大到11个县（区），并且将营养改善计划膳食补助标准由4.6元提高到每人每天5.6元，其中早餐0.6元、午餐5元，为每名学生每天免费提供1个熟鸡蛋，为农村义务教育阶段学生中午提供一顿合理膳食，让学生既吃饱又吃好。每年增加的1.1亿元费用全部由宁夏回族自治区财政承担。其次，设立教师陪餐专项资金。2013年起，宁夏回族自治区财政每年安排专项经费1119万元，给予1.1万名陪餐教师伙食补助。最后，区级财政解决食堂运转经费。宁夏回族自治区建立了试点县（区）农村义务教育生均公用经费补助标准，营养改善计划实施范围内各学校生均公用经费提高60元，增加部分主要用于学生食堂运行补贴。截至2017年底，宁夏回族自治区累计下达营养改善计划膳食资金和教师陪餐资金达到了15.34亿多元，[①] 连续6年实现食品安全和资金运行"零事故"，多次得到中央和教育部、财政部等部委的充分肯定，被教育部作为"宁夏模式"向全国推广。2017年，同心县、海原县、原州区、彭阳县被国家评为"阳光校餐"优秀县。

2. 营养改善计划的成效显著，促进了学生的健康发展

在实施营养改善计划的同时，宁夏回族自治区启动了营养改善计划学生体质专项监测项目。宁夏回族自治区卫计委和宁夏医科大学对实施范围内的学生体质进行监测。从监测数据来看，实施范围内学生平均身高增加了0.8厘米，营养不良率由4.7%降低到3.9%，贫血患病率由8.6%降低到7.6%，体重正常率由42%提高到43.9%。[②] 宁夏回族自治区卫计委的《宁夏回族自治区2015年人群健康状况报告》中对实施营养改善计划的

[①] 宁夏回族自治区教育厅：《营养改善计划的宁夏模式》，教育部网站，http://more.gov.cn/jyb_xwfb/xw_zt/moe_357/jyzt_2017nztzl/2017_zt03/2017_zt03_nx/17zt03_yw/20170720_309759.html，2017年7月20日。

[②] 宁夏回族自治区教育厅：《营养改善计划的宁夏模式》，教育部网站，http://more.gov.cn/jyb_xwfb/xw_zt/moe_357/jyzt_2017nztzl/2017_zt03/2017_zt03_nx/17zt03_yw/20170720_309759.html，2017年7月20日。

16万名中小学生进行的营养健康监测显示，男女生各年龄段平均身高比2014年分别增加了0.72厘米和0.81厘米，平均体重分别增加了0.53公斤和0.33公斤，男女生贫血患病率分别下降了1.42%和2.84%。[①] 从体育竞技成绩来看，各地各学校每年举办的运动会中，体育竞技项目保持多年的县级、学校记录屡屡被打破。营养改善计划的实施，促进了农村学生的健康发展，产生了积极的社会影响。

（三）山区和川区一日三餐比较

由于"营养改善计划"仅限于宁夏中南部贫困地区，从山区搬迁到川区的留守儿童则不再享受营养餐，山区留守儿童早、中餐仍由学校解决。调查显示（见表6-1），早餐方面，川区在家吃的比例为47.2%，比山区在学校吃的比例低17.4个百分点；川区在小卖部买食品的占3.6%，比山区高2.7个百分点；30.1%的川区留守儿童"不吃"早餐，高于山区13.7个百分点。可以看出，山区留守儿童在学校吃早餐较好于川区。无论川区还是山区，仍有少数留守儿童不吃早餐。这虽然与留守儿童的家庭生活习惯有一定关系，但父母的照料缺失是主要因素。由于学校的营养早餐提供一个鸡蛋，因而少数山区留守儿童上学前在家补充鸡蛋之外的食品。午餐方面，近九成川区留守儿童在家吃午餐，山区留守儿童全部在学校吃午餐，两者相差12.1个百分点。有少数川区留守儿童不在家吃午餐，其中，2.4%的儿童不吃午餐，5.5%的儿童自带干粮在学校充饥，有1.2%的儿童在饭馆或小卖部解决午餐，3.0%的通过其他途径解决，说明川区留守儿童午餐不如山区。晚餐方面，山区、川区留守儿童比例相当，川区在家吃的比例为92.7%，略低于山区2.8个百分点，仍有个别儿童不吃晚餐现象，绝大多数留守儿童在家吃晚餐。总体来看，山区留守儿童的一日三餐较好于川区。

[①] 尚陵彬：《宁夏健康"蓝皮书"出炉》，《宁夏日报》2017年2月28日。

表 6-1 山区、川区留守儿童一日三餐情况

单位：%

项目		不吃	家	学校	饭馆	小卖部	其他
早餐	川区	30.1	47.2	18.8	0	3.6	0.3
	山区	16.4	17.2	64.6	0	0.9	0.9
午餐	川区	2.4	87.9	5.5	0.3	0.9	3.0
	山区	0	0	100	0	0	0
晚餐	川区	1.5	92.7	0	0.6	0.9	4.3
	山区	0.9	95.5	0	0.9	0.9	1.8

（四）山区和川区、学校和家庭营养摄取的比较

1. 山区家中注重面、奶制品、水果的摄入，学校注重米、蔬菜、蛋白类的摄入

从山区留守儿童在家和学校经常摄取的食物来看（见表 6-2），在家中摄取"面""奶制品""水果"的比例分别高于学校 52.8 个、20 个、42.7 个百分点；摄取的"米""蔬菜""肉/鱼""蛋类"的比例分别低于学校 48.2 个、20.9 个、16.4 个、32.7 个百分点。可以看出，山区留守儿童在学校和家中摄取食物有较大差别，在家以面食为主，学校则以米食为主。两者相比，山区留守儿童在学校摄取的食品种类比家中丰富，学校更注重饮食的营养搭配。但是，学校摄取"面""奶制品""水果"低于家里，这主要是受食堂条件、食品保鲜度、伙食标准的限制。据调查，九成留守儿童喜欢吃家里的饭，而且半数是由妈妈做的（见表 6-3）。

表 6-2 山区、川区留守儿童经常摄取的食物

单位：%

项目	米	面	蔬菜	肉/鱼	蛋类	奶制品	水果
学校（山区）	99.1	32.7	86.4	49.1	42.7	1.8	0.9
家（山区）	50.9	85.5	65.5	32.7	10.0	21.8	43.6
家（川区）	82.7	93.6	70.7	25.5	22.2	12.2	35.0

2. 川区注重主食、蔬菜类食品的摄入，山区注重蛋白、水果类的摄取

从山区、川区留守儿童在家中就餐来看（见表6-2），川区留守儿童摄取的"米""面""蔬菜""蛋类"比例高于山区，分别为31.8个、8.1个、5.2个、12.2个百分点，说明川区摄取主食、蔬菜、蛋类食品高于山区；山区留守儿童摄取"肉/鱼""奶制品""水果"比例分别高于川区7.2个、9.6个、8.6个百分点，说明山区儿童摄取肉/鱼、奶类高蛋白和水果类食品高于川区。可以看出，川区留守儿童平常在家中摄入的主食、蔬菜类食物多于山区留守儿童，山区在家中摄取的蛋白类和水果等食品略好于川区。

表6-3　山区、川区留守儿童喜欢吃的饭

单位：%

项目	家里	学校	学校附近饭馆	小卖部买食品	其他
山区留守儿童	86.7	10.8	0.8	0	1.7
川区留守儿童	93.3	3.1	1.8	1.2	0.6
其他	88.1	1.7	5.1	3.4	1.7

（五）留守儿童蛋白类摄取与全区、全国水平的比较

生态移民地区留守儿童的营养获得也受到地域、生活习惯、社会经济发展等因素的影响。留守儿童与宁夏全区、全国农村儿童营养获得相比（见表6-4），留守儿童获得肉/鱼、蛋类、奶制品等蛋白质的比例分别比全区农村儿童低37.4个、74.5个、55.8个百分点，比全国农村儿童低58.5个、74.5个、66个百分点。留守儿童蛋白质摄取比例最低，其次是全区农村儿童，全国农村儿童摄取比例最高。可见，留守儿童蛋白类食品的获得与全国、全区农村儿童平均水平有很大的差距，而且距离全国水平最大。留守儿童营养获得状况不容乐观，应引起社会各界的关注。

表6-4 留守儿童与宁夏全区、全国农村儿童营养获得比较

单位：%

项目	肉/鱼	蛋类	奶制品
留守儿童	24.2	16.9	13.0
全区农村儿童	61.6	91.4	68.8
全国农村儿童	82.7	91.4	79.0

注：资料来源于第三期中国妇女社会地位调查及本次调查。

三 生病治疗状况

（一）公共医疗卫生资源状况

除了营养获取之外，医疗卫生也是儿童生存的一项重要内容。调查显示，79.2%的留守儿童打过疫苗，10.2%的"没打过"，10.6%的"不清楚"是否打过疫苗，这与国家卫生部门对儿童计划免疫要达到全面、无一例漏种的要求有一定差距。距离留守儿童家庭最近的诊所或卫生所（见表6-5），回答在"村里"的，川区比例比山区高21.8个百分点，说明大多数川区移民安置地区有医疗诊所，公共卫生医疗设施好于山区，九成川区留守儿童生病不出村即可医治；在"镇里"的，山区留守儿童比例比川区高23.6个百分点，说明山区留守儿童生病需要到镇上医治的比例高于川区。

表6-5 距离家最近的诊所位置

单位：%

项目	村里	镇里	县里	市里	其他
山区留守儿童	69.1	28.2	0	0.9	1.8
川区留守儿童	90.9	4.6	2.1	0.3	2.1
非留守儿童	86.9	10.1	0	3.0	0

（二）生病治疗状况

从留守儿童"最近一次看病情况"看（见表6-6），在"本村诊所"

就诊的，川区留守儿童就诊比例比山区留守儿童高22.3个百分点，说明川区留守儿童生病在本村就诊比例高于山区；在"镇医院"就诊的，山区留守儿童比例比川区高出29个百分点，说明有四成山区留守儿童生病到镇医院就诊；"哪也没去"，川区比例高于山区5.5个百分点。可见，山区、川区留守儿童生病治疗方面存在显著差异，川区留守儿童享用村级医疗卫生资源高于山区留守儿童，山区留守儿童享用镇级卫生资源高于川区。川区儿童生病主要在村里就诊，山区儿童在村里和镇里就诊。总体来看，大多数留守儿童生病能够赴村、镇诊所或医院就诊，说明大多数生态移民地区设立的公共医疗设施能基本满足留守儿童的医疗需求，生病能及时就诊。仍有少数留守儿童生病未治现象，与社区宣传、监护人教育以及儿童自身权益保护意识有一定关系。

表6-6 最近一次看病情况

单位：%

项目	本村诊所	镇医院	县城医院	哪也没去	其他
山区留守儿童	41.8	41.8	6.4	9.1	0.9
川区留守儿童	64.1	12.8	5.8	14.6	2.7

（三）社会保障状况

对于"你参加了哪些保险"多选问题（见表6-7），山区留守儿童参加"城乡居民基本医疗保险"的比例高于川区25个百分点；山区参加"商业保险"和"其他"分别比川区低7个、11.6个百分点，说明山区生态移民地区公共社会保障服务好于川区。但是，山区留守儿童参与社会保障比较单一，川区留守儿童参与社会保障较为多元化。此外，山区33.7%和川区45.9%的留守儿童"不清楚"是否参加和"没有参加"保险。宁夏城乡居民基本医疗保险基本实现全覆盖，而留守儿童参加城乡居民基本医疗保险比例非常低，笔者认为有以下原因：第一，留守家庭和儿童缺乏社会保障相关知识的了解，维护儿童医疗保障权利意识淡薄；第二，家长为子女办理了医疗保险，未和子女沟通，子女不知情；第三，生态移民地区社会保障服务没有跟上移民搬迁步伐，致使留守儿童不能公平地享受医疗保障机会。

表6-7 参加保险情况（多选）

单位：%

项目	没有参加	城乡居民基本医疗保险	商业保险	不清楚	其他
山区留守儿童	6.4	63.6	2.7	27.3	0.9
川区留守儿童	22.5	38.6	9.7	23.4	12.5
非留守儿童	9.1	75.8	42.4	4.0	0

四 主要结论：成就与进步

（一）生活照料

四成以上留守儿童与母亲共同生活，三成多留守儿童与（外）祖父母共同生活，并受到他们的照料。父亲一方打工，大多数留守儿童和母亲居住；母亲外出打工，多数子女与（外）祖父母居住的多。

总体来看，半数以上留守儿童两个月内能与父母团聚一次。父母打工距离家越近，回家周期越短，回家频次越高；打工距离家越远，回家周期越长，频次越低。川区移民居住地距离城市比较近，比山区移民交通便利，川区打工父母回家就比山区方便。因此，川区父母在短期（两个月）内回家次数高于山区，山区父母长时间（半年至一年）内回家次数高于川区。

（二）社会适应

七成以上留守儿童认为搬迁后的自然地理环境比较好，川区留守儿童对自然地理环境的评价略高于山区。山区、川区留守儿童对目前生活水平的评价相当，大部分认为生活水平比搬迁之前提高了。搬迁后教育环境的改变一致受到留守儿童的好评，绝大多数留守儿童认为搬迁后上学方便了。

(三)营养获得

受"营养改善计划"的影响,川区在校学生不享受营养餐,山区农村义务教育阶段学生早餐、中餐仍由学校解决。山区留守儿童早餐、中餐较好于川区。绝大多数留守儿童在家吃晚餐,山区、川区留守儿童比例相当,但山区比例略高于川区。山区留守儿童的一日三餐较好于川区。在饮食营养获取上,川区注重主食、蔬菜类食品的摄入,山区家中注重面、奶制品、水果的摄入,学校注重米、蔬菜、蛋白类的摄入。

(四)生病治疗

大多数生态移民地区设立的公共医疗设施能基本满足留守儿童的医疗需求,生病能及时就诊,绝大多数留守儿童生病能够赴村、镇诊所或医院就诊。山区、川区留守儿童生病治疗方面存在显著差异,川区留守儿童主要在村里就诊,以享用村级医疗卫生资源为主;山区留守儿童在村里和镇里就诊,主要享用村、镇级卫生资源。

第二节 留守儿童生存权利保障存在的问题

一 父母教育程度偏低,"父亲缺位"现象严重

父母亲主要接受小学教育,教育程度偏低,接受大专以上教育的微乎其微。而且两者接受小学、初中教育悬殊较大,母亲低于父亲。大多数父亲外出打工,母亲在家留守。留守儿童与母亲居住的最多,与祖辈生活的次之,而与父亲居住的比例最低,"父亲缺位"现象严重。半数以上父母在区内打工,两个月内能与家人团聚一次。即使如此,仍然有许多留守儿童向父亲表达无限的思念——

> 希望爸爸能回来看我一次,我非常想他,他现在很辛苦吧!
> 爸爸在外面别累着。

爸爸你每天都在外面打工，有时一两周才回来，并且回来只住一两天，您真是太辛苦了。

希望爸爸健康工作，希望您早日回来，我会好好学习。

最希望爸爸能多回家几次。

爸爸你能不能在家多待几周？

爸爸，我想你，你什么时候回家呢？

希望早些见到爸爸，全家吃顿团圆饭。

爸爸我想你了，每天回家我最希望先见到你，爸爸我爱你。

爸爸赶快回来，共享我们的父子快乐时光，别再去打工。

回家能看到爸爸，让爸爸抱抱。

希望每天做梦，能梦见爸爸。

留守儿童普遍渴望父亲能常回家多陪陪他们，给予他们温暖的怀抱，甚至在梦里见到父亲都是一种奢望。

二 缺乏良好的卫生习惯，不利于留守儿童的成长发育

大多数留守儿童具有良好的卫生习惯，有少数留守儿童没有每天刷牙和经常洗澡的习惯。刷牙习惯应在儿童学龄前开始培养，小学时期还没有良好的护牙习惯，不利于儿童身体的消化和营养的吸收。《中共中央国务院关于加强青少年体育增强青少年体质的意见》指出，小学生要保证每天睡眠 10 个小时。半数以上留守儿童每天睡眠不达标。有研究指出，儿童睡眠不足会对身心健康造成一定的影响：睡眠不足影响儿童生长发育，会导致儿童个头长不高；长期晚睡会造成儿童白天嗜睡、乏力、抵抗力弱等，对身体的各项功能都有不利影响；休息不足使儿童的大脑功能恢复不好，会使儿童白天上课注意力不集中、记忆力下降、不能很好地控制情绪、爱发脾气等。[1]

---

[1] 《孩子，你今天睡了多久？》，《贵州日报》2014 年 11 月 5 日。

三 留守儿童营养餐问题分析

目前，中国农村尤其是少数民族贫困地区仍面临着一些公共卫生问题。中国发展研究基金会 2010 年对宁夏、青海、云南、广西等西部 4 省区调研发现，中国西部农村贫困学生普遍存在"营养贫困"现象，这些贫困地区的学生存在膳食结构不科学、营养不良问题。[①] 主要体现在以下几方面。

（一）一日三餐悬殊较大，有不吃早餐现象

留守儿童的一日三餐当中，总体上看，留守儿童吃午、晚餐比例相当，吃午餐的占 94%，略高于晚餐 1 个百分点，早餐情况最差，只有 68% 的留守儿童吃早餐。值得关注的是，一日三餐中，有少数留守儿童有不吃早餐的现象，而且不吃早餐的比例最高达 29%，相关部门要加以重视。另外，还有个别留守儿童不吃午餐、自带午餐，或者在饭馆或小卖部解决午餐现象。

（二）川区儿童不再享受"营养改善计划"，山区留守儿童一日三餐比川区好

山区留守儿童由于享受"营养改善计划"，一日三餐均好于川区。具体表现在：第一，山区留守儿童早餐、午餐比川区好。近九成川区留守儿童在家吃午餐，而山区留守儿童均在学校吃午餐，川区吃午餐的比例比山区低很多。第二，学校食堂注重食品科学合理搭配，营养充足，因此山区留守儿童营养餐的食品种类和营养搭配上也比较丰富，就餐种类和营养配备上均好于川区。第三，山区儿童在学校就餐状况好于家里。课题组在调查问卷最后提问"你最想说什么"，一些川区留守儿童渴望吃到免费的营养午餐。由于一些留守儿童没有吃早餐的习惯，川区学生在操场上活动时晕倒、肚子疼现象时有发生。学生营养不良，有的学生打疫苗有过敏反

[①] 王君平、胡洪江：《农村学生面临营养贫困 近半数不能保证每日三餐》，《人民日报》2012 年 6 月 7 日。

应，医生认为这与学生体质差有关系。

（三）留守儿童摄取食品种类单一，营养获得与全国、全区水平有很大差距

在摄取食品类别上，留守儿童均以摄入米、面、蔬菜等食品为主，对肉/鱼、蛋类、奶制品、水果的摄入比例均不足半数。川区留守儿童平常在家中摄入的主食、蔬菜类食物多于山区留守儿童，山区在家中摄取的蛋白类和水果等食品略好于川区。对蛋白类食品的获得与全国、全区农村儿童平均水平有比较大的差距，营养获得偏低，留守儿童营养获得状况不容乐观。

（四）山区学校肩负教育和生活双重责任，营养餐浪费现象严重

学校普遍反映，老师在教书育人的同时，还要将许多精力用于准备营养餐事宜，导致老师不能专心教育学生。同时，学校还要承受饮食安全压力。虽然学校的营养餐比家中相对丰富，但是，学校营养餐重视数量而忽视质量，从营养平衡角度，营养餐仍然比较单调，缺少水果、奶制品、面食的搭配。加上食品粗放式加工，学生有挑食、偏食现象，长期食用一种食品，难免有腻烦情绪，造成营养餐浪费现象严重。

综上所述，少数留守儿童有不吃早餐的习惯，个别川区留守儿童不吃午餐或自带午餐，川区儿童也有在饭馆或小卖部解决午餐现象，留守儿童晚餐情况最好，午餐次之，早餐情况最差。山区留守儿童由于享受"营养改善计划"，儿童在学校就餐情况好于家里，食品种类比家中丰富，营养搭配好于家里，山区留守儿童早餐、午餐情况要好于川区。留守儿童蛋白类食品的获得与全国、全区农村儿童平均水平有很大的差距，留守儿童营养获得偏低。

四 医疗保障知识匮乏，维护自我健康权利意识淡薄

大多数生态移民地区公共医疗设施基本能满足留守儿童的医疗需求。山区、川区留守儿童生病治疗方面有一定差异，川区儿童生病治疗主要在村里，山区儿童在村里和镇里就诊，仍有少数留守儿童生病未治现象。家长缺乏对基本医疗保障的认识以及对子女的教育，造成留守儿童自我医疗

保障意识淡薄，缺乏维护自我健康权利方面的知识，不能公平地享受医疗保障机会。

第三节 留守儿童生存权利保障的对策建议

一 完善相关法律、政策，保障留守儿童合法权益

针对宁夏生态移民地区儿童生存状况的差异，政府在制定法规、政策时，要从统筹全区发展、着眼全局来考虑。对于地域、民族等差异性，不必生搬硬套，应根据实际情况灵活制定、运用政策，努力实现全区农村儿童均衡、统一发展。积极推进宁夏户籍、社会保障、文化教育、卫生医疗等相关制度改革，实现移民地区公共资源和公共产品分配的公平和平等，努力为生态移民地区儿童的发展创造良好的环境，为宁夏生态移民地区公共卫生产品平等分配提供有力保障。特别是在宁夏农村大量劳动力外出打工的背景下，如何保障农村留守儿童的日常生活水平，政府应在农村公共资源产品分配上着重考虑，为实现全区农村儿童乃至城乡儿童均衡、统一发展创造良好的社会环境。各级教育、民政和妇联等机构应发挥引导作用，成立专门的农村留守儿童权益保障机构，加强对生态移民地区留守儿童权益保障工作的投入和指导，切实保障儿童的合法权益。

二 加大公共服务建设，保障留守儿童的生命健康权

（一）加大营养知识的宣传教育，营造有利于留守儿童生命健康的良好环境

随着我们生活水平的提高，营养教育正日益成为全社会的话题，学生营养餐受到了政府和社会的格外关注和重视，农村儿童营养越来越引起社会各界的关注。留守儿童的营养关系他们的生命健康权，对于留守儿童不良的饮食习惯和营养缺乏，需要我们通过网络、电视、广播等传媒大力宣传，让社会、学校、家长了解儿童的营养健康知识，了解加强儿童营养的

重要意义，培养学校和家长科学的营养理念，自觉主动地支持和参与儿童营养餐工作，形成有利于留守儿童营养工作开展的良好环境。学校应将营养健康知识作为教育内容，以娱乐、板报等多种教育形式，对学生实施营养健康教育，向留守儿童传授营养科学知识，使他们自觉树立科学的营养观念、形成良好的饮食习惯，保障他们享有科学合理的饮食，提高他们的营养健康水平。

（二）川区生态移民地区儿童继续实施"营养改善计划"，保障全区农村留守儿童均衡发展

中国疾病预防控制中心营养与食品安全所对实施学生"营养改善计划"的22个省开展了学生营养健康状况监测评估。结果显示，实施学生"营养改善计划"后，学生的营养状况有所改善，学生身高有所增长，贫血率下降，学习能力有所提高，缺课率下降。[1]可见，营养餐对儿童的健康水平、智力发展起到了积极的促进作用。

由于国家对营养改善计划实施范围实行属地管理和实名制管理，实施范围须是贫困地区农村义务教育学校，宁夏回族自治区根据规定让11个试点县（市、区）农村之间进行移民安置的义务教育学生依然享受营养改善计划，而搬迁到非试点县或试点县城市、县城义务教育学校就读的学生就不再享受营养改善计划，也不允许将膳食资金直接发放给学生。但是，国务院办公厅印发的《关于实施农村义务教育学生营养改善计划的意见》（国办发〔2011〕54号）对各地试点明确指出："因地制宜地开展营养改善试点工作，对工作开展较好并取得一定成效的省份，中央财政还将给予奖励性补助。"根据国家"鼓励有条件的地方在国家试点地区以外开展营养改善计划地方试点工作。地方试点应当以贫困地区、民族地区、边疆地区、革命老区等为重点，所需资金由地方财政统筹安排"的精神，以及宁夏移民安置实际情况，移民安置区学生就学方式不一，有新建学校统一安排的，也有在移入地现有学校插班就读的，如按宁夏现行学生营养

---

[1] 焦新：《营养餐有效改善农村学生体质》，《中国教育报》2014年3月4日。

生态移民地区留守儿童权利保障

改善计划实施模式为移民学生提供完整午餐困难较大。调查显示，川区留守儿童由于受国家"营养改善计划"政策的限制，就餐和营养摄取不如山区现状。建议宁夏回族自治区政府依托移民局、扶贫办、教育厅、卫生厅等相关部门，对川区整村搬迁移民地区义务教育儿童继续实施"营养改善计划"工程，并进一步实现全区农村义务教育阶段儿童"营养改善计划"。据了解，个别有条件的川区生态移民地区，义务教育在校学生已享受到免费的营养早餐。由于移民工作所有事项（包括移民安置区学校建设和移民学生安置）均由移民局统筹负责，建议由财政厅、教育厅、移民局和有关移民接收县（区）政府等有关部门共同启动实施移民安置学生营养补助工作，由移民局制定出台移民安置学生营养补助实施办法，作为过渡期政策。宁夏可以由早餐逐步向早餐、午餐试点，由局部试点向全区覆盖，进而消除宁夏山区、川区农村以及城乡儿童健康饮食差异，以保障全区儿童健康饮食的均衡发展。

（三）保持学校提供种类丰富、营养搭配的供餐模式，保障留守儿童的营养需求

国际上的许多经验证明，学生良好的营养餐是提高一代人身体素质和智慧的重要途径。目前，宁南山区保持以学校供餐为主、企业配餐为辅的供餐模式。为了做好"营养改善计划"，大多数学校建立了供餐食堂。营养餐是政府投资的公益性事业，学校不能以追求经济效益为目的，要坚持基础教育的社会公益属性，保证营养餐的非营利性质，促进其良性发展。贫困农村儿童在膳食方面的主要问题并不是"吃不饱"，而是食物营养不足、膳食结构不合理导致的"吃不好"问题。[1] 为了让儿童吃得好、吃得有营养，宁夏回族自治区2015年对山区义务教育学生每人膳食补助标准提高到每天5.6元。这就要求学校在解决学生温饱问题的基础上，根据留守儿童成长阶段的不同需求，以及他们对食品的喜好程度，提供更高质量的营养餐。学校可随着季节变换，提供应季蔬菜和瓜果，让留守儿童吃到

---

[1] 张林秀：《"营养改善计划"要防止"挤出效应"》，《农民日报》2015年9月16日。

大自然五颜六色的食品，以保障留守儿童的营养权益。在供餐内容上，学校应从儿童营养学角度，丰富供餐种类，细化营养餐的配比和营养搭配，尤其要加强学生肉/鱼、奶制品的营养补充。一周内尽量供餐不重样，早餐除了提供一个鸡蛋外，还可有馒头、稀饭、牛奶、水果类食品。这样，丰盛的营养餐满足了留守儿童健康成长的合理需求，提高了他们的营养水平，使他们的身体更加强健。

（四）加大基层公共医疗卫生投入，保障留守儿童卫生医疗权利

加大生态移民地区尤其是山区的村级公共医疗卫生资源的投入，保障留守儿童平等地享有公共医疗卫生资源，使其生病能及时就诊。医疗卫生部门要加大医疗保障宣传力度，尤其要加强对留守儿童父母的宣传教育，争取将所有农村儿童"一个都不少"地纳入城乡居民基本医疗保障范围。

三 吸纳农民工就近就业，减少留守儿童数量

近年来，我国宏观经济政策有了较大的转变，宁夏经济社会发展也取得了巨大的成就。根据宁夏实际区情，政府将宁夏作为一个大城市来规划建设，加快宁夏沿黄经济区战略，加强人口集聚和产业集群的建设发展。政府应借此契机，大力发展服务业，尤其是发展现代物流业、农业信息化服务、连锁超市、社区服务、家政服务业等适合农民工的服务行业，吸纳附近移民地区农民工就近工作，从而减少外出打工人员。提高二、三产业对农业的支持力度。大力推进农业产业化发展，鼓励并扶持发展"农户+合作社+龙头企业""农户+基地+加工企业"等多种企业产业化发展模式，大力发展订单农业、合同农业，以农产品加工业带动农业发展。加快城乡统筹，充分发挥农产品批发市场、农业现代园区、旅游观光农业和农业社会化服务体系，重点建设以产业园区为支撑的新型小城镇，进一步吸纳农民就业向服务业转移，[①] 使农民工不出镇（村）就可就业。通过以上

---

① 张蓓蓓：《宁夏"十二五"时期农业和农村经济形势及"十三五"政策建议》，《宁夏经济蓝皮书（2016）》，宁夏人民出版社，2016。

方式扩大农民工就业岗位，鼓励农民工在家附近就业，从而保证他们既有工作收入又可承担照顾家庭的责任，从根本上减少留守儿童的数量。

四 健全组织领导机制，构建社会监护体系

将农村留守儿童关爱保护工作纳入政府重要议事日程，建立健全由政府领导，民政部门牵头，教育、公安、司法行政、卫生计生、妇联、共青团等部门和群团组织参加的农村留守儿童关爱保护工作领导机制。首先，政府建立完善可行的监督制度，便于各级政府、社区和家庭在保障留守儿童权益具体操作中有效落实各项法律法规及政策措施。国家对相关部门以及负责人实行行政问责制，对于因为没有依法履行、失职造成对留守儿童权利保障受侵害的，将严厉追究相关部门的法律责任，切实保障留守儿童的健康成长。[1] 其次，各级教育、民政和妇联等机构应发挥引导作用，成立专门的留守儿童权益保障机构，就生态移民地区留守儿童教育、监护、社保、生活、安全等方面加强管理和指导，切实保障儿童的合法权益。最后，要明确家庭、学校、社区等的责任划分，明确监护人的法律责任，尤其要明确法律规定中不得委托他人行使监护责任的有哪些条款规定，以免发生相互推卸责任现象。对于监护人，应该建立监督法律制度。[2]

五 父母以儿童利益优先，保障留守儿童健康成长

首先，父母要积极了解儿童权利方面的相关法律、法规知识，尊重、关爱留守儿童，培养子女树立维护儿童权利意识。其次，父母对子女的监护是应尽的责任和义务。父母要加强对子女的照顾和关爱，应以儿童利益优先，即以儿童健康成长优先，父母要充分意识到自己的责任和义务。[3] 只有这样，外出的父母才会尽可能地创造条件多陪伴子女，才

---

[1] 田贤国：《农村留守儿童受教育权保障机制研究》，华中师范大学硕士学位论文，2007。
[2] 文丰安、曹兴华：《如何完善留守儿童权益保护机制》，《光明日报》2014年5月4日。
[3] 王秋香、欧阳晨：《论父母监护缺位与农村留守儿童权益保障问题》，《学术论坛》2006年第10期。

能想尽办法与孩子团聚、生活在一起。若不能与子女相聚，父母要加强彼此的联系，强化联系的纽带，要让子女感受到父母的关爱，保障他们健康快乐成长。最后，家中母亲或祖辈监护人要改善生活习惯，保证儿童一日三餐尤其是早餐的正常饮食，注意营养合理搭配，保障儿童健康、快乐成长。

第七章　宁夏留守儿童发展权利保障调查

第一节　留守儿童发展权利保障现状

一　学校的发展状况

2011年，宁夏实施中南部生态移民工程，并出台《宁夏"十二五"中南部地区教育移民实施方案》，以解决移民子女的教育问题。宁夏五市根据实施方案要求安置部署移民学生，如石嘴山市"十二五"期间计划安置西吉县、隆德县、原州区移民10126户46300人，其中移民学生6067人，迁入17所中小学校（幼儿园）移民学生2993名。

（一）对搬迁后学校的喜好程度

据调查，留守儿童中有38.6%"上过"幼儿园，59.6%的儿童"没有"上过幼儿园，1.8%"不清楚"是否上过幼儿园，有近六成儿童没有接受过学前教育，说明生态移民地区学前教育公共资源不足，普及率偏低。93.1%的留守儿童"喜欢"上学，有2.8%的"不喜欢"上学，有4.1%"不清楚"是否喜欢上学。对于"与搬迁之前的学校相比，你更喜欢哪所学校"问题（见图7-1），七成以上留守儿童喜欢现在的学校，山区高于川区儿童6.1个百分点；近两成儿童喜欢以前的学校，山区低于川区6.9个百分点。可以看出，大多数留守儿童喜欢现在的学校，山区留守儿童比川区更喜欢搬迁后的学校。值得一提的是，有个别儿童以前没上过学，搬迁后有学上了。

第七章 宁夏留守儿童发展权利保障调查

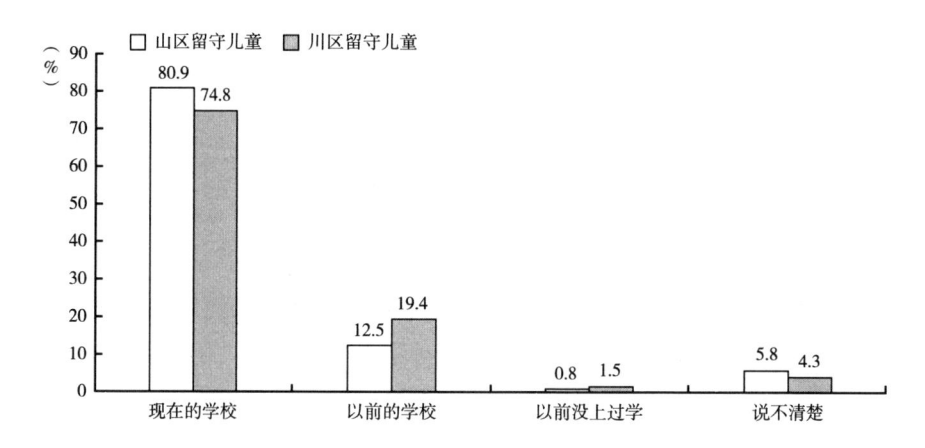

图7-1 山区、川区留守儿童对学校的喜好程度

留守儿童在新的环境里上学时，大多数儿童"自己"或者"与同学一起"上学（见表7-1），川区留守儿童比例（90.3%）高于山区留守儿童比例（80.0%）10.3个百分点；少数儿童由"父亲""母亲""父母以外的监护人"接送上学，山区儿童由家长接送比例（16.7%）高于川区11.9个百分点。可以看出，川区留守儿童自己或与同学一起上学多于山区儿童，山区儿童家长接送比例多于川区儿童。这是由于川区移民地区学校多设置在移民村里，儿童不用出村即可上学，而山区移民地区儿童多在当地镇中心小学上学，离移民新村有一段距离，加上镇上车水马龙，故家长接送高于川区。即使如此，山区仍然有八成留守儿童自己或与同学一起上学。在上学利用的交通工具上，山区、川区八成以上留守儿童走路去学校（见表7-2），川区高出山区4.6个百分点，山区留守儿童通过公交车、出租车、摩托车等交通工具的比例高于川区儿童。

表7-1 山区、川区留守儿童如何上学

单位：%

留守儿童	父亲	母亲	父母以外的监护人	与同学一起	自己	其他
山区留守儿童	0	6.7	10.0	39.2	40.8	3.3
川区留守儿童	1.5	2.1	1.2	45.0	45.3	4.9

生态移民地区留守儿童权利保障

表7-2 山区、川区留守儿童上学途径

单位：%

留守儿童	自行车	走路	公交车	出租车	摩托车	其他
山区留守儿童	7.5	84.2	1.7	0.8	3.3	2.5
川区留守儿童	7.9	88.8	0.6	0.9	0.6	1.2

总体来看，八成以上山区、川区留守儿童自己或与同学一起走路上学，一成左右留守儿童则是由家长通过公交车、出租车、摩托车、自行车等交通工具接送上学。山区、川区相比来讲，川区学校地理位置比山区距离留守儿童家更近，使儿童上学比较方便。

（二）享有学习文化知识和信息资源情况

1. 学习文化知识

学校在健康、法制、安全、生活等方面的教育上，山区、川区略有差异（见表7-3），山区留守儿童半数以上接受"法制""安全""生活常识"的教育，川区只有"安全"教育半数以上。可以看出，无论山区还是川区，学校最重视学生的"安全教育"，均占八成以上，在各项教育中，学生的安全排在第一位。此外，山区注重生活常识和法制教育，川区则注重学生心理健康教育。随着人们生活水平不同程度的提高，山区、川区学校的教育理念也有一定的差别，侧重教育的内容也有所不同，山区倾向对学生生活常识和法制教育的培养，川区学校更关注学生的心理健康教育。

表7-3 留守儿童在学校接受的教育（多选）

单位：%

留守儿童	生理健康	心理健康	法制	安全	生活常识	其他
山区留守儿童	5.8	24.2	50.8	84.2	53.3	2.5
川区留守儿童	18.2	48.0	37.4	85.4	36.2	2.4

对于不同知识，留守儿童也有自己的求知倾向（见表7-4），学生们更喜欢"发展兴趣"爱好，山区、川区比例均有半数以上，分别为

65.8%和57.1%，一些留守儿童希望上"书法班""舞蹈班"，通过学习琴棋书画、音乐、舞蹈类陶冶情操，以提高自身的综合素质。此外，山区、川区留守儿童还想学习"生活常识"（39.2%、28.9%）、"科技创新"（35.8%、18.8%）、"心理健康"（30.0%、24.9%）方面的知识。从以上比例看，两者有一定差异，山区留守儿童对知识的求知欲望高于川区。而比例较低的诸如"人际交往""生活健康""职业技能"方面的知识，则川区高于山区。

表7-4 留守儿童最想学的知识（多选）

单位：%

留守儿童	人际交往	生活健康	心理健康	生活常识	发展兴趣	职业技能	科技创新	什么都不想学	其他
山区留守儿童	9.2	10.8	30.0	39.2	65.8	15.0	35.8	1.7	1.7
川区留守儿童	15.5	15.2	24.9	28.9	57.1	21.0	18.8	1.5	1.8

由于留守儿童已经从学校学习到一些知识，因此相关的知识需求就会有所下降，例如"心理健康"知识川区学校讲解得多，川区留守儿童在渴望学习这方面知识上比例较低。总体上看，留守儿童渴望从个人兴趣出发，学习提高自身素养方面的知识。

2. 享受信息资源情况

在当前信息时代，电脑成为现代人认识世界、掌握信息的必要工具。宁夏教育部门利用信息服务平台，为农村学校接入宽带网络，配备数字资源教学设备，尽可能使更多的学生接受信息化教育。

在生态移民地区（见表7-5），八成以上留守儿童所在学校有开设电脑课程，学生能学习到电脑知识。笔者之前在宁夏TX县调研了解到，有72.6%的留守儿童回答"没有开设"电脑课，如今八成以上儿童可以学习电脑知识，说明学校紧跟时代步伐，加强配备硬件设施，以满足学生的现代化信息需求，使他们享受到现代化的学习手段。93.9%的学校设有图书室，说明学校的硬件设施比较完备，基本能与时代接轨，满足学生的需求。山区、川区留守儿童"会"用电脑分别为87.7%和83.0%，山区高出川区4.7个百分点；"不会"用电脑的分别为18.4%和14.3%，山区高于川区4.1个百分点。山区学校24.2%的电脑"能"上网，川区44.7%"能"上网，川区比山区高20.5个百分点；山区59.2%"不能"上网，川区38.0%"不能"上网，两者相差21.2个百分点。说明山区、川区学校信息化资源配置不均衡，山区不如川区。

表7-5 留守儿童学校开设电脑课情况

单位：%

留守儿童	开设	没有开设	不清楚
山区留守儿童	80.8	6.7	12.5
川区留守儿童	83.6	10.6	5.8

（三）与老师的关系

学校老师的态度对儿童的发展起到重要作用，一方面反映了学生被老师的认可情况，另一方面也反映了学生获得发展的机会程度。八成留守儿童认为老师能够平等对待每一位学生，对大部分学生的态度是一致的。据调查（见表7-6），对于"你在课堂上回答问题吗"，留守儿童"经常"回答问题的近四成，川区儿童高于山区3.9个百分点，山区、川区儿童"有时"和"偶尔"回答问题的分别为65.0%和60.2%，山区高出川区4.8个百分点，川区有个别儿童"从来没有"回答问题。可以看出，少数留守儿童经常在课堂上回答问题，与老师互动机会较多，川区留守儿童在课堂上略活跃于山区儿童；六成左右留守儿童有时和偶尔被老师提问，另有个别山区留守儿童从来没有回答过问题。老师私下与学生交流对课堂上师生沟通起到补充、延展作用，课余时间的师生交流对儿童具有更高的教育意义，对儿童的情感获得、人格塑造、兴趣培养、价值观的建立都起到重要作用。

表7-6 山区、川区留守儿童与老师的交流

单位：%

问题	经常		有时		偶尔		从来没有	
	山区	川区	山区	川区	山区	川区	山区	川区
你在课堂上回答问题吗	35.0	38.9	44.2	40.4	20.8	19.8	0	0.9
老师课下与你交谈吗	8.3	12.2	40.1	40.1	35.8	29.2	15.8	18.5
你被老师体罚过吗	2.5	3.0	29.2	32.5	35.0	31.1	33.3	33.4

通过调查（见表7-6），仅有10%左右的留守儿童经常课下与老师交流，川区留守儿童比例高于山区3.9个百分点；山区、川区儿童"有时"和"偶尔"交流的分别为75.9%和69.3%，山区高出川区6.6个百分点；山区、川区"从来没有"和老师交流的分别为15.8%和18.5%，川区高出山区2.7个百分点。从交谈比例看，课余时间留守儿童"经常"与老师交流的比例最少，川区儿童和老师经常交谈较好于山区；"从来没有"与老师交谈的比例，川区儿童高于山区；"偶尔"和"有时"与老师交流的比例最高，山区儿童主动性好于川区。总体来看，八成以上留守儿童课余时间与老师产生过互动，而且山区留守儿童获得教育的机会稍高于川区。但是，仅有一成左右儿童经常获得老师的教育机会，近两成儿童课下从未获得过老师的教育机会。值得关注的是，无论是"经常"还是"从来没有"，在课堂回答问题和与老师交谈方面，川区留守儿童比例均高于山区儿童，说明川区留守儿童个性更鲜明、性格更多元化。对于"你被老师体罚过吗"，山区、川区留守儿童"经常"被体罚的分别为2.5%和3.0%，两者相差0.5个百分点；"有时"和"偶尔"被体罚的分别为64.2%和63.6%，山区略低于川区0.6个百分点；"从来没有"的分别为33.3%和33.4%，两者相差不大。可以看出，1/3的山区、川区留守儿童从来没有被老师体罚过，六成多留守儿童不同程度地受过老师的体罚，其中个别儿童经常受到老师的体罚。在被老师体罚方面，山区、川区留守儿童差异不大。

(四)自我学业评价

据调查（见表7-7），山区、川区留守儿童自我学业的评价相差不大。近半数留守儿童认为自己的学习成绩"中等"，七成多认为学习成绩在"中等"以上水平，两成多认为学习成绩处于"中下等"以下或"不清楚"自己的学习状况。总体上看，多数留守儿童对自身的学习成绩评价比较高，并且对自己的学习有较高的希望。

我现在最想好好学习。

希望父母早日回到我身边，好好学习，不要像他们一样辛苦地去打工。

爸爸，请你在外小心身体，请不要为我担心，我会好好学习的。

我希望自己的学习再提升一些，那样就会减轻父母对我的担心，因为我不想让我的父母对我失去信心。

我以后要认真学习，让爸爸妈妈不吃苦，不再没日没夜地打工。

我要好好学习，不要让在外面打工的父母受委屈。

好好学习，为自己争取好成绩。不让爸爸妈妈受苦受累。

我每天好好学习，取得好成绩。爸爸妈妈你们快回来吧。

既然国家给了我们这么好的学习环境，那我们就要好好学习，回报父母养育之恩和为国家做出更大的贡献。

把自己的学习提高，不让父母操心。

我要好好学习，报答父母老师，报答祖国。

考上好学校，让父母脸上有光。

我现在要好好学习，考上大学，以后不让爸爸妈妈再外出打工了。

希望我的学习进步。

我要保护生命，好好学习、天天向上。

是爸爸妈妈给了我生命，我一定好好学习，将来报答您。

我要好好学习，考上大学，为父母争光。

表7-7 留守儿童对学习成绩的自我评价

单位：%

留守儿童	上等	中上等	中等	中下等	下等	不清楚
山区留守儿童	6.7	22.5	46.7	10.0	4.1	10.0
川区留守儿童	5.8	23.7	47.1	11.3	4.8	7.3
留守男童	4.2	23.7	45.8	11.9	4.6	9.8
留守女童	6.6	22.4	47.4	9.9	5.2	8.5

一些研究表明，学校中女生的学习成绩普遍高于男生，女生的学习比男生更优秀。据调查（见表7-7），留守女童认为学习成绩在"中等"及以上水平的比例（76.4%）高出男童2.7个百分点，女童成绩在"中下等"及以下的比例为15.1%，比男童低1.4个百分点，两者相差不大。

二 家庭的发展状况

（一）外出打工父母的"远程教育"

1. 与外出打工父母联系情况

目前，生态移民地区的主要通信工具是手机。根据调查，虽然大部分学校有电脑，但是能上网的仍是少数。而且，学校中留守儿童终究是少数，上课期间通过网络与父母联系不利于课堂秩序。去看望在外打工的父母更是不切实际的。因此，留守儿童与打工父母主要以打电话的方式联系。

可以看出（见表7-8），随着父母外出时间的延长，留守儿童与父母联系的比例越来越低。留守儿童"一周"与父母联系一次的比例最高，山区、川区分别为61.7%和52.3%，说明半数以上留守儿童一周能与父

表7-8 与外出打工父母的联系情况

单位：%

留守儿童	不联系	一周	两周	一个月	两个月	半年	其他
山区留守儿童	3.3	61.7	12.5	8.3	5.8	5.1	3.3
川区留守儿童	3.3	52.3	15.2	13.7	7.0	4.0	4.5

生态移民地区留守儿童权利保障

母联系一次；"两周"以内联系的有七成左右，分别为74.2%、67.5%；"一个月"内联系一次的八成以上，分别为82.5%、81.2%；"两个月"到"半年"联系一次的分别为10.9%、11.0%。

关于"谁会主动联系"的问题（见表7-9），山区、川区留守儿童有明显差异，山区"自己"主动联系的比例最高，为47.5%，比川区高出18.6个百分点；川区"外出打工父母"主动联系的比例最高，为59.0%，比山区高出18.2个百分点。说明山区留守儿童更渴望父母的关爱，思念亲人心切，川区外出打工父母对留守儿童的关爱主动性更强。一成左右监护人会主动联系外出父母。从父母打工地点来看，在"宁夏其他城市"打工的父母主动联系比例最高，占58.7%；在"本县城"打工的占48.5%；在"宁夏以外城市"打工的占48.4%；"回原来的家种地"的46.9%，后三者比例相当，差别不大。就打工地点看，无论父母在哪里打工，主动联系的比例均高于留守儿童的比例。

表7-9 谁会主动联系

单位：%

留守儿童	外出打工父母	自己	你的监护人	其他
山区留守儿童	40.8	47.5	7.5	4.2
川区留守儿童	59.0	28.9	10.0	2.1

2. 教育内容

打工父母电话中与留守儿童的聊天内容，对留守儿童健康发展起到至关重要的作用。在父母外出情况下，留守儿童的家庭教育是缺失的，仅仅通过语音通话对子女进行只言片语的教育。那么，在电话中父母对留守儿童聊些什么呢？根据调查（见表7-10），山区、川区留守儿童和父母谈论内容最多的是关于"学习的事"，比例分别为74.2%和69.0%，山区高于川区5.2个百分点。居第二位的是谈论"家里的事"，为50.8%和50.0%，比例相当。山区父母和子女聊天内容居第三、四、五位的依次为"很想念对方""注意安全""让对方注意身体"，分别为40.0%、

39.2%、35.8%；川区的父母也是这三项聊天内容居三、四、五位，但是比例相差不大，均为三成左右，均比山区的低5~9个百分点不等。第六位是父母与孩子谈论"学校的事"，占两成多。第七位是谈论"村里的事"，比例不足10.0%；第八位是谈论"朋友或同学"，山区父母只占2.5%，比川区低3.9个百分点。从以上可以看出，父母最关心子女的是他们的学习和家里的事情，嘱咐的多是对子女的思念、个人安全以及身体健康问题。对于学校和村里的公共事务，家长则关心较少。值得注意的是，对于"朋友或同学"，父母则极少提到，仅有极少数父母谈及子女朋友的话题。事实上，朋友对儿童的影响甚至比家长、老师还重要，这往往是家长疏忽大意的地方。分山区、川区看，山区打工父母的聊天内容比例大，部分高于川区，说明山区打工的父母更加注重对留守儿童的教育，与他们交流得更多。

表7-10 与外出打工父母的聊天内容（多选）

单位：%

留守儿童	村里的事	学校的事	学习的事	家里的事	让对方注意身体	很想念对方	注意安全	朋友或同学	其他
山区留守儿童	8.3	29.2	74.2	50.8	35.8	40.0	39.2	2.5	0.8
川区留守儿童	6.4	21.9	69.0	50.0	30.4	29.7	30.4	6.4	0.6

（二）学习受重视程度

1. 山区、川区留守儿童学习受重视程度

父母对留守儿童学习的重视程度对其学习有一定的影响，对儿童的发展起重要作用。父母对于留守儿童学习的态度（见表7-11），九成左右父母"非常重视"和"比较重视"子女的学习，山区儿童（91.7%）高于川区2.6个百分点；父母态度"一般"的，山区低于川区4.2个百分点；仅有三成左右的父母"不太重视"和"很不重视"子女的学习。说明绝大多数留守儿童父母重视他们的学习，山区父母对子女的重视程度略高于川区。可见，随着社会变迁和时代发展，外出打工父母受城市生活的影响，日益认识到知识对个人发展的重要性。

表7-11 留守儿童父母对学习的重视程度

单位：%

留守儿童	非常重视	比较重视	一般	不太重视	很不重视	不清楚
山区留守儿童	82.5	9.2	2.5	0.8	1.7	3.3
川区留守儿童	76.6	12.5	6.7	2.1	0.9	1.2
留守男童	77.1	13.6	5.5	1.3	0.9	1.6
留守女童	79.0	9.2	5.9	2.6	1.1	2.2

2. 分性别留守儿童学习受重视程度

从性别视角看（见表7-11），留守男、女童认为父母"非常重视"和"比较重视"学习的比例分别为90.7%和88.2%，男童比例高于女童2.5个百分点；认为"一般"的，两者比例相差不大；认为"不太重视"和"很不重视"的，留守男、女童分别为2.2%和3.7%，女童的比例高于男童1.5个百分点。可以看出，父母对留守男女童学习的重视程度略有差异，对男童的重视程度高于女童。

（三）监护人的家庭教育

父母外出打工后，对留守儿童的教育责任则落在了监护人身上。除了要照料留守儿童的日常生活，保证他们的身体健康外，还要对他们的学习、思想道德等加以引导和监督。但是，监护人多是单亲监护人或者祖父母辈老人，他们除了承担繁重的劳动外，对留守儿童的家庭教育是否到位呢？我们通过对留守儿童和监护人的交流内容、在留守儿童犯错时监护人的态度等方面来了解留守儿童接受的家庭教育。

1. 监护人与留守儿童的聊天情况

留守儿童的监护类型决定了留守儿童与监护人的交流情况。据调查，留守儿童与母亲居住的占46.2%，与（外）祖父母居住的占31.6%，也就是说近八成留守儿童和母亲、祖父母居住。他们在交流上，与监护人"经常"交流的比例最高，山区、川区分别为46.7%和50.1%，这与近半数留守儿童由母亲监护有很大关系，说明他们与母亲交流比较频繁；"有时候"交流分别占31.7%和28.3%；"偶尔"交流分别占15.8%和17.6%；"从来不"交流的比例较低，仅分别为5.0%和3.0%（见表7-12）。总体上看，大多数监护人能时常与留守儿童交流，了解掌握他们的情况。

表7-12 监护人与留守儿童聊天情况

单位：%

留守儿童	经常	有时候	偶尔	从来不	其他	没有监护人
山区留守儿童	46.7	31.7	15.8	5.0	0	0.8
川区留守儿童	50.1	28.3	17.6	3.0	0.9	0

2. 监护人与留守儿童的聊天内容

半数以上留守儿童经常与监护人聊天，他们的聊天侧重于哪些内容呢？调查显示（见表7-13），监护人和留守儿童聊"学习的事"排第一，山区、川区留守儿童比例分别为74.2%和66.3%，山区比川区高7.9个百分点。第二，谈论"家里的事"，为46.7%和36.8%，山区比川区高9.9个百分点，这和在外打工父母的关心相似，主要关注子女的学习和家里的事情，这两项居前两位。第三，留守儿童和监护人聊"学校的事"，分别为30.0%和34.0%，山区比川区低4个百分点。第四，聊"自己的前途和发展"，山区、川区分别为29.2%和17.6%，山区比川区高11.6个百分点。这里山区、川区略有差异，此话题居山区第四位，居川区第五位，说明山区儿童的监护人更加注重子女的前途发展，会把成人的经验分享给子女，并就他们的发展给予意见和指导。第五，谈论"个人心情"，山区、川区比例相当，分别为18.3%和18.2%。关于"村里的事""朋友或同学""社会新闻""文艺体育"等方面监护人则很少谈论，比例不足10.0%，这也和打工父母比较相似，村里的事和人际交往很少和子女涉及，关于国家的社会新闻和文艺体育方面，监护人限于文化水平的制约，加上家务的拖累，更是无暇顾及。从以上看出，六成以上的监护人最关心留守儿童的是他们的学习，其他由高到低依次为家里的事、学校的事、自己的前途发展（个人心情）、村里的事、朋友或同学、文艺体育、社会新闻。和外出打工父母一样，对留守儿童的人际交往，监护人也很少和他们谈论。监护人也忽视朋友的影响。监护人更在意的是留守儿童的学习成绩、在学校的表现和个人发展。显然，外出父母和监护人一样，认为留守儿童上学后，其教育主要靠学校，单纯地认为只要学习到文化知识、考上好大学就是教育成功的体现。监护人的责任就是照顾好留守儿童的日常生活，忽视了他们思想、情感上的交流。

表 7-13　监护人与留守儿童聊天内容（多选）

单位：%

留守儿童	村里的事	学校的事	学习的事	家里的事	自己的前途和发展	个人心情	朋友或同学	社会新闻	文艺体育
山区留守儿童	9.2	30.0	74.2	46.7	29.2	18.3	5.0	5.0	6.7
川区留守儿童	7.9	34.0	66.3	36.8	17.6	18.2	7.0	4.7	5.5

3. 犯错误时监护人的教育方式

留守儿童犯错误时（见表 7-14），监护人"帮助你分析犯错原因"比例最高，山区、川区分别为 77.3% 和 55.9%，达半数以上，山区比川区高出 21.4 个百分点，说明山区监护人对留守儿童的教育更加民主化。由于留守儿童与母亲居住的较多，与祖父母相比，年轻的母亲具有较高的文化水平，其教育理念更具民主性和先进性，这种现代化的教育方式有利于留守儿童的健康发展。其次，监护人会以打骂方式惩罚留守儿童，比例分别为 13.4% 和 21.0%，川区高于山区 7.6 个百分点。少数监护人还以"打电话告诉你外出打工的父母""让你的朋友劝说你""生活中不理睬你""装作没看见你"等态度对待犯错的留守儿童，山区、川区分别为 6.8% 和 20.7%，两者相差显著，川区监护人的比例高于山区 13.9 个百分点。留守儿童原本就缺少父母的关心和爱护，而监护人却以打电话告诉外出父母、不理睬、装作没看见等冷处理方式对待留守儿童，甚至将留守儿童的错误告诉朋友，让朋友来劝说，这无疑是推卸应有的教育责任。监护人由于受教育程度低，加上繁重的家务劳动，用这种不良的教育方式，不仅对留守儿童起不到一定的"教育"作用，而且使监护人和留守儿童的关系不和谐，反而使留守儿童心理上排斥甚至敌视监护人。

表7-14 你犯错误时，监护人的对待方式

单位：%

留守儿童	会打骂你	帮助你分析犯错原因	打电话告诉你外出打工的父母	让你的朋友劝说你	生活中不理睬你	装作没看见你	其他
山区留守儿童	13.4	77.3	3.4	2.5	0.9	0	2.5
川区留守儿童	21.0	55.9	10.3	4.9	3.7	1.8	2.4

三 图书阅读情况

党的十八届三中全会提出"构建现代化公共文化服务体系"，对宁夏的基层公共文化建设提出新任务、新要求。宁夏不断完善农村文化基础设施建设，努力推进各市县图书馆、文化馆、文化站以及行政村（社区）文化室等基础设施建设，加强各地乡镇、街道综合文化活动站的设置，建立社区电子阅览室和行政村文化活动室设施配置，规范农家书屋的管理，使基础的公共文化设施网络进一步完善。

（一）对社区图书室的了解

近年来，国家越来越重视农村文化资源共享工程建设。宁夏农家书屋已经覆盖全区行政村。据调查（见表7-15），关于有无图书室，留守儿童对学校和社区的了解程度有较大反差。九成以上留守儿童认为学校有图书室，川区略高于山区3.9个百分点；相反，只有一成的留守儿童认为村里有图书室，山区、川区相差不大。由于村里缺乏图书管理人员，村图书室基本闲置，导致大多数儿童对村图书室一无所知。

表 7-15　对图书室的了解情况

单位：%

有无图书室	留守儿童	有	没有	不清楚
学校有图书室吗	山区留守儿童	92.5	4.2	3.3
	川区留守儿童	96.4	2.1	1.5
村里有图书室吗	山区留守儿童	11.7	82.5	5.8
	川区留守儿童	11.3	79.0	9.7

（二）图书信息资料的获取

从表 7-16 看，78.4%的山区留守儿童平时"能"看到喜欢的图书，高于川区 6.3 个百分点；18.3%的山区儿童"不能"看到喜欢的图书，低于川区 7.5 个百分点。值得关注的是，川区留守儿童对图书资源的认识程度略高于山区，但是利用图书资源的比例却低于山区。笔者认为，一方面或许山区图书资源比川区丰富，另一方面山区留守儿童对阅读的兴趣爱好大于川区。留守儿童"经常看"课外书的占 41.5%，"有时"和"偶尔"看书的占 56.5%，"从来不看"的占 2.0%，说明绝大多数留守儿童平时看课外书，七成以上留守儿童可以看到自己喜欢的图书，仍有两成多不能看到自己喜欢的图书。

表 7-16　平时能看到喜欢的图书吗

单位：%

留守儿童	能	不能	不喜欢看
山区留守儿童	78.4	18.3	3.3
川区留守儿童	72.1	25.8	2.1

关于获得图书信息的来源，调查显示（见表 7-17），第一，留守儿童主要是通过"教师"介绍和讲解喜欢图书的，山区、川区留守儿童比例分别为 23.3%和 38.3%，川区比例比山区高 15 个百分点；第二，留守儿童还从"图书馆"获取图书信息，山区、川区留守儿童比例分别为 35.0%和 23.7%，川区比例比山区低 11.3 个百分点；第三，留守儿童还

从"同学"获取信息，山区、川区留守儿童比例分别为15.8%和12.2%，山区比例比川区高3.6个百分点；第四，从"电视"获得图书信息，山区、川区留守儿童比例分别为10.0%和16.1%，川区比例比山区高6.1个百分点。一些家庭没有电视，更没有电脑。学校有电脑却不能上网，孩子的信息多来自学校老师。可以看出，留守儿童信息渠道狭窄。获取图书信息资源由高到低依次为：教师、图书馆、同学、电视，而网络、外出打工父母、监护人等方面的获取均不到10.0%，尤其是从父母和监护人获取的信息非常低，有的甚至不到1.0%。

表7-17 获得图书信息的来源

单位：%

留守儿童	电视	教师	同学	外出打工父母	监护人	图书馆	网络	其他
山区留守儿童	10.0	23.3	15.8	0.8	0.8	35.0	9.2	5.1
川区留守儿童	16.1	38.3	12.2	2.7	0	23.7	1.8	5.2

（三）获得图书资料的途径

当留守儿童得知图书信息，渴望阅读图书时，他们从哪里获得图书呢？我们发现（见表7-18），留守儿童"向学校图书室借"比例最高，山区、川区分别为56.2%和46.5%，半数左右从学校借阅图书。移民地区学校普遍设立图书室，图书数量多、种类丰富，例如我们调研的一所回民小学，有学生1200多名，学校有图书4.3万余册，人均图书3.6册，学生每周可以轮流借阅图书，满足了学生的阅读需求；第二是"自己买"，川区比例（18.4%）比山区16.3%高2.1个百分点；第三是"向同学借"，川区（14.3%）比山区高1个百分点；第四是"向老师借"，川区（11.9%）高山区3.7个百分点；"外出打工父母买"和"父母之外的监护人买"比例均非常低，"在网上看"更少。从以上可以看出，留守儿童课外阅读图书除了自己购买以外，主要来自学校及同学，几乎没有父母和监护人给予的支持；除了向学校借阅外，在购买图书上，川区留守儿童获得图书的比例均高于山区，说明川区留守儿童的经济条件略高于山区，在获取图书上略占优势；网络化、信息化等公共文化服务在学校还未普及，几乎没有留守儿童在网上阅读。值得关注的是，向村图书室借阅图书是空白的，说明有的村落还没有设立农家书屋，也有的即使设立了农家书屋，但是由于缺乏图书管理人员，农家书屋形同虚设，留守儿童还没有共享到农村社区文化信息资源。

表 7-18　获取图书资料的途径

单位：%

留守儿童	自己买	向同学借	向老师借	向学校图书室借	向村图书室借	外出打工父母买	父母之外的监护人买	在网上看	其他
山区留守儿童	16.3	13.3	8.2	56.2	0	2.0	1.0	1.0	2.0
川区留守儿童	18.4	14.3	11.9	46.5	0	5.3	2.0	0	1.6

四　人际交往情况

调查显示（见表 7-19），留守儿童均有朋友。但是，山区、川区略有差异，川区半数以上儿童"男孩女孩都有"，比山区高出 14.4 个百分点，说明川区有一半儿童在选择朋友上能性别平等对待，而山区比例较低；山区儿童的朋友"都是女孩"的占 39.1%，比川区高 10 个百分点；山区"都是男孩"的为 24.2%，高出川区 4.4 个百分点。可以看出，无论山区还是川区，朋友"都是男孩"的比例最低。山区留守儿童在选择朋友上，性别差异略高于川区。此外，六成以上留守儿童的好朋友是非留守儿童，两成多是留守儿童，山区、川区比例相当。

对于"当你心情不愉快时，一般向谁讲"问题（见表 7-20），向"好朋友"讲的比例最高，山区、川区分别为 41.7% 和 57.8%，川区高出山区 16.1 个百分点，可以看出，川区留守儿童的朋友关系更紧密；向"母亲"讲，山区比川区高 11.8 个百分点；"不向人说"山区、川区分别

表 7-19 留守儿童的好朋友

单位：%

留守儿童	男孩女孩都有	都是女孩	都是男孩
山区留守儿童	36.7	39.1	24.2
川区留守儿童	51.1	29.1	19.8
留守儿童	父母外出打工的孩子	父母在家的孩子	其他
山区留守儿童	22.5	62.5	15.0
川区留守儿童	25.8	61.7	12.5

为11.7%和9.7%，山区比川区高2个百分点。对"父亲""父母之外的监护人""老师""兄弟姐妹"讲等均低于10.0%。通过以上分析可以看出，留守儿童的人际关系中，关系最亲密的是好朋友，川区留守儿童的紧密程度更胜于山区；其次是父母亲，山区留守儿童和母亲的关系更好于川区。值得关注的是，有约一成的留守儿童心里话不向人倾诉或者没有倾诉对象，这不利于留守儿童的心理健康；留守儿童和教师比较疏离，关系并不紧密，几乎没有留守儿童向老师倾诉心里话。留守儿童不愿将自己的不愉快告诉他人，与教师之间有一道心理屏障，这对留守儿童思想道德、心理健康以及行为准则的发展都有一定的负面影响。

表 7-20 当你心情不愉快时，一般向谁讲

单位：%

留守儿童	父亲	母亲	父母之外的监护人	好朋友	老师	兄弟姐妹	不向人说	没人可说	没有这种情况	其他
山区留守儿童	3.3	25.8	5.8	41.7	0	2.5	11.7	2.5	2.5	4.2
川区留守儿童	5.5	14.0	0.9	57.8	0.9	5.2	9.7	2.7	2.4	0.9

五 小结：成就与进步

（一）上学状况

搬迁后，以前没上过学的儿童有学上了。七成以上留守儿童喜欢现在

的学校，而且山区留守儿童比川区更喜欢搬迁后的学校。川区学校地理位置比山区距离家更近，儿童上学比较方便。八成以上留守儿童自己或与同学一起上学，一成左右留守儿童则是由家长通过公交车、出租车、摩托车、自行车等交通工具接送上学。

（二）享有学习文化知识和信息资源情况

在各项教育中，全区八成以上学校最重视学生的"安全教育"，但是山区、川区学校侧重教育的内容有所不同，山区学校倾向对学生生活常识和法制教育的培养，川区更关注学生的心理健康教育。对于不同知识，留守儿童也有自己的求知倾向，留守儿童最喜欢兴趣爱好的学习，更希望通过学习琴棋书画、音乐、舞蹈等艺术类课程来提高自身的综合素质。在生活常识、心理健康、科技创新方面，山区留守儿童的求知欲望高于川区。在人际交往、生活健康、职业技能方面，则川区高于山区。

绝大多数留守儿童平时会看课外书，而且七成以上留守儿童能看到自己喜欢的图书。留守儿童主要从老师、图书馆、同学、电视获取图书信息资源，从父母和监护人获取的信息非常低。留守儿童课外阅读图书除了自己购买以外，还从学校图书室或者向同学借阅。川区留守儿童获得图书的比例高于山区。

（三）家庭教育

留守儿童与打工父母主要通过电话进行联系，而且多是父母主动给子女打电话。父母最关心的是留守儿童的学习和家里的事情，嘱咐的多是对子女的思念、个人安全以及身体健康问题。山区父母对子女教育的重视程度略高于川区，山区打工的父母更加注重对留守儿童的教育，与他们交流得更多。父母对留守男女童学习的重视程度略有差异，对男童的重视程度高于女童。

大多数监护人能时常与留守儿童交流，了解掌握他们的情况。监护人最关心留守儿童的学习，其他由高到低依次为家里的事、学校的事、自己的前途发展（个人心情）、村里的事、朋友和同学、文艺体育、社会新闻。监护人与外出父母更在意的是留守儿童的学习成绩、在学校的表现和个人发展。监护人的责任就是照顾好留守儿童的日常生活，却忽视了与他们思想、情感上的交流。

（四）自我评价

多数留守儿童对自身的学习成绩评价比较高，并且对自己的学习有较高的希望。在优良的学习环境里，孩子们都希望自己努力学习，接受更好的教育为父母争光为国家做贡献，以取得优异成绩来回报父母的养育之恩，减轻父母的负担。

（五）人际关系

留守儿童的人际关系中，关系最亲密的是好朋友，川区留守儿童的紧密程度更胜于山区；其次是父母亲，山区留守儿童和母亲的关系更好于川区。留守儿童都有好朋友，但在朋友性别上山区、川区略有不同。半数川区儿童能性别平等地结交朋友，比例高于山区。留守儿童更愿意和女孩交朋友。六成以上留守儿童选择非留守儿童为好朋友，少数是留守儿童。

第二节 留守儿童发展权利保障存在的问题

一 学校教育存在的问题

（一）学校公共资源配置不足，儿童受教育权利受损

第一，享受网络信息教育程度比较低，山区、川区资源配置不均衡。2013年，宁夏"三馆一站"覆盖率已达100%，而互联网普及率仅为87.4%。[1] 学校普遍注重硬件设施的配备，大部分学校配有电脑，并且开设了电脑课，使大多数学生会用电脑，能满足他们的现代化信息需求。2012年起，固原部分县的学校均可上网，并且对小学三年级以上学生开设有电脑课。学校设有图书室，安排每个班定期借阅图书。但是，宁夏其他地区一些学校还没有实施网络教育，仍有四成以上的留守儿童在学校不

---

[1] 宁夏回族自治区统计局：《宁夏全面建成小康社会监测评价读本》，2015年1月。

能上网，学生不能以现代信息手段获取信息资源。留守儿童图书信息资源的获取主要来自老师、图书馆、同学、电视，而从网络获取图书信息不足10.0%，通过网络看书的比例不足1.0%。在信息化资源配置上，山区、川区学校存在显著差异，山区学校不能上网的比例占59.1%。在当前数字化、信息化迅速发展的情况下，多媒体和互联网已成为现代人获取信息、学习知识的主要方式之一，生态移民地区学校尤其是山区学校的公共信息服务相对滞后，网络化普及率低，匮乏的网络信息设施已不能适应经济社会的发展，不能满足留守儿童对知识的渴望，滞后的信息资源服务使留守儿童现代信息化教育受损，制约着留守儿童的健康发展。

第二，学校硬件设施不足。教学设施包括硬件设施如教室面积、教学设备、体育设备、后勤服务等，可以说一个学校的教学设施很大程度上影响学生的学习能力和学习意愿。随着移民人数的增加，学校的硬件设施已不能满足学生接受教育的需求。如银川一所移民学校有30个教学班，全校有1500多名学生，而操场跑道周长却只有200米，绿地面积也达不到标准。有限的操场已不能满足越来越多的学生使用。石嘴山市一所小学由于操场小，全校学生做课间操时，只能将学生分在三个地方做。中卫一所小学，新学校教学楼虽然建立起来了，但是供水、供暖设施却没有，学校为冬天孩子们的取暖发愁。学校普遍有图书室可以借阅图书，但是没有图书阅览室。此外，学校的教学设施也比较紧缺，有的学校硬件设备和教学仪器存在配备不足、部分不达标现象。

第三，部分儿童上学不便利。由于山区生态移民属于县内移民，移民不用迁出本县，有的移民插花式迁入当地村落，有的整村搬迁新建移民村落，但是受当地政府财政制约，山区公共资源配置处于劣势，不能保证每个移民村落都有学校，移民学生就近上学缺乏保障，上学安全存在隐患。山区仍然有近两成的留守儿童不能自行上学，需要监护人接送或和同学结伴上学。

（二）心理健康教育匮乏，不利于留守儿童心身健康发展

第一，学校缺乏心理健康教育意识。在父母陪伴缺失下，对留守儿童

心理造成了一定的伤害，有的老师认为"这是对孩子心理、性格、人格等的摧残"，有的老师反映留守儿童"性格孤僻，缺乏与同学交流的能力，心理健康存在问题""心理都比较脆弱"。虽然留守儿童生活水平有所提高，但他们更需要的是被关爱，更需要精神上的关怀和抚慰。一名父母在外打工、奶奶去世不久的留守儿童，记录了老师给予他的关怀——

> 有好心人吗？我们的爸妈都在外打工，没人看我们姐妹四人，如果有危险我的小妹妹不知道怎么做，她还小。谁愿以（意）帮助我们呢？是老师，老师是我们的父母，我们有困难老师过来帮助我们，不高兴，老师是第一个过来安慰你的。我奶奶早就去世了，我失去了最重要的人。不然妈妈爸爸去打工，还有奶奶和我们一起生活，现在没有了。

留守儿童在失去亲人时，老师的安慰就是他心灵伤害的良药，这对他无比珍贵而温暖。可见，心理健康教育对留守儿童是至关重要的。事实上，除了课本知识外，学校注重对留守儿童的安全、法制、生活常识等教育，缺乏心理健康教育意识，尤其是山区移民学校，心理健康教育排在第四位。学校往往侧重于安全教育，而忽视了心理健康教育。

第二，心理咨询老师配备不足。根据调查，一半以上的学校没有配备专职心理咨询教师，而且即使有心理咨询教师的学校，也多数是兼职教师。这些教师往往由语文或思想政治教师兼任，他们不仅非心理学专业出身，没有接受过心理健康教育的培训，更没有任何国家颁发的心理资格证书。在这样的师资情况下，心理健康教育注重大道理的灌输，教育内容空洞宽泛，并未从留守儿童出发，讲出儿童的切身感受，不能有效疏导学生的心理障碍，起不到应有的作用。

第三，与教师交流非常匮乏。老师与学生交流对儿童的情感获得、人格塑造、兴趣培养、价值观的建立都起到重要作用。但是，当留守儿童心里不愉快时，几乎没有儿童向教师倾诉。仅有一成左右留守儿童经常获得老师的教育机会，利用课堂和课余时间与老师交流互动。大多数留守儿童尤其是山区留守儿童由于缺乏自信，将自己作为旁观者，默默地注视教师与其他学生的互动，缺少与教师的交流，使教师对他们的学习、性格以及行为缺乏了解，尤其是心理有障碍的学生，不能给予他们及时的关怀和疏导。

（三）教师编制尚未及时调整，教师工资待遇差异显著

第一，户籍管理滞后，导致学校教师编制不能及时调整。据调查，由于户籍管理审核问题，宁夏回族自治区编办在调整相关编制时无法按照人口基数为生态移民地区增加教师编制，引起生态移民地区教师缺口比较大。但是，为确保移民的社会治理及服务工作的有序开展，各县区采取了公开招聘特岗教师、从其他学校抽调教师、聘用教师等多种办法以解燃眉之急。石嘴山市各县区均在移民区新建了移民幼儿园，但目前尚存在没有核定教师编制的问题。有半数以上学校没有专职的心理咨询老师，均由其他老师兼职。留守儿童在不完整的家庭中成长，多由母亲、祖父母带大，容易与隔代监护人产生代沟，一些心理困扰难以排解，没有心理老师做心理疏导，留守儿童易产生心理问题甚至极端行为。

第二，各类教师工资待遇差异显著，影响教育水平。据调查，特岗教师、代课教师工资在2500元以下，代课教师工资最低，工资水平仅是公办教师的60%，各类教师工资水平差异显著。工资待遇是教师最不满意的地方。工资待遇作为一个敏感的话题，其实也是衡量学校教育水平的重要指标之一，调查结果显示，学校老师的工资待遇是影响教育水平的主要因素。

二 家庭教育存在的问题

（一）学习空间紧缺，学习环境不良

宁夏"十二五"生态移民工程，相关部门根据各地的户籍情况，没有考虑每户人口的数量，移民分房只以户口为主，每户分配住房面积54平方米。由于农民户籍意识淡薄，许多人家祖孙几代在一个户口簿里，

子女成家立业，毫无分户意识。加上移民大多数是回族，每家多是三四个孩子，移民村每个家庭人口多是六口以上，而每户仅有的两间房，几代人、十几口人挤在小屋里，住房过于窄小，导致留守儿童学习空间不足，大部分留守儿童家里没有书桌，写作业往往趴在床上写。受家庭经济水平的影响，有些家庭晚上舍不得用电，直到伸手不见五指才开灯。这样的学习环境下，不能有效完成家庭作业，不利于留守儿童的学习质量和效果。

（二）留守儿童监护权缺失，家庭教育功能弱化

第一，监护权缺失，父母联系的少。在父母外出打工时，对留守儿童的教育仅限于电话交流，而且父母和子女的联系并不频繁，仅有半数以上的父母一周联系一次。父母外出时间越长，留守儿童与父母联系的次数就越少。而外出父（母）对留守儿童的"远程教育"是否有效，需进一步调查研究。本来父母因为打工对孩子教育的机会就很少，而少有的电话联系，双方还要考虑到昂贵的电话费用，尽可能长话短说。在这短短数分钟的通话时间里，父母的简短话语对留守儿童的教育大打折扣。这种"远程教育"仅仅停留于留守儿童生活的表面，而很难深入他们的内心世界。殊不知子女对父母的殷切思念——

> 我想和爸妈在一起，有一个快乐的家庭，全家人都生活在一起，幸福地生活，永远在一起。
>
> 我的亲人永远在一起，开心快乐地生活，永不分开。
>
> 希望爸爸妈妈、妹妹，我们过年时全家在一起吃顿饺子，和妹妹一起放鞭炮，让我们过快乐的春节。
>
> 爸爸妈妈，我好想你们，希望你们多回家看看，吃吃我做的饭。
>
> 我想和母亲父亲一起生活，每天回家能吃上妈妈做的饭，我就干（感）到很幸福。
>
> 我想回到家就能看到爸妈。
>
> 我希望可以拥有父母更多的关爱，不要让爸爸那么辛苦、那么劳

累，要注意身体，常回来看看。

希望每天看到母亲，有她陪我上学。

希望父母陪我上学，和我一起享受快乐的生活。

爸爸妈妈，你们快回来吧！我想你们了。

爸爸妈妈我好想你们，希望你们可以一天回来一次。

我想每天看见父母，听父母的指教，想跟他们在一起。

希望爸妈常回家陪我，和我说说话，给我更多关爱。

这是孩子纯真、简单的心声，他们的要求并不过分。这或许是世间有生命的万物都有的心灵需求吧！对留守儿童来说，却是遥不可及。打工父母远走他乡，留给子女的是对这份不可替代的亲情的渴望。

第二，注重学习成绩，忽视人际交往。大部分外出打工父母和监护人认为，留守儿童上学后，其教育主要来自学校，单纯地认为只要学习到文化知识、考上好大学就是教育成功的体现。外出父母和监护人最关心留守儿童的是他们的学习，交流内容多是对子女的思念、个人安全以及身体健康问题，关注的是他们的学习、健康、安全，而很少关心子女和朋友或同学的交往。儿童的人际交往影响着个人发展。一成左右留守儿童在心情不好时不向他人倾诉，这不利于儿童心理的健康成长。有良好的人际关系，向好朋友倾诉心里小秘密，释放内心的不良情绪，才能使儿童的身心健康发展。

第三，几乎提供不了学习和图书信息资源帮助。绝大多数留守儿童父母比较重视子女的学习。由于父母外出打工，不在留守儿童身边，家中的母亲或祖辈监护人文化水平低，当留守儿童在学习上有困难时，绝大多数父母和监护人几乎提供不了帮助（见表7-21），相比较来看，父亲尤其是山区父亲提供帮助的比例最高，却仅有4.2%；来自母亲的帮助低于父亲；来自父母之外的监护人的比例更低，山区、川区均不足1%。说明八成左右留守儿童在学习文化知识遇到困难时，主要来自学校老师和同学，而从父母尤其是父母之外的监护人那里几乎得不到帮助。在图书信息资源上，父母和监护人给予留守儿童的帮助也不足1%。一些留守儿童希望父母回来能给予学习上的帮助。

表7-21 学习不明白的，你会问谁

单位：%

留守儿童	同学	老师	父亲	母亲	兄弟姐妹	父母之外的监护人	从来不问	其他
山区留守儿童	32.5	49.2	4.2	1.7	6.7	0.7	3.3	1.7
川区留守儿童	27.7	52.9	2.1	3.3	4.9	0.3	7.9	0.9

让爸爸回到我和妈妈身边，告诉我一些学习知识。

希望父母关心我的学习。

希望爸爸回来给我讲作业，让我的学习提高。

父母回家陪伴我们，给我们关心，常关心我们的学习。

多想和家人住在一起，父母离开后每天心里很烦，回家自己做饭，还要做作业，有时写到10点钟。

第四，监护人教育困境和教育失当。由于移民家庭子女多，祖辈监护人往往为几个子女带四五个孙子。一些老人一方面承担繁重的农业和家务劳动，又迫于经济压力，额外付出劳动寻求其他经济帮助，以贴补家用。老人仅仅满足于留守儿童的温饱，无暇也无力教育留守儿童。对于留守儿童的错误，仍然有少数监护人以打骂方式惩罚留守儿童。留守儿童原本就缺少父母的关心和爱护，而监护人尤其是川区监护人不理睬、装作没看见等冷处理方式对待留守儿童，甚至将留守儿童的错误告诉父母和朋友，让父母和朋友来劝说，这无疑是推卸应有的教育责任。监护人由于受教育程度低，加上繁重的家务劳动，用这种不良的教育方式，不仅对留守儿童的"教育"毫无作用，而且使监护人和留守儿童的关系不和谐，使留守儿童心理上排斥甚至敌视监护人。

三 社区公共文化资源配置问题

（一）公共文化资源配置不均衡，山区、川区有显著差异

山区移民安置点受当地政府财政制约，一些村落没有公共娱乐活动场所，文化资源设施比较匮乏，导致山区、川区移民安置点公共文化资源配置不均衡，川区移民新村有娱乐活动场所的比例远远高于山区，使留守儿童享用公共文化资源有显著差异，少数留守儿童尤其是山区留守儿童无法享用公共娱乐设施。山区有的移民村里没有建立图书室，一些山区留守儿童表达了对村里公共文化设施的需求——

> 希望村里建图书室。
> 希望村里能建设体育运动场所。
> 希望村里有体育馆和图书馆。
> 希望村里建一个厕所，让人们上厕所时更方便一些。

（二）农家书屋形同虚设，利用率不高

宁夏在组织生态移民搬迁的同时，注重精神文化的扶贫。为了满足农民的文化娱乐需求，各地建立综合文化站、农家书屋、村文化活动中心、广播电视信号网以及健身设备等。2011年，宁夏农家书屋率先西部实现行政村全覆盖。2013年底，宁夏南部山区建立卫星数字农家书屋以满足农民阅读需求。但是，移民安置点的公共文化资源依然匮乏。由于图书管理人员基本由村委会工作人员兼职，而村委会很少有人办公，因此村图书室不能保证经常开放，图书长期闲置。九成留守儿童对村图书室一无所知，根本不了解图书室情况，导致农家书屋利用效果不佳，不能满足留守儿童的文化信息需求。移民地区学校和社区图书室的利用率相差很大，留守儿童主要从学校图书室借阅图书，从未享受过村图书室资源，农家书屋的利用程度与留守儿童的阅读需求不相适应。

第三节　留守儿童发展权利保障的对等建议

一　完善相关法律、法规，为留守儿童合法权益提供法制保障

2016年上半年，国务院、宁夏回族自治区政府相继出台《关于加强农村留守儿童关爱保护工作的意见》（国发〔2016〕13号，宁政发〔2016〕57号），对全国各地、各级政府关爱保护留守儿童工作、保障留守儿童发展提出了更高要求。各级政府要从儿童利益最大化、儿童多元发展理念出发，进一步完善《中华人民共和国未成年人保护法》《义务教育法》《中国儿童发展纲要》等相关法律、法规，考虑加入保障农村留守儿童合法权益的相关条款，完善留守儿童的各项权益保障制度，强化法定监护人的主体责任，明确留守儿童在义务教育阶段其责任主体的法律责任，完善留守儿童委托监护制度，加强留守儿童自身、家庭、学校、社区、社会各界对其权益保护的法制保护观念和责任意识，为留守儿童的健康发展提供切实可行的法律保障。

中国第一部图书馆专门法《中华人民共和国公共图书馆法》已由第十二届全国人民代表大会常务委员会第三十次会议于2017年11月4日通过，自2018年1月1日起施行。该法的出台进一步保障了大众的公共阅读权利，满足了群众日益增长的文化需求。但是，国内还没有专门为儿童服务的图书馆法或条例，儿童阅读权益缺乏法律和制度上的保障，我国儿童图书馆事业的发展还滞后于整个图书馆事业的发展。建议在图书馆法中明确图书馆为儿童尤其是农村儿童服务的要求和责任，进一步满足儿童的阅读需求，为儿童精神文化需求提供法律、法规的保障。

二　留守儿童学校教育权利保障

（一）加强学校公共资源建设，为留守儿童提供教育保障

1.进一步加强硬件设施配置，保障留守儿童受教育权利

学校硬件设施建设是保障农村义务教育均衡发展的前提和条件，更是

生态移民地区留守儿童权利保障

促进生态移民地区得以教育公平的重要手段。政府应加大财政支出,在原有学校硬件建设基础上,进一步加大投入力度,充分改善生态移民地区学校的办学条件。要建立学校长期规划,建设学校时要充分考虑移民人口和学校建设相适应,保证学校教学设施在长时间内满足移民子女的受教育权利。对于学校硬件设施不足,诸如学校操场、教学设施等,政府要投入资金,积极给予补充和扩建。政府严格建立实施监管机制,除了保证学校整体质量外,保证学校水、电、暖等各项硬件设施完全到位和正常使用,由相关部门和学校严格把关验收后,方可让学校使用。对于学校教学设施不达标、配备不齐全的,相关部门应不予批准通过。尽可能为移民地区每所学校配备多媒体设备,为教师配备备课电脑等现代化教学工具。

2. 加强网络资源配置,保障留守儿童信息化教育

21世纪以来,科技信息技术渗透到社会经济各个角落,信息化、网络化对人们的生活、教育产生了深刻的影响。2010年国务院颁布《国家中长期教育改革和发展规划纲要(2010~2020年)》,明确指出"信息技术对教育发展具有革命性影响,必须给予高度重视",教育部把教育信息化纳入国家信息化发展战略,2012年发布了《教育信息化十年发展规划(2011~2020年)》,为未来十年建设覆盖城乡各级各类学校的教育信息化体系进行规划和部署。互联网仍未在一些移民学校普及,导致留守儿童在学校不能接受信息化教育,不能以现代信息手段获取信息资源,宁夏回族自治区政府和教育厅等相关部门要高度重视,应全面推进教育互联网建设与应用,提高教育宽带在农村教育系统的普及率,将先进的教育信息化基础设施尽快引进农村地区。学校在引进教育网络的同时,要积极探索数字校园、智能教室的建设,在学校、社区、家庭之间建立网络平台,尤其加强留守儿童家庭、社区的网络建设,使留守儿童生存发展得以全方位保护。

(二)建立健全帮扶教育机制,给予留守儿童关爱

宁夏一些学校实施的可行有效的帮扶留守儿童制度,值得农村学校借

鉴。学校成立"关爱留守儿童"工作小组，建立留守儿童教育方案，使学校真正成为留守儿童不断提高综合素质的主阵地。建立留守儿童帮扶制度。学校确定重点需要帮扶的留守儿童，由班主任、课任教师、品学兼优的学生与留守儿童结对帮扶。一名教师负责帮扶四五名留守儿童，帮扶教师经常找留守儿童谈心，及时掌握留守儿童的思想动态，给予他们健康、科学的引导，帮助留守儿童形成独立自主、自立自强、百折不挠的优秀品质。对于监护人缺失的留守儿童，帮扶教师兼当"代理家长"，对他们的生活给予关怀、照顾，补偿他们家庭教育的缺失，从思想上、学习上、生活上关心留守儿童，使他们自信、乐观地健康成长。学校还号召品学兼优的学生与留守儿童结成一帮一手拉手对子，做相互关心、相互帮助、相互学习的好朋友。加强对贫困留守儿童的资助活动。对于生活贫困的留守儿童，学校开展"关爱留守儿童献爱心"活动，购置书包、棉手套、图书等学习生活用品，给予留守儿童温暖、贴心的照顾。通过这些活动的开展，使留守儿童在学习、性格、思想道德、行为习惯上有了很大的进步。

（三）树立学生的主体意识，加强心理健康教育和心理咨询辅导

现代化教育以学生为本。移民地区学校要转变传统的教育理念，应一切以学生发展为出发点，尊重学生，树立学生的主体意识，改变教师的教学方法。教师要重视他们的个体差异，要尽可能放低姿态，平等地与学生交流，消除他们的自卑心理。根据学生具体情况因材施教，给予他们更多的机会释放自己，充分培养他们的主体意识，潜移默化地引导他们发掘内心的自信和快乐。

学校应注重学生的心理健康教育，尤其是留守儿童在家庭教育缺失的情况下，心理健康教育显得尤其重要。政府应加强农村学校心理教师的配置，为移民地区每所学校至少配备一名有专业资格证的心理健康老师，定期为学生上心理健康课程，讲解儿童心理健康知识，并教会学生运用简单的方法释放心理压力。心理教师要及时发现行为偏差和心理障碍的儿童，对于有心理障碍的留守儿童，心理教师要及时

到留守儿童家中家访,对他们实施心理咨询帮助,对他们的心理予以矫正,对学生予以关怀宽慰,以疏导和排解儿童内心障碍。心理教师要帮助儿童树立积极向上的乐观生活态度,培养健康正确的人生观和价值观。有的学校与社会心理辅导机构合作,借助外界力量对学生进行心理健康教育,这值得其他学校借鉴。石嘴山市的一所移民学校经常借助一些高校项目为学生带来福利,积极和宁夏医科大学心理辅导方面专家教授合作,学校派老师到医科大学实习学习,医科大学的研究生则利用假期来学校对学生进行心理疏导。

三 留守儿童家庭教育的权利保障

(一)满足移民住宅需求,改善留守儿童学习环境

建议政府在今后生态移民工程中,充分考虑移民新区的住宅面积,不必整齐划一,统一住宅面积,可以建数十平方米和上百平方米多种面积不等的住宅,移民根据家庭经济条件和实际人口自由选择住宅面积。对于土地面积紧缺的区域,政府可以建立二层楼房,或者给予较大的院落面积,移民根据需求再自行盖新房。通过以上方式,尽可能满足移民的住宅需求,从而改善留守儿童的学习环境。

(二)加强家庭教育,注重培养同伴关系

1. 打工父母和监护人要与留守儿童加强交流,主动给予他们关爱

外出打工父母尽可能经常回家陪伴留守儿童。即使不能回家,父母要加强与子女的联系频次,经常与留守儿童打电话、发信息。爱是主动的给予,父母要主动向子女表达父母对他们关爱,让子女知道父母是爱他们的,从而提高留守儿童的安全感和幸福感,消除他们心中的孤独和焦虑。监护人多支持鼓励留守儿童,对他们多讲道理,避免用冷暴力方式惩罚儿童,要在言语、行动上给予关爱,让他们感受到被关爱的温暖。儿童从家庭中体验到来自大人的关爱,有利于增进亲人间的亲情,有利于形成健康的社会情感和正确的道德情感,在今后的社会交往中有利于建立良好的同伴关系。另外,留守儿童的祖辈也要转变教育观念,尝试学习教育儿童的

新策略、新方法，扮演好教育者的角色，把更多的精力从关注孩子的物质生活转向道德教育上来。

2. 培养爱心，重视留守儿童的同伴关系

学习只是儿童发展的一部分，父母和子女在交流内容上，除了嘱咐他们学习、个人安全、健康外，更多地要注重他们思想品德、为人处事、与他人交流等方面的教育，要教育留守儿童与人为善，以感恩之心与监护人、教师、同学相处。虽然儿童发展过程中，父母对其发展起重要作用，但是同伴关系的作用却是父母无法替代的。在父母缺失的情况下，留守儿童和朋友、同学的关系更加紧密，他们的交往甚至超过与监护人的交往。留守儿童心里不愉快时，第一倾诉对象就是好朋友，第二才是母亲，可以说，同伴对留守儿童的影响有时候比教师、监护人更重要。因此，家长要重视留守儿童的人际交往，正能量的同伴传递给留守儿童的亦是正向积极的信息。有健康的同伴关系，双方可以互帮互助、共同进步，有利于留守儿童的学习、心理、行为的良性发展，有利于留守儿童确定正确的价值观、人生观，对人生未来的发展能起到促进的作用。

四 加强公共资源配置，保障留守儿童发展权利

政府应继续加大生态移民地区尤其是山区村级文化娱乐资源的投入力度，保证山区、川区生态移民地区每个村都有娱乐场所，加强公共厕所、体育场所、村图书室等公共服务设施的建设，以满足村民的娱乐文化活动需求，吸引留守儿童多参与户外活动。科学研究发现，儿童参加户外运动可以使右脑得到更多的锻炼和开发，能促进血液循环和新陈代谢，有利于生长发育，增强人体功能，能帮助孩子提升运动、社交及认知能力，是儿童社会性培养的重要途径。[①]

政府需要大力支持儿童图书馆事业，把儿童图书馆建设纳入当地文化

---

① 《户外活动利于儿童成长，怎么户外活动更健康？》，中国新闻网，2012年5月29日。

发展规划，条件允许的地方可以建立独立的儿童图书馆，要以农村为重点扶持、服务对象，保证每个行政村建立一个图书室，进一步推动儿童图书馆事业的发展。加强村级图书室的管理工作，增加图书室的开放时间，提高图书室利用率，充分发挥图书室的社会教育功能，保障留守儿童接受教育权利。

第八章　宁夏留守儿童参与权利保障调查

第一节　留守儿童参与权利保障现状

一　儿童参与权的内涵

《儿童权利公约》赋予了儿童四大基本权利：生存权、发展权、受保护权和参与权。儿童参与权是指儿童享有参与家庭、文化和社会生活的权利。可以说，儿童有权对涉及他们的一切事项自由发表自己意见。中国也越来越重视儿童参与权的保障。《中国儿童发展纲要（2011~2020年）》把"保障儿童参与家庭生活、学校和社会事务的权利"作为儿童发展的主要目标之一，就保障儿童参与表达权利提出了实施措施。

《儿童权利公约》（以下简称《公约》）规定儿童参与权主要包括以下几个方面的内容：第一，自由发表意见权。《公约》第十二条规定："缔约国应确保有主见能力的儿童有权对影响儿童的一切事项自由发表自己的意见，对儿童的意见应按照其年龄和成熟程度给以适当的重视。"儿童有权对影响其一切事项表达看法，并且对于儿童合理的意见成人应该予以尊重。第二，自由发表言论权。《公约》第十三条规定："儿童应有自由发表言论的权利，此项权利应包括通过口头、书面或印刷、艺术形式或儿童所选择的任何其他媒介，不论国界，寻求、接收和传递各种信息和理想的自由。"这些权利的行使在法律规定范围内受到一定限制,应当"尊重他人的权利和名誉",同时"保护国家安全或公共秩序或公共卫生或道德"。第三,获得有益信息的知情权。《公约》第十七条规定,"应确保儿童能够从多种的国家和国际来源获得信息和资料,尤其是旨在促进其社会、精神和道德福祉以及身心健康的信息和资料"。还强调"应鼓励大众传播媒介散播在社会和文化方面有益于儿童的信息和资料"。中国《未成年人保护法》第十四条规定:"父母或者其他监护人应当根据未成年人的年龄和智力发展状况,在作出与未成年人权益有关的决定时告知其本人,并听取他们的意见。"儿童由于辨识能力有限,在尊重儿童获得信息知情权的同时,也应当限制这种自由,以使儿童不受可能损害其福祉的信息和资料之害。[1] 第四,享有文化娱乐和艺术权。《公约》第三十一条规定,"应尊重并促进儿童充分参加文化和艺术生活的权利,并应鼓励提供从事文化、艺术、娱乐和休闲活动的适当和均等的机会"。成人应给予儿童休息、闲暇机会,使儿童参与和年龄相适应的娱乐、游戏活动。

二 参与学校决策现状

向学校提出建议以及提建议的方式是衡量留守儿童参与权保障的重要指标。对比山区、川区留守儿童向学校提建议的方式(见图8-1),山区、川区留守儿童"从未向学校提过建议"的分别为73.3%和55.2%,山区留守儿童比川区高18.1个百分点;"直接向老师反映"的分别为16.7%和27.6%,川区留守儿童高于山区10.9个百分点;"直接向学校领导反映"的分别为3.3%和1.5%,山区高于川区1.8个百分点;"通过书信/短信反映"的分别为0.8%和5.4%,山区低于川区4.6个百分点;"通过家长向学校反映"的分别为2.6%和8.2%,山区低于川区5.6个百分点。可以看出,不论是山区还是川区的留守儿童,都超过半数"从未向学校提过建议",但相比而言山区留守儿童从未提过建议的比例更高,

---

[1] 白桂梅、王雪梅主编《人权知识未成年人权利读本》,湖南大学出版社,2012。

川区留守儿童在向学校提建议方面的方式更多样化,向老师反映、通过书信/短信、通过家长反映等方式的比例均高于山区留守儿童。山区、川区留守儿童相比,我们发现两者有明显差异,川区留守儿童更关注学校的建设发展,在学校决策上参与度高于山区留守儿童,说明川区留守儿童学校参与状况好于山区。

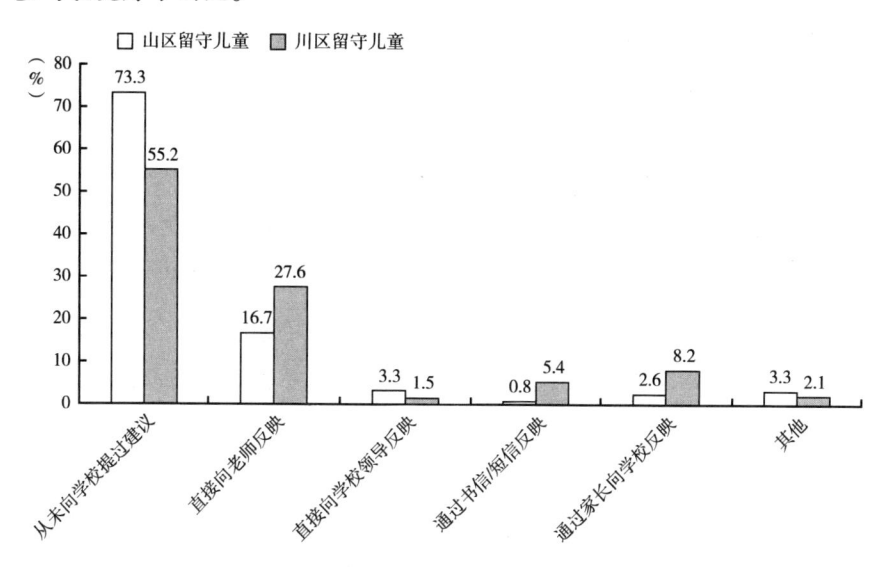

图 8-1 山区、川区留守儿童学校决策参与度

课题组在中卫一所移民小学调研时发现,该校学生具有强烈的参与意识:第一,参与娱乐活动比较强。学生普遍性格开朗、活跃,喜欢参与娱乐活动,学生具有强烈的表演欲望。2014 年参加镇上"六一"演出时,学校还获得了三等奖。第二,学生具有比较强的公共服务意识、集体意识。校园内的树木均是校长带着高年级学生种植的。大家很爱护校园里的设施,发现有被损坏和需要修补的设施,学生们积极向学校反映,并积极参与修理。第三,善于表达自己的意见。课题组在学校调研,学生们课余时间一路跟随,一些学生争先恐后,强烈向课题组成员表达自己的想法。笔者给留守儿童拍照时,男生面对镜头非常放松,而且摆各种造型。许多学生积极为同学的拍照姿态提出各种建议。这所学校令人耳目一新,

校园里一派朝气蓬勃、欣欣向荣景象。学校是儿童成长、活动的主要环境，他们的青春年华大部分时间都在学校度过，学校的发展对儿童的成长至关重要。

三 参与家庭决策现状

（一）主要参与决策个人学习生活，近七成父母会尊重子女意见

在被调查对象中，9.4%的留守儿童"经常"参与讨论家庭决策，32.1%的"有时候"参与，37.8%的"偶尔"参与，17.5%的"从来不"参与。在参与家庭决策的内容方面，47.0%留守儿童参与"学习教育"决策，15.0%的参与"个人生活"决策，12.6%的参与"父母外出打工"决策，8.1%的参与"家庭重大事项"决策。可以看出，留守儿童参与家庭决策的频率并不高，比例均不足半数。参与个人"学习教育"比例最高，其次是"个人生活"比例，两者相差达32个百分点，而只有一成左右留守儿童参与父母外出打工和家庭事务方面决策。

家长的态度对儿童家庭参与权的实现起着重要作用。在家庭决策中，对于子女的意见，21.9%的父母"不倾听不采纳"完全自己做主，7.1%的"倾听但不采纳"，15.9%的"会采纳"，49.4%的会"我们一起讨论决定"，2.4%的"完全听我的"。总的来说，大多数留守儿童时常参与讨论家庭决策，主要讨论个人的学习教育情况。留守儿童参与讨论事项，67.7%的父母会尊重留守儿童的意见，会一起讨论决定并采纳子女的意见。

（二）父母对学习教育的态度反差较大

留守儿童参与家庭决策内容和父母的态度进行交叉后发现（见表8-1），参与家庭决策内容上，父母和留守儿童一起讨论决定并采纳子女的意见由高到低分别为：学习教育、个人生活、父母外出打工、家庭重大事项；父母不倾听不采纳或者倾听但不采纳的，由高到低分别为：学习教育、父母外出打工、个人生活、家庭重大事项。关于"学习教育"方面，父母的态度比例均为最高，但是父母的态度反差也最大。一方面，大

多数父母会在留守儿童"学习教育"方面的问题上倾听、采纳孩子的意见，分别有67.1%和60.2%的家庭会采纳子女意见并且与孩子一起讨论决定，还有45.4%的父母会完全听子女的意见，这些父母以正向、乐观的态度给予子女更多的自主选择权，使他们能自由地表达个人观点。另一方面，有42.9%的父母对子女的意见"不倾听不采纳"，说明这些父母对子女的学习过于干涉，个人学习没有自主表达权利，听从父母的安排。

表8-1 父母态度和家庭决策参与度

单位：%

项目	不倾听不采纳	倾听但不采纳	会采纳我的意见	一起讨论决定	完全听我的	其他
学习教育	42.9	37.5	67.1	60.2	45.4	40.0
个人生活	22.9	18.8	13.7	17.3	18.2	20.0
父母外出打工	25.7	21.9	13.7	11.3	18.2	10.0
家庭重大事项	7.1	15.6	5.5	10.4	18.2	10.0
其他	1.4	6.2	0	0.8	0	20.0

（三）山区留守儿童学习教育参与度高，川区留守儿童参与家庭决策具有多样性

根据调查（见图8-2），山区、川区留守儿童参与"学习教育"决策的比例分别为67.6%和52.2%，山区高于川区15.4个百分点；参与"个人生活"决策的比例分别为8.6%和20.8%，山区低于川区12.2个百分点；参与"父母外出打工"决策的比例分别为14.3%和15.2%，山区低于川区0.9个百分点；参与"家庭重大事项"决策的比例分别为6.7%和10.6%，山区低于川区3.9个百分点。可以看出，在学习教育方面，川区留守儿童的发言权不如山区留守儿童，但是在个人生活、父母外出打工和家庭重大事项等方面，川区留守儿童的参与度更高，参与现状优于山区留守儿童，其参与家庭决策的内容也更具多样性。

（四）山区留守儿童父母更尊重孩子建议

根据调查（见图8-3），在父母及父母以外的监护人对于孩子建议的

生态移民地区留守儿童权利保障

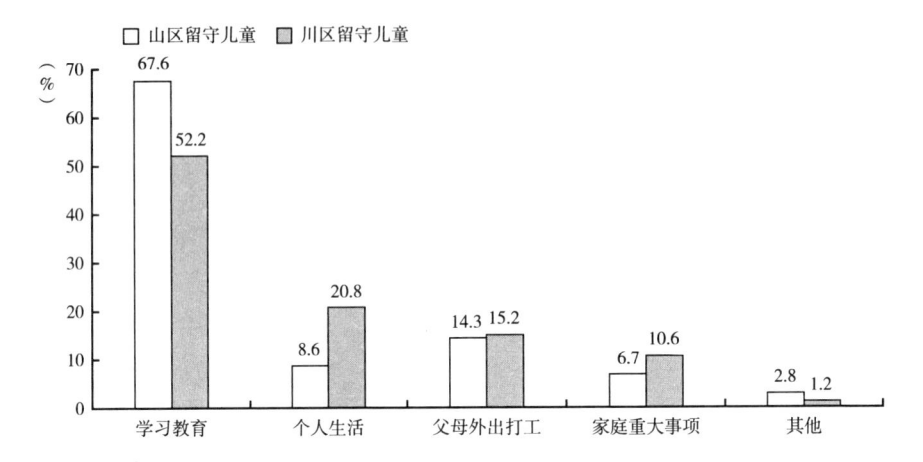

图 8-2 山区、川区留守儿童家庭决策参与度

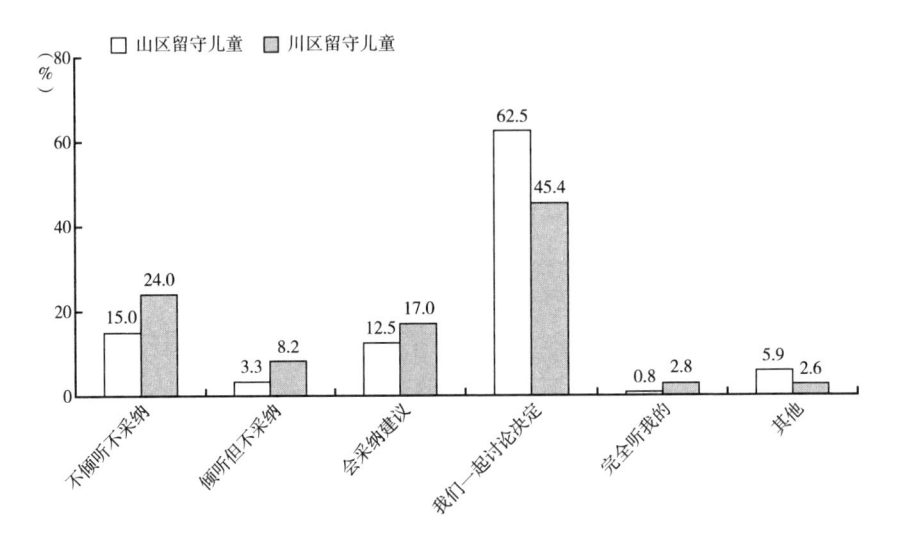

图 8-3 山区、川区留守儿童家庭决策和父母态度

态度方面，山区、川区"不倾听不采纳"孩子建议的分别为 15.0% 和 24.0%，山区低于川区 9 个百分点；"倾听但不采纳"孩子建议的分别为 3.3% 和 8.2%，山区低于川区 4.9 个百分点；"会采纳建议"的分别为

188

12.5%和17.0%，山区低于川区4.5个百分点；"我们一起讨论决定"的分别为62.5%和45.4%，山区高于川区17.1个百分点；"完全听我的"分别为0.8%和2.8%，山区低于川区2个百分点；"其他"态度分别为5.9%和2.6%，山区高于川区3.3个百分点。可以看出，在山区家庭里，不采纳孩子建议的父母及其他监护人（"不倾听不采纳"和"倾听但不采纳"）占18.3%，在川区家庭中高达32.2%，比山区高13.9个百分点，山区留守儿童的家长更倾向于采纳孩子建议；而在采纳孩子建议（"会采纳我的建议""我们一起讨论决定"和"完全听我的"）方面，山区占75.8%，川区占65.2%，山区高于川区10.6个百分点，山区家庭更倾向于尊重和采纳孩子建议。

四 参与家务劳动和娱乐活动状况

（一）课余时间活动安排

上学之余，留守儿童参与的各类活动既表现了其生存状态，也反映了当地生活环境为他们成长提供的条件和资源。据调查，留守儿童课外时间参与活动按比例从高到低依次为写作业、看书、家务劳动、照顾家人、看电视、户外玩耍、上网/打游戏。可见，留守儿童课余时间主要用于学校作业和家务劳动，在完成这些事项后，方能安排自己的娱乐活动。绝大多数留守儿童都参与家务劳动，其中"做家务"（包括照顾家人）的占82.2%，"干农活"的占14.2%，"帮父母照顾生意"的占2.8%，"其他"占0.8%。大部分留守儿童主要承担家庭室内劳动，少部分儿童参与户外或与外部交流劳动。

（二）山区娱乐活动参与度高于川区

参与娱乐活动能使儿童获得大自然和社会知识，使儿童心情愉悦、开阔眼界、强身健体。据调查，山区、川区留守儿童认为村里"有"娱乐活动场所的分别为9.1%和51.1%，相差42个百分点；认为"没有"娱乐场所的分别为79.1%和32.8%，相差46.3个百分点，两者悬殊较大，川区移民安置点有娱乐活动场所的比例远远高于山区，说明山区、川区留守儿童享用村里公共文化资源有显著差异；山区、川区"不清楚"的分别为11.8%和16.1%，两者相差4.3个百分点。可以看出，山区、川区移民安置点公共文化资源配置不均衡，移民安置点文化资源设施比较匮乏，致使少数留守儿童无法享用公共娱乐资源。

留守儿童参与各类娱乐活动中（见图8-4），按比例从高到低依次为看书、看电视、户外玩耍、和家人聊天、看电影、上网/打游戏，山区、川区留守儿童除了"看书"超过半数外，"看电视""户外玩耍""看电影""和家人聊天"等活动均不足半数，参与各项娱乐活动的比例并不高。山区留守儿童除了"看电影"略低于川区外，其余活动参与比例均高于川区留守儿童。值得一提的是，虽然山区生态移民地区公共文化娱乐资源不及川区，但山区留守儿童参与娱乐活动的比例却高于川区。这是仅有三成留守儿童参与户外玩耍、其他娱乐活动主要在室内进行、村级公共娱乐场所利用率不高的缘故。

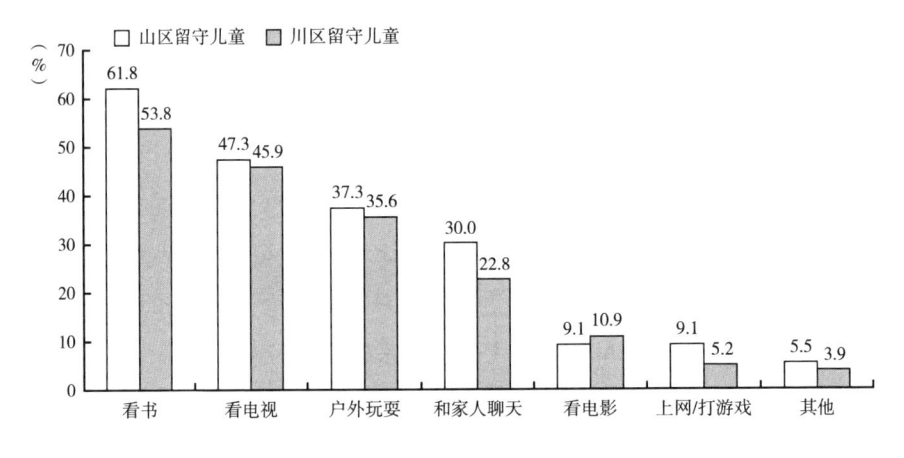

图8-4 儿童娱乐活动情况（多选）

五 小结：成就与进步

（一）参与学校决策

超过半数留守儿童从未向学校提过建议，少数向学校提建议的儿童中，川区留守儿童参与方式更加多样化，直接向老师反映、以书信或短信或通过家长反映等方式。山区、川区留守儿童的关注点也有明显差异，川区留守儿童更关注学校的建设发展，在学校决策上参与度高于山区留守儿童。有的川区移民学校学生具有强烈的参与意识，学生普遍性格开朗、活跃，喜欢参与娱乐活动，学生具有强烈的表演欲望，善于表达自己的意见。学生具有比较强的公共服务意识和集体责任感。

（二）参与家庭决策

大多数留守儿童时常参与讨论家庭决策，主要讨论个人的学习教育情况。山区留守儿童更善于参与学习讨论，川区留守儿童善于讨论个人生活、父母外出打工和家庭重大事项等，川区留守儿童参与家庭决策的内容更具多样性。留守儿童参与讨论过程中，多数父母会尊重留守儿童的意见，会一起讨论决定并采纳子女的意见，山区尊重和采纳孩子建议的比例高于川区。

（三）参与家务劳动和娱乐活动

留守儿童课余时间主要用于学校作业和家务劳动，绝大多数留守儿童主要承担家庭室内劳动，参与家务劳动，少部分儿童参与户外活动。由于山区、川区移民安置点公共文化资源配置不均衡，留守儿童享用村里公共文化资源有显著差异，川区移民安置点有娱乐活动场所的比例远远高于山区。留守儿童参与各类娱乐活动（看书、看电视、户外玩耍、和家人聊天、看电影、上网/打游戏）中，除了"看书"，其他活动留守儿童参与比例不高。在公共文化娱乐资源不及川区情况下，山区留守儿童参与娱乐活动的热情高于川区。

第二节 留守儿童参与权利保障问题及因素分析

一 参与权利保障的因素分析

（一）学校因素

1. 与老师关系较好的留守儿童更少向学校提建议

据调查，近七成留守儿童有过被老师不同程度体罚的经历。从表

8-2看出,"从未提过建议"的留守儿童中,有56.6%认为老师如父母;"直接向老师反映"中,有53.5%认为老师如父母,低于"从未提过建议"的留守儿童3.1个百分点;"直接向校领导反映"留守儿童中,有30.0%认为老师如父母,低于"从未提过建议"留守儿童26.6个百分点;"通过书信/短信反映"留守儿童中,有36.4%认为老师如父母,低于"从未提过建议"的留守儿童20.2个百分点;"通过家长向学校反映"的留守儿童中,有37.1%的学生认为老师如父母,低于"从未提过建议"的留守儿童19.5个百分点。可以看出,除去"其他"项,认为老师如父母的留守儿童中,"从未提过建议"的留守儿童占比最高,可以反映出与老师关系较好的留守儿童更少向学校提建议。

表8-2 参与决策和与老师的关系

单位:%

项目	父母	哥哥姐姐	叔叔阿姨	陌生人	朋友	其他
从未提过建议	56.6	12.3	16.2	2.0	10.6	2.3
直接向老师反映	53.5	13.4	20.5	0.8	8.7	3.1
直接向校领导反映	30.0		30.0		40.0	
通过书信/短信反映	36.4	18.2	9.1	13.6	22.7	
通过家长向学校反映	37.1	28.6	8.6	5.7	11.4	8.6
其 他	58.4	25.0	8.3	8.3		

2. 部分留守儿童存在边缘化现象

根据调查(见表8-3),从未向学校提过建议的留守儿童中,有21.2%也从来没有与老师有过私下交谈,这部分学生存在边缘化现象。他们既不参与学校的决策,也缺少与老师的单独交流机会,加上留守儿童本身的特殊背景,这部分留守儿童很容易产生一些心理问题。

表8-3 提建议方式和与老师私下交谈的频率

单位：%

项目	从来没有	有时	偶尔	经常
从未提过建议	21.2	40.7	33.5	4.6
直接向老师反映	12.6	35.4	30.7	21.3
直接向校领导反映	20.0	30.0	30.0	20.0
通过书信/短信反映		54.5	27.3	18.2
通过家长向学校反映	20.0	42.9	25.7	11.4
其他	16.7	49.9	16.7	16.7

（二）家庭因素

1. 离异家庭留守儿童家庭决策参与度最低

根据调查（见表8-4），父母离异的留守儿童在家庭决策中，父母"不倾听不采纳"孩子意见的占到28.0%，高于父母在婚的留守儿童5.6个百分点，高于父母丧偶的留守儿童14.7个百分点；父母处于在婚状态的留守儿童在家庭决策时能够"我们一起讨论决定"的占49.7%，而父母处于离异状态的留守儿童在家庭决策时能够"我们一起讨论决定"的占40.0%，低于父母在婚的留守儿童9.7个百分点。可以看出，在父母在婚、离异、丧偶类型家庭中，父母离异的家庭留守儿童在家庭决策环节参与度最低，意见被采纳的可能性更低。

表8-4 父母婚姻状况和父母态度

单位：%

项目	不倾听不采纳	倾听但不采纳	会采纳我的意见	我们一起讨论决定	完全听我的	其他
未婚		33.3		66.7		
在婚	22.4	6.4	16.6	49.7	1.8	3.1
离异	28.0	4.0	12.0	40.0	4.0	12.0
丧偶	13.3		13.3	60.1	13.3	
其他	9.1	36.4	9.1	36.4	9.1	

2. 母亲教育水平低的留守儿童家庭决策参与度更低

根据调查（见表8-5），母亲"没上过学"的留守儿童在参与家庭决策时，父母"会采纳我的意见"的比例仅为12.5%，母亲教育水平为小学的比例为21.3%，母亲教育水平为初中的比例为12.8%，母亲教育水平为高中或中专的比例为17.6%，可以发现母亲"没上过学"的留守儿童父母采纳孩子意见的比例最低。

表8-5 母亲教育水平和父母态度

单位：%

项目	不倾听不采纳	倾听但不采纳	会采纳我的意见	我们一起讨论决定	完全听我的	其他
没上过学	22.7	7.0	12.5	51.6	2.7	3.5
小学	20.2	9.0	21.3	45.7	1.1	2.7
初中	31.9	2.1	12.8	40.4	6.4	6.4
高中/中专			17.6	82.4		

同时，在"我们一起讨论决定"一列中，母亲教育水平为"高中/中专"的留守儿童占比82.4%；母亲教育水平为"初中"的占40.4%，低于"高中/中专"42个百分点；母亲教育水平为"小学"占45.7%，低于"高中/中专"36.7个百分点；母亲教育水平为"没上过学"的留守儿童占51.6%，低于"高中/中专"30.8个百分点。同时，在母亲教育水平为"高中/中专"留守儿童中，没有父母"不倾听不采纳"或"倾听但不采纳"孩子意见，其中有17.6%的留守儿童父母"会采纳我的意见"，有82.4%的留守儿童能够和父母一起讨论决定家庭事务。可以看出，母亲教育水平高的留守儿童家庭更民主，孩子的参与水平更高。

总的来说，母亲教育水平低的留守儿童在家庭决策中的参与度更低，而在母亲教育水平高的留守儿童家庭中，父母更倾向于倾听和采纳孩子的意见，留守儿童的家庭决策参与权更有保障。

3. 母亲在外打工影响留守儿童学习教育参与权落实

根据调查（见表8-6），父亲在外打工的留守儿童能够参与"学习教育"话题讨论的有61.7%,母亲在外打工的留守儿童能够参与"学习教育"话题讨论的仅有34.8%,低于父亲在外打工的留守儿童26.9个百分点;父母两人均在外打工的留守儿童能够参与"学习教育"话题讨论的有50.7%,高于母亲在外打工的留守儿童15.9个百分点;家中其他人在外打工的留守儿童能够参与"学习教育"话题讨论的有42.9%,高于母亲在外打工的留守儿童8.1个百分点。可见,母亲在外打工的留守儿童在"学习教育"方面参与度最低,母亲在外打工会影响留守儿童学习教育参与权的落实。

表8-6 在外打工的监护人和家庭决策参与内容

单位:%

项目	学习教育	个人生活	父母外出打工	家庭重大事项	其他
父亲	61.7	16.5	12.1	8.5	1.2
母亲	34.8	30.4	17.4	13.1	4.3
父母	50.7	17.6	21.1	9.9	0.7
其他人	42.9	21.4		21.4	14.3

二 留守儿童参与权利保障存在的问题

(一)学校决策参与度普遍不高,川区优于山区

《儿童权利公约》赋予儿童对影响其本人的一切事项有发表意见的权利,尽可能让学生参与学校的管理和教学决策,但是现行法律法规很少明确规定未成年人参与学校决策的权利。不论是山区还是川区的留守儿童,不足三成留守儿童参与学校决策,通过各种渠道向学校表达过自己的意见。山区留守儿童从未提过建议的比例更高,川区留守儿童在向学校提建议的方式上相对多样化,向老师反映、通过书信或短信、通过家长反映等方式的比例均高于山区留守儿童。目前学校传统的教育理念和方式不同程度上减少了儿童参与各项相关事务的机会,阻碍了儿童发表意见、参与决策。学校是儿童成长、活动的主要环境,他们的青春年华大部分时间都在

学校度过，学校的发展对儿童的成长至关重要。通过对山区、川区留守儿童的比较，我们发现两者有明显差异，川区留守儿童更关注学校的建设发展，在学校决策上参与度高于山区留守儿童。仅有一成左右儿童经常获得老师的参与交流机会，近两成儿童课下从未获得参与交流机会。川区留守儿童个性更鲜明、性格更多元化。而山区留守儿童很少参与学校决策、与老师交流，他们更倾向于沉默，山区学校需加强留守儿童学校事务参与意识和参与行为的培养。

（二）家庭事务及个人生活参与度低

留守儿童参与决策个人生活比例较低，和学习教育的决策参与度悬殊较大，父母在子女的生活起居方面"大包大揽"现象比较多，仅有一成多的家庭会采纳孩子的意见或者与孩子共同讨论决定，留守儿童的知情权和发言权大打折扣。这种现象非但不能减轻其学业压力，还容易让留守儿童产生对父母的依赖心理，对其未来的自理能力和责任心的培养产生负面影响。不仅使留守儿童的个人生活参与度低，而且关于"家庭重大事项"和"父母外出打工"方面留守儿童参与度也低，说明留守儿童在家庭重大事务和孩子个人生活方面，其参与权受尊重和保护并不到位，仍存在诸多问题亟待改善。

有学者认为，有主见能力的儿童应该有发表意见的权利，儿童也有向对其一切事项有影响的成年人发表意见。[①] 儿童参与权的背后，还体现了儿童独立的意识观念。每一个儿童都是独立自主的个体，成人社会应该尊重儿童的独立意识，尽可能提供儿童参与的机会，使其充分行使自己的参与权，这对儿童的健康发展和独立人格的培养将起到积极的作用。[②] 生态移民地区的留守儿童比较少地参与家庭事务及个人生活的参与决策，成年人未尊重和保护留守儿童的参与权、未让他们充分享有参与权利，这

[①] 马晓琴、曾凡林、陈建军：《儿童参与权和童年社会学》，《当代青年研究》2006年第11期。

[②] 邓芸、杨可：《浅议儿童参与权》，《社会科学家》2007年第S1期。

不利于他们在轻松安全的参与环境下成长。成年人应该根据实际情况有意识地让留守儿童更多地参与其个人生活决策，尽可能尊重听取他们的意见，避免过于干涉他们的生活，助力留守儿童健康独立地成长。

（三）课余自由时间少，娱乐活动参与权利被剥夺

绝大多数留守儿童承担家务劳动，自由支配娱乐活动时间比较少。有的留守儿童为了帮助家里干家务，减轻家里负担，甚至个人安全受到威胁。一户留守家庭由于经济收入低，家里养几只羊，却无力买饲料。祖辈监护人则免费为别人家收玉米，将玉米秆拿回家喂羊。留守儿童放学后，需要帮助爷爷用手拉车将玉米秆一车车拉回家里。正逢下雨天，孩子放学找爷爷拉车，却迷路了，直到晚上10点多才找到。此外，山区、川区留守儿童享用村里公共文化资源有显著差异。由于村里公共娱乐场所不足，不能满足留守儿童的娱乐需求，加上学习压力和家务劳动占用儿童大量课余时间，使孩子很少能参与娱乐活动。留守儿童参与娱乐活动权利的被剥夺，仍有少数留守儿童从未在村里享用过文化娱乐资源。

第三节　留守儿童参与权利保障的对策建议

一　加强有关儿童参与权的立法，落实执行具体法律法规

国内针对未成年人相关权利保障的法律有《未成年人保护法》《教育法》《预防未成年人犯罪法》等，而对于不同地区、不同年龄、不同环境的儿童来说，有关法律条文过于笼统。挪威专门的儿童立法有7部，包括《儿童法》《日托机构法》《现金津贴法》《福利法》《收养法》《教育法》和《儿童监察使法》，这些法律几乎覆盖了挪威儿童生活的所有方面。[1]因此，国家立法部门应当完善有关未成年人参与权利保障相关事宜的立

---

[1] 贺颖清：《中国儿童参与权状况及其法律保障》，《政法论坛：中国政法大学学报》2006年第1期。

法，地方政府也应积极配合落实法律法规的执行，充分保障留守儿童行使其所拥有的参与权，以便更好地履行联合国《儿童权利公约》所规定的义务。

针对目前宁夏生态移民地区留守儿童在学校参与、社区参与和家庭参与方面的现状与存在的问题，在制定和明确相关法规政策时，有关部门应当着眼全局，并根据具体情况灵活制定相应法规政策，争取实现全区留守儿童独立自主、健康成长发展。积极推进宁夏社会保障和文化教育等相关政策改革，实现山区、川区基础设施与文化娱乐等资源公平、均衡分配，为生态移民地区留守儿童的健康发展创造良好的环境和可靠的保障，使留守儿童能平等享受到公共资源。各级教育、民政和妇联等机构应发挥引导作用，成立专门的留守儿童权益保障机构。积极配合法律政策的执行，引导留守儿童行使自己的合法参与权，鼓励留守儿童参与学校管理和家庭决策，为社区建设贡献儿童力量。

二 加强社区宣传教育普法，落实参与权保障理念深入人心

社区宣传教育对留守儿童参与权保障尤为重要，社区应当通过对《儿童权利公约》《未成年人保护法》中未成年人参与权保障的宣传教育，使留守儿童参与权的理念深入人心。社区可以借助学校平台，建立留守儿童服务机构以及权利保障机构，对村民和儿童进行普法宣传教育，为留守儿童的社区参与和文化参与创造良好的氛围与环境，保障留守儿童参与权利的落实。村委会应起到带头作用，增强未成年人保护意识与权利保障意识，率先将保护留守儿童参与权落到实处。除学校外，村委会还要加强和非政府组织与相关机构的合作，密切和家长、老师的沟通，充分统筹、利用多方资源，并作为纽带提高民间团体、相关机构与学校和家庭的合作、沟通效率，组织活动鼓励留守儿童自由表达自己的意见。

三 完善学校参与权保障机制，营造学生建言献策的良好环境

教育中的儿童参与权能否实现，关键在于儿童参与教学及管理的权利

是否得以保障和实现。在教育实践中,应为儿童充分参与学校教育决策提供条件,让儿童享有参与教育教学与管理的自由,并在儿童参与权受到侵害时给予及时有效的法律救治。[①] 提高留守儿童学校决策的参与度、保障留守儿童学校决策的参与权,离不开学校参与权保障机制的完善。学校应该建立健全学生建言献策的渠道,保证学生提建议的通道畅通和渠道的多样化,让学生可以通过多种方式参与学校决策,并且保障学生合理化建议能够被倾听和采纳。学校可以通过设立学生意见箱和校长信箱等方式,保障留守儿童在学校的自由发言权。同时,学校要积极开展法制宣传工作,向学生普及《儿童权利公约》《未成年人保护法》《教育法》等法律知识,增强留守儿童的法制意识,帮助他们实现自主行使参与权。老师向学生普及维权常识,鼓励留守儿童参与班级和学校的决策,并努力培养他们行使参与权的能力。老师鼓励学生自主成立相关决策小组,围绕班级管理和班级决策提出建议及意见,从而提高留守儿童在学校决策方面的参与度。

四 营造民主的家庭氛围,尊重留守儿童自主表达意见的权利

参与重在过程。儿童在自主行使权利中,能充分挖掘出自身的潜在能力,使儿童变得更加乐观自信、积极向上。家庭营造有儿童积极参与的和谐环境,有利于儿童将来在社会上发挥参与作用。在家庭决策中,父母及其他监护人要营造民主和谐的家庭氛围,改变传统的家长意识观念,确保儿童自由发表言论的权利,让孩子敢于发声、乐于发声,自觉承认和尊重留守儿童的参与权利。在留守儿童的教育中要逐渐培养他们的参与权意识,无论是学习教育方面还是涉及儿童的家庭事项,尊重留守儿童的知情权、自由表达意见权利,倾听他们的心声和观点。同时,家长要自主参加学习未成年人普法知识和活动,监护人只有了解、掌握未成年人相关法律法规,才能更好地保障留守儿童的参与权的实现。

[①] 包运成:《教育中的儿童参与权保障的法理基础》,《重庆文理学院学报》(社会科学版) 2015年第1期。

第九章 宁夏留守儿童受保护权利保障调查

第一节 留守儿童受保护权利保障状况

一 留守儿童受保护权相关权利了解现状

（一）多数留守儿童能意识到关爱留守儿童团体组织的重要性

对于"你认为有必要成立相关保护留守儿童、维护留守儿童权利的团体组织吗"，有78.0%的留守儿童认为"有必要"，14.1%认为"不清楚"，7.9%的认为"没必要"。绝大多数生态移民地区的留守儿童都能意识到关爱留守儿童团体组织的重要性，认为相关组织的成立是有必要的。

（二）留守儿童中，女生比男生更了解相关权利

在调查"你是否知道自己拥有的权利"时（见表9-1），男、女生回答"知道"的分别为36.4%和49.6%，女生比男生高出13.2个百分点。同时，在男生中"不知道"自己拥有的权利占57.2%，女生占45.2%，比男生低12个百分点。被调查的留守儿童中，女生比男生更了解自己所拥有的相关权利。

表9-1 分性别留守儿童权利了解程度

单位：%

留守儿童	知道	不知道	不清楚
留守女童	49.6	45.2	5.2
留守男童	36.4	57.2	6.4

（三）年龄较大的留守儿童了解相关法案程度更高

根据留守儿童了解联合国《儿童权利公约》和《中华人民共和国未成年人保护法》程度调查发现（见表9-2），"没听说过"相关法案的12岁及以上年龄的留守儿童比例低于11岁及以下的留守儿童，12岁及以上的留守儿童"没听说过"相关法案的平均占比约为3.2%，而11岁及以下的留守儿童"没听说过"相关法案的平均占比为10.9%，两者相差7.7个百分点。总的来说，年龄较大的留守儿童对相关法案的了解程度更高。

表9-2 留守儿童法案了解程度和年龄

单位：%

年龄	非常了解	比较了解	了解一点	听说过，不了解	没听说过	其他
8岁以下	15.3	30.8	23.1	23.1	7.7	
9岁		17.5	39.1	30.4	13.0	
10岁	1.5	42.6	26.5	14.7	13.2	1.5
11岁	8.6	29.0	39.8	10.8	9.7	2.1
12岁	4.9	29.4	35.3	24.5	3.9	2.0
13岁	4.2	26.3	45.3	20.0	2.1	2.1
14岁及以上	4.4	18.4	45.6	28.1	3.5	

二 山区、川区留守儿童受保护权利保障比较分析

（一）山区留守儿童对相关法案了解程度高于川区留守儿童

关于"你了解联合国《儿童权利公约》《中华人民共和国未成年人保

护法》吗"问题,根据调查结果(见表9-3),在"非常了解"和"比较了解"两部分,山区留守儿童所占比例均高于川区留守儿童,分别高7.7个和10.8个百分点;在"了解一点"和"听说过,不了解"部分,山区留守儿童所占比例均低于川区留守儿童,分别低12.8个和6.6个百分点。总的来说,山区留守儿童对相关法案的了解程度高于川区留守儿童。

表9-3 山区、川区留守儿童相关法案了解程度

单位:%

留守儿童	非常了解	比较了解	了解一点	听说过,不了解	没听说过	其他
山区留守儿童	10.8	35.8	29.2	15.8	7.5	0.9
川区留守儿童	3.1	25.0	42.0	22.4	5.9	1.5

(二)山区近五成留守儿童不清楚相关团队组织建设状况

根据调查,在川区有35.3%的留守儿童认为当地学校或村里"有"保护留守儿童权益的团队组织,山区有22.5%的留守儿童认为"有"相关团队组织,低于川区12.8个百分点;在川区有29.6%的留守儿童认为当地学校或村里"没有"保护留守儿童权益的团队组织,高于山区0.4个百分点;同时,在川区有35.1%的留守儿童"不清楚"相关团队组织建设状况,而山区有48.3%,高于川区13.2个百分点。可以看出,山区仅两成留守儿童认为有相关团队组织,近五成留守儿童不清楚学校或村里保护留守儿童权益的团队组织建设情况,留守儿童保护团体建设工作亟待加强。

三 老师是获取儿童权利保障知识的主要渠道

根据调查,留守儿童权利保障知识获取渠道有老师、朋友或同学、家长、电视等,其中,52.2%的留守儿童相关权利保障知识是通过"老师"了解,比例最高,通过"电视"了解的占12.2%,两者相差40个百分点;另外,"没听说过"的占10.0%,"朋友或同学"的占8.9%,"家长"的占8.3%,"书报"占4.3%,"网络"占2.2%,"其他"的占

1.9%。可以说，老师成为生态移民地区留守儿童获取儿童权利保障知识的最主要渠道和途径。

绝大多数生态移民地区的留守儿童认为成立保护留守儿童、维护留守儿童权利的相关组织是有必要的。女生比男生更了解自己所拥有的相关权利。年龄较大的留守儿童对联合国《儿童权利公约》和《中华人民共和国未成年人保护法》等相关法案的了解程度更高。老师担负着传播儿童保障权利知识的重任，是留守儿童获取儿童权利保障知识的最主要渠道。

第二节 留守儿童受保护权利保障问题及因素分析

一 留守儿童受保护权知识欠缺，自我保护意识十分薄弱

（一）留守儿童对相关法案了解较少，受保护权知识欠缺

关于联合国《儿童权利公约》《中华人民共和国未成年人保护法》，只有三成以上留守儿童了解，其余近七成儿童对儿童相关法案很少了解甚至一无所知，整体上留守儿童对相关法案了解较少。关于"你是否知道自己拥有的权利"，有43.5%的留守儿童回答"知道"，50.8%回答"不知道"，比"知道"高出7.3个百分点，还有5.7%的留守儿童"没听说过"。总的来说，生态移民地区的留守儿童受保护权保障知识比较欠缺，半数以上留守儿童不清楚自己拥有的权利。

我们将英国的儿童教育宣言作为调查题目，以考察留守儿童自我保护的认知度（见表9-4），题目中的9个选项均为儿童自我保护内容，但是，在被调查的留守儿童中，仅有1人答对了，占0.2%。可见，留守儿童在自我保护和正当防卫方面的知识严重欠缺，自我保护的意识十分薄弱。在各个选项中，比例由高到低依次为"不要吃陌生人的食品""不要和陌生人说话""生命第一，其他都是小事""不保守坏人的秘密，可以欺骗坏人""平安成长比成功更重要""背心、裤衩覆盖的地方不许别人

碰""小秘密要告诉妈妈""遇到危险时可以自己先跑""遇到危险时可以打破玻璃、破坏家具"。总体来看，留守儿童自我保护的认知度并不高，比例最高的"不要吃陌生人的食品"也不足七成，可见他们自我保护方面的知识比较匮乏。在认知内容上，生活常识性的认知度较高，例如对陌生人要有所防备。而关于性方面，有八成多儿童没有自我保护意识。"背心、裤衩覆盖的地方不许别人碰""小秘密要告诉妈妈"选项比例相当，可以说，妈妈和子女的性知识有一定的相关性。宁夏灵武乡村教师性侵12名（其中11名留守儿童）女童长达一年，直到两个女孩吵嘴才被世人所知，这足以反映出留守儿童性知识和自我保护的极度匮乏。我国性教育一直是"犹抱琵琶半遮面"，农村家长更是谈"性"色变，导致儿童对性知识一无所知。值得关注的是，"小秘密要告诉妈妈"比例处于中下水平，说明儿童对妈妈在心理上仍有距离，一旦儿童在无知情况下受到侵犯时，家长不能及时保护。"遇到危险时可以打破玻璃、破坏家具"比例最低，说明儿童在紧急情况下，没有打破常规保护自己的意识，这应引起家长和教师的重视。

表9-4 你认为以下哪些是正确的自我保护范围（多选）

单位：%

留守儿童	生命第一，其他都是小事	背心、裤衩覆盖的地方不许别人碰	不要和陌生人说话	不要吃陌生人的食品	不保守坏人的秘密，可以欺骗坏人	小秘密要告诉妈妈	遇到危险时可以自己先跑	遇到危险时可以打破玻璃、破坏家具	平安成长比成功更重要
山区留守儿童	45.0	15.8	59.2	67.5	44.2	13.3	8.3	2.5	25.0
川区留守儿童	57.5	15.5	60.8	66.3	23.4	13.7	9.1	2.7	28.0

（二）多数留守儿童权利受侵犯时，应对措施消极

根据调查，留守儿童在权利受到侵犯时（见表9-5），山区、川区分别有35.8%和47.7%的选择"告诉家长"，相差11.9个百分点；

38.3%和32.2%的选择"主动和侵犯我权利的当事人沟通",两者相差6.1个百分点;30.0%和27.1%的选择"先忍着不说";25.0%和19.5%的选择"求助相关机构";20.8%和7.6%的选择"用行动表示反抗",相差13.2百分点,悬殊较大;仅有川区0.3%的儿童选择"求助他人",山区没有儿童向他人求助。可以看出,"告诉家长"是超过四成川区留守儿童遭遇侵犯时能够想到的第一应对措施;有近三成的留守儿童选择了"先忍着不说",不去采取实质性的行动维护自己的权利;仅有0.3%的川区留守儿童选择"求助他人",说明生态移民地区的留守儿童寻求他人帮助的意识很弱。在个人权利受侵犯时,生态移民地区留守儿童的整体应对措施比较消极。

表9-5 当你的权利受到侵犯时,你采取的措施(多选)

单位:%

留守儿童	主动和侵犯我权利的当事人沟通	先忍着不说	用行动表示反抗	求助他人	求助相关机构	告诉家长	其他
山区留守儿童	38.3	30.0	20.8	0	25.0	35.8	5.8
川区留守儿童	32.2	27.1	7.6	0.3	19.5	47.7	3.3

二 留守儿童受保护权的社会支持力度不足

(一)老师对留守儿童的关爱保护程度不够

根据调查,有69.3%的留守儿童认为父母是最维护自己权益的人,13.4%的留守儿童认为老师是最维护自己权益的人,低于前者55.9个百分点,还有9.3%的留守儿童认为父母之外的监护人是最维护自己权益的人。同时,有52.2%的留守儿童的儿童权利保障知识来源于老师,但是仅有13.4%的留守儿童认为老师是最维护自己权益的人,说明仅传播权利保障知识是不够的,老师对留守儿童的关爱保护程度需要加强。

（二）保护留守儿童权益的团体组织工作成果不显著

根据调查，有32.3%的留守儿童认为学校或村里"有"保护留守儿童、维护留守儿童权利的团队组织；有29.5%的留守儿童认为"没有"；还有38.2%的留守儿童回答"不清楚"，分别比前两者高5.9个和8.7个百分点。将近四成的留守儿童并不清楚学校或村里是否有保护自己权益的团体组织，说明学校和村里相关团队组织建设工作成果不显著。

由表9-6可知，年级越高的留守儿童对于学校或村里成立相关团队组织的态度越消极。其中，三年级及以下的留守儿童有90.9%认为成立相关团队组织是"有必要"的，有5.2%认为"没必要"。而在初中生中，仅71.4%认为成立相关团队组织"有必要"，认为"没必要"的达到了9.5%。可以看出，年级越高的留守儿童对保护其权益的团队组织的态度越消极。总的来说，学校和村里保护留守儿童权益的团队组织工作成果较差，学生的了解程度和反映效果并不理想。

表9-6 是否有必要成立团队组织和年级

单位：%

项目	有必要	没必要	不清楚
三年级及以下	90.9	5.2	3.9
四年级	70.7	8.6	20.7
五年级	83.1	7.7	9.2
六年级	75.5	8.5	16.0
初　　中	71.4	9.5	19.1

三 父母受教育程度影响留守儿童个人权利的了解水平

（一）父亲教育程度低的留守儿童个人权利了解水平低

根据调查（见表9-7），"知道"自己所拥有权利的留守儿童比例随着父亲受教育程度的升高而升高，呈现整体增长的趋势，在父亲受教育程度为"大专/大学以上"的留守儿童中，有 75.0% 知道自己所拥有的权利，而父亲受教育程度较低的留守儿童，个人权利了解情况也随着父亲教育程度的降低而降低或稍有波动。同时，在"不知道"自己所拥有权利中，留守儿童了解个人所拥有权利的比例也随着父亲受教育程度的升高而降低。总的来看，父亲受教育程度和留守儿童自我权利了解水平呈正相关，父亲学历高的留守儿童更倾向于知道自己所拥有的权利。

表 9-7 留守儿童受保护权了解情况和父亲教育程度

单位：%

项目	没上过学	小学	初中	高中/中专	大专/大学以上
知　道	51.4	39.3	38.5	69.2	75.0
不知道	43.1	55.5	54.1	30.8	0
没听说过	5.5	5.2	7.4	0	25.0

（二）留守儿童个人权利了解水平与家庭事务知晓程度呈正相关

根据调查（见表 9-8），在知道父母工作情况的留守儿童中，有 49.2%"知道"自己所拥有的权利，有 45.3%"不知道"自己所拥有的权利，两者相差 3.9 个百分点；在不知道父母工作情况的留守儿童中，有 34.7%"知道"自己所拥有的权利，有 59.3%"不知道"自己所拥有的权利，两者相差 24.6 个百分点。可以看出，知道父母工作的留守儿童更倾向于知道自己拥有的权利，而不知道父母工作情况的留守儿童也更倾向于不知道自己所拥有的权利。可以说生态移民地区的留守儿童对于个人权利的了解与否受到对家庭事务知晓程度的影响，留守儿童了解父母在外打工的情况，说明家庭更倾向于与孩子沟通交流家庭事务、让孩子了解家庭成员发展状况，而这也对留守儿童个人权利了解与否产生影响。

表9–8 留守儿童权利了解情况和父母工作了解情况

单位：%

项目	知道	不知道	没听说过
知道父母工作	49.2	45.3	5.5
不知道父母工作	34.7	59.3	6.0

四 汉族留守儿童对社区事务了解程度低

关于"学校或村里是否有保护留守儿童权益的团体组织"，有37.4%的回族留守儿童回答"不清楚"，有45.8%的汉族留守儿童"不清楚"学校和村里相关团体组织建设情况，高于回族留守儿童8.4个百分点。汉族留守儿童对于社区留守儿童保护组织的建设情况了解程度低于回族留守儿童。关于"是否有必要成立保护留守儿童权益的团体组织"问题，回、汉族留守儿童回答"不清楚"的分别占13.0%和25.0%，汉族高于回族留守儿童12个百分点。总的来说，汉族留守儿童作为生态移民地区留守儿童中的少数群体，对于学校和村里的留守儿童保护组织的建设情况了解程度不高，对相关团体组织的建设必要性没有很强的了解意愿。

第三节 留守儿童受保护权利保障的对策建议

一 建立健全社区留守儿童保护组织，切实维护留守儿童受保护权利

加强生态移民地区留守儿童受保护权保障，离不开社区相关保护组织的建立和运行。学校和村里应该建立健全相关团体组织，定期对当地留守儿童受保护权现状进行调研和记录，定期对留守儿童及其监护人群体进行受保护权知识普及，引导留守儿童树立自我保护意识，避免其权益受不法分子侵害。在留守儿童权利遭受侵害后，学校和村里的团体组织能够第一时间站出来维护其正当权益。

二 大力传播受保护权相关知识,让儿童自我保护成为必修课

学校老师要加强《儿童权利公约》《义务教育法》《未成年人保护法》等法律法规教育,提高儿童法律观念和权利保护意识。作为留守儿童受保护权知识获得的主要渠道,教师肩负着传播法律知识和自我保护常识的重任,其有义务加强自身法律修养、提高个人教育水平。教师应该在日常和留守儿童的交往中,尊重留守儿童个人权益,普及留守儿童受保护权利的知识,加强留守儿童自我保护意识和能力。有条件的学校和班级可以设立必修课,普及相关知识,提高留守儿童自我保护能力。

三 提高监护人个人素质,从家庭教育层面引导留守儿童学会自我保护

家庭教育作为儿童教育的第一环节,对留守儿童自我保护能力的培养有着至关重要的作用。父母及其他监护人应当配合学校或村里相关保护组织的工作,提高个人法律素质,以身作则、言传身教,不侵犯留守儿童个人隐私、保障其基本权益。同时,教导留守儿童在遇到紧急情况时,如何保障个人权益不受侵犯。在遇到侵犯留守儿童受保护权的时候,也能正确使用法律武器保护个人和家庭利益。另外,家长要放低姿态,尽可能和子女成为无话不谈的朋友,教育子女尤其是低龄儿童小秘密要告诉妈妈,使儿童在受到侵犯时,家长能第一时间保护儿童,尽可能减少他们的伤害。

第十章　基于教师视角：宁夏留守儿童的发展权利保障

"十三五"是我国全面建设小康社会的决定性阶段，贫困问题是影响小康社会实现的主要因素。近年来，宁夏大力实施生态移民工程，从根本上解决贫困人口问题，为宁夏建设小康社会奠定基础。生态移民工程的建设，促进了城市化、工业化的发展，大量劳动力的迁移，使留守儿童成为移民新区的主要群体。本章通过对移民新区学校教师的问卷调查，了解生态移民地区留守儿童的发展权现状，进一步探讨保护留守儿童发展权的对策建议。

第一节　调查对象基本情况

一　教师的基本情况

本节对宁夏银川、石嘴山、吴忠、中卫、固原5市生态移民新村10所中、小学校进行抽样调查，以教师为调查对象。一共发放了105份问卷，收回有效问卷103份。其中，男性占30.1%，女性占69.9%；回族占31.1%，汉族占68.9%；年龄在18～30岁的占51.5%，31～40岁的占21.4%，41～50岁的占20.4%，51岁及以上的占6.7%；本科学历占47.6%，大专学历占48.5%，高中/中专学历占3.9%。由表10-1可知，具有高中/中专学历的教师年龄均在41岁以上,大专学历的教师各个年龄段均有分布,本科学历的40岁以下教师有八成以上,教师普遍比较年轻,具有比较高的学历。

表10-1 教师年龄和学历结构

单位:%

年龄	初中及以下	高中/中专	大专	本科	研究生
18~30岁			36.0	71.2	
31~40岁			24.0	20.5	
41~50岁		25.0	32.0	8.3	
51岁及以上		75.0	8.0		

二 教师的生活情况

在被调查教师中,户籍属于本县(乡镇、村)的占69.9%,属于区内其他县城的占24.3%,属于区外的占2.9%,其他的占2.9%;已婚的占70.9%,未婚的占27.2%,离异的占1.9%,已婚和未婚的比例大约为7:3;公办教师占50.5%,特岗教师占40.8%,代课教师占3.9%,民办教师占1.9%,其他的占2.9%。在被调查教师中,有七成教师是已婚的、家在本县的,大多数是公办和特岗教师。

教师每天回家的占35.0%,一周回一次家的占43.7%,两周的占2.9%,一个月的占4.9%,三个月的占1.8%,一学期的占10.7%,其他的占1.0%。可以看出,教师平均一周回一次家的比例最高,近八成教师一周以内至少回一次家。据调查(见表10-2),户籍是本县城的教师回家比较频繁,每天回家的占47.2%,一周回家的占41.7%,说明本县城教师近九成的一周内至少回家一次。户籍是区内其他县城的教师中,一周回家一次的最多,占56.0%;一个月回家一次的占12.0%;一学期回一次家的占24.0%,区内其他县城的教师六成以上一周之内回家一次。户籍在区外的教师则一学期回家一次。总体来看,大部分宁夏户籍的教师能够在一周之内回家,本县城的教师各个不同回家周期均有分布，可见本县城教师回家频率呈现多元化。个别区外教师由于家距离远，一学期回家一次。

表 10-2 教师户籍所在地和回家频率

单位：%

教师户籍所在地	每天	一周	两周	一个月	三个月	一学期	其他
本县城	47.2	41.7	4.2	2.8	1.4	1.4	1.4
区内其他县城	8.0	56.0		12.0		24.0	
区外						100.0	
其他		50.0				50.0	

三 教师的授课情况

在被调查的教师中，正在教三年级及以下学生的占39.8%，教六年级的占20.4%，教四年级的占16.5%，教五年级的占10.7%，教初中生的占7.8%，教高中学生的占4.9%。可以看出，这些被调查教师的教学对象普遍是年龄偏小的学生，大多数被调查者是小学教师。被调查教师的授课科目数量方面，大多数教师的教学任务是不止1门课：教1门课的占17.5%，教2门课的占22.3%，教3门课的占23.3%，教4门课的占29.1%。平均来看，每个教师每学期要教2.5门课，压力是比较大的。

第二节 留守儿童的发展权利保障状况

近年来，国家日益关注留守儿童，要求各级政府从民族未来、经济发展、社会和谐的高度做好留守儿童工作。各地教育部门大力发展农村教育事业，充分发挥学校在留守儿童发展中的重要作用，给予留守儿童多方面的关爱服务，促进他们全面发展。

一 大部分学校有建立留守儿童档案，有关爱留守儿童的组织团体

2007年，教育部要求各地各级教育部门要对农村留守儿童建立档案，

并且建立健全动态监测机制,以便能够随时掌握留守儿童的基本情况,要求把留守儿童的教育和管护工作作为当地教育部门巩固提高义务教育工作的重要内容。[①] 2013年,教育部、全国妇联等五部委联合出台《关于加强义务教育阶段农村留守儿童关爱和教育工作的意见》,就全面建立留守儿童档案提出了要求,要求准确掌握留守儿童信息,就留守儿童有针对性地开展关爱服务工作。这是我国第一次要求建立留守儿童档案的相关法规,体现了国家高度重视留守儿童的健康发展,为学校关爱留守儿童工作提供了重要保障。

据调查,有84.6%的教师认为学校建立了留守儿童档案或联系卡,11.7%的教师"不清楚"是否建立,3.7%的认为"没有"建立;关于"学校是否有关爱留守儿童的组织机构",66.1%的教师回答其所在学校"有",25.2%的教师回答"没有",8.7%的教师"不清楚";关于"学校是否组织过关爱留守儿童的活动",有78.6%的教师回答其所在学校有组织过相关活动。总的来说,八成以上学校为留守儿童建立了档案或联系卡,能及时掌握留守儿童的发展状况。六成以上学校建立了关爱留守儿童的组织团体,并且举办关爱留守儿童的相关活动,大部分学校比较重视留守儿童的发展,关心留守儿童的健康成长。

二 大部分教师向儿童传授维权知识

除课本知识外,大多数教师会给学生讲解课外知识,50.5%的教师"经常"给学生讲解课外知识,40.8%的教师"有时"讲,8.7%的教师"偶尔"讲,说明教师教育学生比较尽职尽责,课本知识和课外知识共同传授有助于学生的综合发展,课外知识讲解的频率从侧面反映出学校教育质量的高低。在问及"儿童是否有必要了解维护权益知识"时,几乎所有教师认为是"有必要"的,仅有1.0%认为"没必要"。同时,25.2%的教师"经常"向学生讲解相关的维权知识,48.6%"有时"讲,

---

① 李薇薇:《教育部要求建立农村留守儿童档案》,《中国社会报》2007年7月9日。

24.3%"偶尔"讲,1.9%"从来不"讲,说明多数教师时常向学生讲解维权知识。

三 教师对留守儿童比较关心

(一)教师与学生关系比较亲近,能够平等对待每一位学生

良好的师生关系有利于儿童健康成长,39.8%的教师认为自己像学生的"父母",34.0%的像"朋友",21.4%的像"哥哥姐姐",2.9%的像"叔叔阿姨"。而且,81.6%的教师认为自己能够平等对待每一名学生,有14.6%的偏向于留守儿童,2.9%的偏向于学习好的学生。总体上来说,教师对学生的关心程度比较高,教师和学生的关系比较融洽,大多以亲人或朋友的关系相处。大多数教师能做到平等对待每一名学生,一部分教师意识到了留守儿童具有特殊性,倾向于对留守儿童的关注。

(二)半数以上教师私下与留守儿童交流较多,能够关心留守儿童

师生交流方面,有31.1%的教师"经常"私下与留守儿童交谈,55.3%的"有时"交谈,13.6%的"偶尔"交谈。可以看出,八成以上教师时常和留守儿童交谈,说明教师们私下与留守儿童的交谈比较多。《中华人民共和国未成年人保护法》第二十一条规定:"学校、幼儿园、托儿所的教职员工应当尊重未成年人的人格尊严,不得对未成年人实施体罚、变相体罚或者其他侮辱人格尊严的行为。"81.6%的教师认为"不应该"体罚学生,10.6%的认为"应该",7.8%的"不清楚"。大部分教师都意识到了不应该体罚学生。

第三节 留守儿童发展权利保障存在的问题及因素分析

一 自身存在的问题及因素分析

(一)有不良的学习习惯,完成作业不理想

与非留守儿童相比(见图10-1),留守儿童在学习习惯方面,有

45.6%的教师认为留守儿童相比起非留守儿童的学习习惯"比较差",有39.8%的教师认为留守儿童的学习习惯较为"一般",还有8.7%的教师认为留守儿童的学习习惯"非常差",仅有4.9%的教师认为留守儿童的学习习惯"比较好",没有教师认为留守儿童的学习习惯"非常好"。可以说,教师认为留守儿童在班上的学习习惯并不好,甚至说是比较差的。这一现象,与父母远离身边有着重要的关系,由于父母无法提供生活和学习上的辅导和监督,而祖父母或其他亲戚由于知识水平太低无法辅导孩子学习,或者忙于农活无暇顾及监督其学习,无法帮助孩子养成良好的学习习惯。这也是留守儿童相比起非留守儿童在班级里学习成绩较低的主要因素之一。

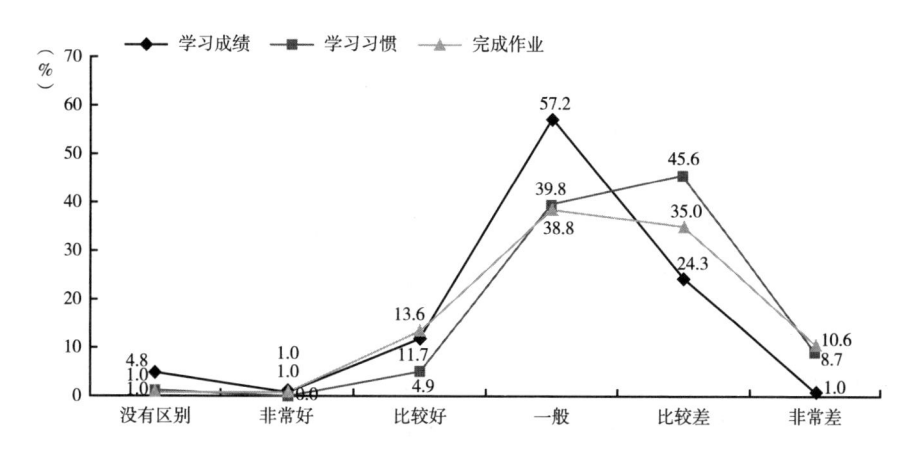

图10-1 留守儿童和非留守儿童学习情况比较

完成作业方面,仅有1.0%的教师认为留守儿童完成作业情况"非常好",13.6%的教师认为留守儿童完成作业的情况"比较好",38.8%的认为"一般",45.6%的认为"比较差"和"非常差",近半数教师认为留守儿童完成作业不理想。大部分教师认为留守儿童完成作业情况一般。完成作业情况其实也属于学习习惯的一个方面,之所以留守儿童在完成作业方面不如非留守儿童,一是由于缺乏父母的严格监督,二是学校和家长之间也缺乏沟通。留守儿童家庭中负责带孩子的监护人应该更多地关心留守儿童的学习情况,不能因为其父母不在身边就缺乏对孩子学习方面的管教和监督,同时父母要尽

215

可能多打电话询问孩子在学校的学习情况，正确鼓励、引导孩子努力学习，为孩子树立学习的榜样。同时也建议学校教师定期对孩子进行家访，让家长更加了解孩子在学校的学习状况，并指导家长监督教育孩子认真学习。

在学习成绩方面，与非留守儿童相比，57.2%的教师认为留守儿童的学习成绩"一般"，25.3%的教师认为留守儿童的学习成绩"比较差"和"非常差"，仅有12.7%的教师认为"非常好"和"比较好"。大部分教师认为留守儿童的学习成绩不如非留守儿童，也就是说留守儿童在班级里的学习成绩是中等偏下。

综上所述，一半左右教师认为留守儿童有不良的学习习惯，不能很好地完成作业。近六成教师认为留守儿童的学习成绩一般，少数教师认为留守儿童的学习成绩落后。由于父母对留守儿童的学习不能辅导和监督，他们的学习习惯和完成作业情况不如非留守儿童。

（二）有较强的自理能力，行为、生活习惯不乐观

行为习惯包括饮食起居、为人处事、交往礼仪等方面，从小养成良好的行为习惯对孩子的一生都有帮助。与非留守儿童相比（见图10-2），10.7%的教师认为留守儿童行为习惯"比较好"，39.8%的教师认为留守儿童的行为习惯较为"一般"，47.6%的教师认为"比较差"和"非常差"。近半数教师认为留守儿童的行为习惯不好。

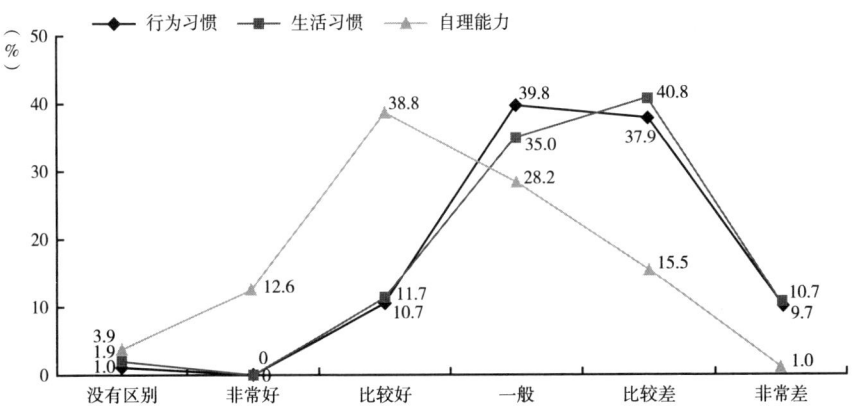

图10-2 留守儿童和非留守儿童生活行为习惯比较

第十章 基于教师视角：宁夏留守儿童的发展权利保障

在生活习惯方面，51.5%的教师认为留守儿童的生活习惯"非常差"和"比较差"，35.0%的教师认为"一般"，11.7%的教师认为"比较好"和"非常好"，仅有1.9%的教师认为"没有区别"。半数以上教师认为留守儿童的生活习惯不好。

大部分的教师认为留守儿童在行为习惯和生活习惯方面不如非留守儿童，是因为缺乏父母的长期陪伴，孩子的心理问题很难得到疏解，加上学校的相关专职心理咨询教师十分缺乏，这让从小被年事已高的祖父母带大的留守儿童很难养成良好的行为习惯和生活卫生习惯。而这样的一群留守儿童，更容易在未成年阶段厌学、辍学，不好的行为习惯也更容易引致未成年人的越轨行为，甚至带来犯罪倾向。学校教师定期对留守儿童家庭进行家访，向孩子的家长汇报其在学校的行为表现情况，引导家长正确教育孩子；家长在孩子面前树立良好的道德行为形象，帮助孩子从小养成良好的行为习惯和生活习惯。

相反地，自理能力方面，51.4%的教师认为留守儿童的自理能力"非常好"和"比较好"，28.2%认为"一般"，16.5%认为"比较差"和"非常差"，说明半数以上教师认为留守儿童的自理能力比较好。可以看出，与非留守儿童相比，留守儿童的自理能力比较强。大多数教师认为与非留守儿童相比，留守儿童的自理能力比较好。留守儿童的父母不在身边，大都由年事已高的爷爷奶奶监管，"代沟"让孩子很难与爷爷奶奶进行交流，很难像父母一样全方位地照顾孩子，这也是留守儿童的自理能力普遍较好的原因。

（三）心理教师严重匮乏，心理健康比身体健康问题更突出

在父母缺失的情况下，留守儿童在心理发展上存在的困惑与问题，需要监护人、教师、朋友给予帮助与疏导，教师尤其要对留守儿进行心理健康教育。根据对学校是否配备有专职心理咨询教师进行调查统计，52.4%的教师回答学校没有专职心理咨询教师。受生态移民地区学校办学条件、师资力量以及教育理念等方面的制约，即使配有心理教师，也都是兼职，学校很少开设专门的心理课程。可见，留守儿童心理健康教育比较匮乏。

生态移民地区留守儿童权利保障

与非留守儿童相比（见图10-3），有超过半数（56.3%）的教师认为留守儿童的人际关系"一般"，24.2%的教师认为"比较好"和"非常好"，15.6%的教师认为"比较差"和"非常差"，3.9%的教师认为"没有区别"，半数以上教师认为留守儿童人际关系处于正常水平。留守儿童由于从小失去父母的陪伴与照顾，加之与祖父母辈易产生"代沟"，留守儿童更容易性格内向、不善言辞，这也是其人际关系普遍一般的重要原因之一。学校尽可能开展课余活动，让留守儿童尽可能参与其中，加深学生之间的友谊和人际关系；教师更要鼓励班干部和少先队干部主动带头，与留守儿童建立和谐的人际关系，形成融洽和谐的班级氛围和校园环境。

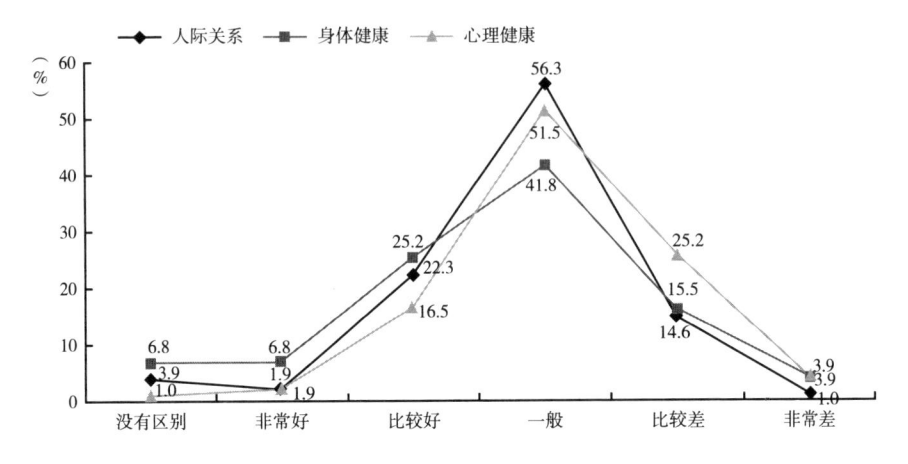

图10-3 留守儿童和非留守儿童身心健康比较

与非留守儿童相比，留守儿童的身体健康程度调查显示，41.8%的教师认为留守儿童的身体健康程度"一般"，32.0%的教师认为"非常好"和"比较好"，19.4%的教师认为"比较差"和"非常差"，6.8%的教师认为"没有区别"。在大多数教师看来，留守儿童的身体健康程度中等偏上。之所以留守儿童的身体健康程度稍好于非留守儿童，是因为家里主要青壮年劳动力外出打工，农活落在了年龄较大的爷爷奶奶身上，因此留守儿童在年龄较小时就帮助大人干农活和家务，练就了较好的体魄，身体健康程度

第十章　基于教师视角：宁夏留守儿童的发展权利保障

自然比较高。总而言之，学校完善医疗卫生设施和专业医护人员的配备，不论是留守儿童还是非留守儿童都一视同仁，及时普及医疗卫生方面的知识，并及时提供疫苗和消毒设施。

心理健康方面，51.5%的教师认为留守儿童的心理健康程度"一般"，29.1%的教师认为留守儿童的心理健康程度"比较差"和"非常差"，有18.4%的教师认为留守儿童的心理健康程度"比较好"和"非常好"。对大多数教师而言，留守儿童和非留守儿童相比，心理健康处于中等偏下的程度。有的研究认为，留守儿童从小缺少父爱母爱，更容易有心理问题。但根据调查结果发现，留守儿童的心理健康程度并没有想象中的低，是比较乐观的现象。

综上所述，与非留守儿童相比，八成以上教师认为留守儿童有正常或较好的人际关系，拥有健康的身体，七成认为留守儿童的心理健康。总体上，多数教师认为留守儿童的身体、心理健康处于比较好和正常水平。但是，留守儿童心理比身体的健康水平低9.7个百分点，说明留守儿童的身体比心理更加健康，留守儿童的心理健康应引起重视。

二　受教育权保障存在的问题及因素分析

（一）教师教课压力大，挤压关爱留守儿童的精力

虽然教师和留守儿童的关系比较融洽，大部分教师时常和留守儿童交谈。但是，在进一步对留守儿童的关心帮助上，有60.2%的教师回答"有"时间关爱留守儿童，34.0%的教师回答"没有"，5.8%的教师回答"不清楚"，也就是说有三成以上的教师重心在于授课，平时无暇顾及留守儿童，只有六成教师有时间和精力去关心帮助留守儿童。大多数教师是愿意帮助和关心学生的。通过对教师"授课数量"和"是否有时间和精力关心帮助留守儿童"的进一步交叉分析发现（见表10-3），教1门课的教师中，72.2%回答有时间精力关心留守儿童。教课数量为4门的教师，有66.7%的有时间精力关心留守儿童。大体上教师授课的数量越多，照顾留守儿童的精力越少。教师教课数量多、压力大，需要花费更多时间

精力在备课、上课和批改作业等工作上,会挤压关爱留守儿童的时间和精力,关心帮助留守儿童的时间自然会减少。有的教师一学期要上4门课,却仍然关心帮助留守儿童。

表 10-3 授课数量和关爱程度情况

单位:%

授课量	有	没有	不清楚
1门	72.2	27.8	
2门	43.5	34.8	21.7
3门	70.8	29.2	
4门	66.7	33.3	
其他	25.0	62.5	12.5

(二)教师工资待遇较低,影响教育水平的发挥

通过对教师的工作满意度调查发现,有51.4%的教师对于自己的工作"非常满意"和"比较满意",35.9%的教师满意度"一般",总体上当地教师的工作满意度较高。在考察教师对于工作最不满意的方面时,工资待遇成为大部分教师最不满意的方面,占总体的41%。工资待遇作为一个敏感的话题,其实也是衡量学校教育水平的重要指标之一,调查结果显示,学校教师的工资待遇是影响教育水平的主要因素。

1. 各类教师工资待遇差异显著,代课教师的工资最低

据调查,生态移民地区教师月工资在500～1500元的占5.9%,在1500～2500元的占56.3%,在2500～3500元的占35.9%,3500～4500元的占1.9%,超过六成教师工资在2500元以下。从各类教师工资看(见表10-4),工资在2500～3500元的,公办教师占九成以上;在1500～2500元的,特岗教师占七成;在500～1500元的,代课教师占六成以上。各类教师的工资水平存在较大差距,代课教师的工资最低,工资均低于1500元;特岗教师工资次之,均低于2500元;大部分公办和民办教师工资在2500

第十章 基于教师视角：宁夏留守儿童的发展权利保障

元以上。代课教师工资水平仅是公办教师的60%，甚至更低，两者差异显著。

表 10-4 各类教师工资情况

单位：%

工资水平	公办教师	民办教师	代课教师	特岗教师	其他
500~1500元	16.7		66.7	16.7	
1500~2500元	27.6			70.7	1.7
2500~3500元	91.9	2.7			5.4
3500~4500元	50.0	50.0			

2. 年龄越小工资待遇越低

根据工资待遇和年龄的交叉表可以看出（见表10-5），大多数工资为1500~2500元的教师年龄集中在18~30岁，且工资待遇与年龄是具有显著相关性的，年龄越小工资待遇越低。因此也不难理解为什么有许多教师对于现今工资待遇不满意，大多数教师是年轻教师，且绝大多数年轻教师的工资只有1500~2500元。工资待遇作为最明显且最直观的教师报酬，与学校教师的教学质量和教学意愿有着直接的相关性，因此，在工资待遇明显偏低，且许多教师对现在工资收入不满意的情况下，教师的教学意愿和积极性会大打折扣，教育质量就很难得到保证。

表 10-5 不同年龄教师的工资情况

单位：%

年龄	500~1000元	1000~1500元	1500~2500元	2500~3500元	3500~4500元
18~30岁	1.9	5.7	88.6	3.8	0.0
31~40岁	4.5	0.0	36.4	59.1	0.0
41~50岁	0.0	4.8	14.2	81.0	0.0
51岁及以上	0.0			71.4	28.6

3. 影响工作满意度的原因分析

第一，职业类别教师的满意度。对于目前的工作，51.4%的教师比较满意，有12.6%不满意。在考察教师最不满意的方面时，大部分教师最不满意工资待遇。从各类教师和最不满意情况看（见表10-6），教师一致认为"工资待遇"最不满意，而且比例最高，公办教师占67.3%，民办教师占100%，代课教师占75.0%，特岗教师占73.8%。此外，各类教师工资水平的不同，对其他不满意类型也有差别。民办教师工资水平最高，除了"自我价值体现"外，对"社会保障""工作环境""生活环境""社会地位"等均不满意；第二是公办教师，对"社会地位""工作负担"不满意；第三是特岗教师，对"工作环境""生活环境""社会保障""工作负担"不太满意；代课教师工资最低，对"社会保障"不太满意。可见，工资水平和教师的个人需求密切相关，随着工资增长，个人需求越高；工资较低的教师则更需要生存保障。限于工资水平的影响，教师对社会地位、自身价值等的精神追求并不突出，生态移民地区教师仍处于生存、生活保障基础阶段，从而影响他们教书育人的职业使命感、责任感的充分发挥，工作缺乏积极主动性，教育质量和教育水平低下，不利于学生的发展成长。

表10-6 各类教师的不满意度情况

单位：%

类别	社会保障	工资待遇	进修培训	工作环境	生活环境	自我价值体现	社会地位	工作负担	其他
公办教师	9.6	67.3	7.7	5.8	3.9	5.8	17.3	11.5	1.9
民办教师	50.0	100.0	50.0	50.0	50.0		50.0	50.0	
代课教师	25.0	75.0							
特岗教师	23.8	73.8	7.1	35.7	26.2	9.5	9.5	23.8	
其他	33.3	66.7	33.3		33.3		33.3	33.3	2.4

第二，工资水平和满意度。通过对教师工资收入和工作满意度进行分析发现（见表10-7），工资在3500~4500元的工作满意度最高，均"比

较满意";在2500~3500元的满意度次之,近六成教师"非常满意"和"比较满意",表示"不满意"和"很不满意"的占8.1%;工资在500~1500元的满意度居第三,认为工作"比较满意"和"一般"各占半数;工资在1500~2500元满意度最低,44.8%的教师对工作"比较满意"和"非常满意",而对工作"不满意"和"很不满意"的占17.3%。可以看出,工资处于最高或最低水平的,对工作满意度比较高,教师对工作没有不满情绪,基本满足目前工作现状;工资处于1500~3500元的,满意度比较低,尤其是工资在1500~2500元的教师不满意度最高,这说明工作满意度和工资收入不是正向关系。

表10-7 教师工资收入和工作满意度情况

单位：%

工资收入	非常满意	比较满意	一般	不满意	很不满意	不清楚
500~1500元		50.0	50.0			
1500~2500元	1.7	43.1	37.9	12.1	5.2	
2500~3500元	13.5	46.0	32.4	5.4	2.7	
3500~4500元		100.0				
4500元以上						

第三,不同工作量的满意度。在被调查教师中,小学教师占87.3%,中学教师占12.7%。可以看出,大多数被调查者是小学教师。被调查教师的课程数量方面,讲授1门课的教师仅占17.5%,教2门课的占22.3%,教3门课的占23.3%,教4门课的占29.1%。平均来看,每位教师每学期要教2.5门课。加上教师大多在教较低年级的小学生,管理上比中学生难度大,可以说教师们的工作压力是较大的。教2门课的教师满意度最高（见表10-8）,69.6%的教师"比较满意"和"非常满意";教4门课的教师"比较满意"的占50.0%,教3门课的"比较满意"的占41.6%,教1门课的"比较满意"的占比最低,占38.9%。可以看出,教师在讲授2门课程时,工作量正合适,教师的满意度最高,更能体现个人价值。

第四，工作量和工资水平。我们通过对教师工资收入和工作量进行分析发现（见表10-9），教1门、3门、4门课程的，六成以上教师工资水平在1500~2500元，这些教师的工资处于中下水平，尤其是教授3门、4门课的教师，工作量大，但是却拿不到与工作相应的工资待遇；教1门课的教师工作强度低、授课时间少，不能展现个人价值，因而他们的满意度比较低。而教2门课的教师，半数以上享受2500~3500元的工资待遇，处于学校教师工资的中上水平，他们付出的工作量、授课时间与劳动所得相符合，工资水平处于中上等，他们的心理预期得以满足，因此他们的满意度是最高的。可见，根据工作量获得的薪酬是否公平、公正和教师的工作满意度有很大的相关性。

表10-8 教师工作量和工作满意度情况

单位：%

工作量	非常满意	比较满意	一般	不满意	很不满意
1门		38.9	44.4	16.7	
2门	13.1	56.5	30.4		
3门	8.3	33.3	45.8	8.3	4.3
4门		50.0	33.3	6.7	10.0
其他	12.5	50.0	12.5	25.0	

表10-9 教师工作量、工资水平和满意度情况

单位：%

工资水平	1门	2门	3门	4门
500~1500元	5.6	8.7	4.2	6.7
1500~2500元	72.2	30.4	66.7	60.0
2500~3500元	22.2	56.5	29.1	30.0
3500~4500元		4.4		3.3
4500元以上				

（三）教师对相关法规了解程度不高，对留守儿童的知识普及程度不理想

1. 教师对相关法规了解程度不高

据调查，99.0%的教师认为儿童有必要了解维护权益知识。关于联合

国《儿童权利公约》和《中华人民共和国未成年人保护法》等法律法规，有7.8%的教师"非常了解"，41.7%的教师"比较了解"，有41.7%的教师"了解一点"，还有8.8%的教师"听说过，但不了解"。半数以上的教师对未成年人权益保护相关法规一知半解，了解程度不高。

从教师对未成年人相关法规的了解程度和对儿童讲解权利保障知识情况看（见表10-10），对学生"经常"讲解，比例由高到低分别是对儿童相关法规"非常了解""比较了解""了解一点""没听说过"，说明教师越是了解儿童权利保护知识，越会向学生传播相关知识，从而提高学生的维权意识。相反，了解不足的教师，多是"偶尔"讲，甚至"从来不讲"。可以看出，比较了解儿童权益保障知识的教师经常给学生讲解此方面知识，而不太了解的教师很少讲解。因此，即使教师时常给学生讲解相关知识，也多是对相关知识了解程度比较高的教师，而对知识不甚了解的教师很少讲解。

表10-10 维权知识了解程度和讲解情况

单位：%

项目	经常	有时	偶尔	从来不讲
非常了解	62.6	37.4	0.0	0.0
比较了解	39.6	48.8	11.6	0.0
了解一点	9.3	46.5	39.5	4.7
没听说过	0.0	66.7	33.3	0.0

2. 影响因素分析

第一，教师的年龄和了解程度。在对教师年龄和对法律中相关法规的了解程度进行分析后（见表10-11），发现教师的了解程度大致符合正态分布规律，呈现两头小、中间大趋势，18~30岁和51岁及以上教师对未成年人相关法规"非常了解"和"比较了解"的分别为34%和42.9%；31~50岁的了解程度在六成以上。而且两组教师内部比较发现，年龄越大教师的了解程度越高，年轻教师的了解程度较低。

表 10-11 年龄和了解相关法规程度

单位：%

年龄	非常了解	比较了解	了解一点	听说过,但不了解
18~30 岁	1.9	32.1	50.9	15.1
31~40 岁	13.6	50.0	36.4	
41~50 岁	14.3	61.9	19.0	4.8
51 岁及以上	14.3	28.6	57.1	

第二，职业类别和讲解情况高度相关性。通过对教师的职业类别和讲解儿童维权知识做相关性分析（见表10-12），可以发现两者具有高度相关性，且通过观察可以发现，公办教师最经常向学生们传播讲解关于儿童维护权益方面的知识，这也与其工作性质和职业类别相关。与民办教师相比，公办教师更加正规；与代课教师相比，公办教师更加专业；与特岗教师相比，当地的公办教师更了解当地的具体情况。因此，建议作为学校最"接地气"的专业教师，公办教师能够带动其他教师一起向学生们宣传讲解关于儿童权益维护方面的法律常识，在教师群体间营造良好的儿童维权法律氛围。

表 10-12 职业类别和讲解情况

单位：%

职业类别	经常	有时	偶尔	从来不讲
公办教师	32.7	51.9	15.4	0.0
民办教师	100.0	0.0	0.0	0.0
代课教师	50.0	50.0	0.0	0.0
特岗教师	11.9	45.2	40.5	2.4

第三，工作满意度和讲解情况高度相关。在对教师工作满意度和讲解儿童维权知识频率进行相关性分析后（见表10-13），发现两者之间也存在高度相关性，且工作满意度越高的教师，向学生们讲解相关的儿童维权知识的频率也越高。工作满意度越高的教师，对教学和管理学生投入的热

情也越大。对学生给予更多的关心和关注的教师，更倾向于向学生传播讲解更多儿童维权方面的知识。学校要着重解决教师的工作满意度问题，针对教师最不满意的方面（工资待遇），让公办教师和特岗教师都能享受到西部教师的优惠福利政策，提高教师的工作满意度，教师自然就更愿意关心帮助学生，从而传授更多儿童维权的相关知识。

表 10－13　工作满意度和讲解情况

单位：%

项目	经常	有时	偶尔	从来不讲
非常满意	33.3	50.0	16.7	0.0
比较满意	34.0	44.7	21.3	0.0
一般	16.2	59.5	24.3	0.0
不满意	11.2	33.3	33.3	22.2
很不满意	25.0	25.0	50.0	0.0

（四）学校教学设施比较紧缺

根据调查，有 11.7% 的教师认为学校的教学设施"非常紧缺"，26.1% 的教师认为"比较紧缺"，30.1% 的教师认为"一般"，27.2% 的教师认为"比较充足"，4.9% 的教师认为"非常充足"。总的来看，学校的教学设施是比较紧缺的。教学设施包括硬件设施如教室面积、教学设备、体育设备等，软件设施如师资力量、后勤服务、教学管理等，可以说一个学校的教学设施很大程度上影响学生的学习能力和学习意愿。建议学校尽量争取政府的教育扶持，有选择性地与相关教育公益组织合作，获得更多的捐款和物资。

（五）心理咨询教师配备不足

根据对学校是否配备有专职心理咨询教师进行调查统计，有超过一半的教师（52.4%）回答学校没有专职心理咨询教师。留守儿童多数从小与父母分离，由爷爷奶奶带大，孩子们远离父母，又容易与爷爷奶奶产生更大的代沟，容易产生心理问题甚至极端行为。在这种情况下，心理咨询教师显得格外重要。祖父母辈由于年龄的差距和教育水平受限，不能运用正确的方式教育孩子；父母由于工作的原因与孩子相处时间太短，在正确引导孩子成长方面也存在不足；学校非专业的教师可能由于课业紧张和非心理咨询专业的原因，也不能给予孩子充分的开导与帮助。

三 社区关爱留守儿童意识严重不足，缺乏关爱保护体系

根据调查发现，对于村里"是否有关爱留守儿童的团队组织或机构建设"（见表10-14），46.6%的教师"不清楚"村里是否有关爱留守儿童的团队组织或机构建设，36.9%的教师回答村里"没有"，仅16.5%的教师回答村里"有"。在这项调查中，有近一半的教师不清楚村里是否有关爱留守儿童的组织，说明村里对留守儿童问题关注程度不够，没有开展关爱留守儿童工作。

表10-14 社区关爱留守儿童情况

单位：%

项目	有	没有	不清楚
是否有关爱留守儿童的团队组织或机构建设	16.5	36.9	46.6
是否建立留守儿童档案卡或联系卡	21.4	20.4	58.2
是否组织关爱留守儿童活动	21.4	22.3	56.3

对于村里"是否建立留守儿童档案卡或联系卡"（见表10-14），有58.2%的教师"不清楚"，20.4%的教师回答"没有"，21.4%的教师认为"有"，说明学校与村委会联系比较少，半数以上教师不了解情况。村委会要及时把关爱留守儿童工作重视起来，为留守儿童建立个人档案和家庭联系卡，加强与学校合作，并共享资料，同时定期更新留守儿童联系卡，以保证其家庭住址和监护人信息联系方式的有效性和完整性。

对于村里"是否组织关爱留守儿童活动"（见表10-14），有56.3%的教师回答"不清楚"，22.3%的教师回答"没有"，21.4%的教师回答

"有",这说明村组织对于留守儿童的关注度不足。

总的来说,村委会对留守儿童的关注度是比较差的,对留守儿童的关心帮助严重不足。综合上述三组数据,教师回答最多的是"不清楚",达到半数以上,一方面说明学校和社区之间缺乏沟通交流,另一方面说明社区对关爱留守儿童没有引起重视,建立关爱留守儿童的相关机构、组织活动比较少。

第四节 加强留守儿童发展权利保障的对策建议

一 健全组织领导机制,营造有利于留守儿童发展的社会氛围

将农村留守儿童关爱保护工作纳入政府重要议事日程,建立健全由政府领导,民政部门牵头,教育、公安、司法、行政、卫生计生、妇联、共青团等部门和群团组织参与的农村留守儿童关爱保护工作领导机制。在公益组织和社会企业越来越蓬勃发展的今天,建议有关部门能够为公益组织和乡村学校搭建沟通和合作的平台,让爱心人士们和真正需要帮助的学校及留守儿童进行深度对接,公益组织定期前往当地学校为留守儿童捐赠物资,并派支教教师或志愿者为留守儿童在学习和精神层面上提供更好的陪伴和帮助。进一步推进宁夏户籍制度、社会保障、文化教育、医疗卫生等相关政策改革,努力缩小城乡公共资源分配差距,尽可能使农村儿童在父母打工的地方就近上学,或者吸引农村劳动力在本地务工,从根本上减少留守儿童的数量。

二 加强关爱服务建设,营造有利于留守儿童发展的社区氛围

统筹政府、市场、社会各方资源,成立专门的留守儿童权益保障机构,在农村社区建立儿童救助服务机构、福利机构场所设施,强化留守儿童关爱保护工作,努力为留守儿童的发展创造良好的社会氛围。村委会要树立关爱留守儿童意识,加强和学校合作,密切和家庭、学校沟通,充分

利用农村信息化网络，建立农村留守儿童信息数据库，为每名留守儿童建立成长档案、联系卡及花名册，全面动态掌握留守儿童的数量及变动情况，并将信息资源共享给教育、民政、妇联等相关部门，为有关部门和社会团体对农村留守儿童精准关爱提供支持。此外，可以和学校共同举办关爱儿童活动，一方出资，另一方出力，通过各种关爱、娱乐活动帮助留守儿童树立自信心，对他们的心理健康、行为习惯给予正确引导，保障留守儿童健康快乐成长。同时，村委会要宣传正确的教育理念和价值观，引导留守儿童的监护人用平等和科学的方式教育留守儿童，让留守儿童能够健康成长。

三 加强儿童发展权益保障教育，营造有利于留守儿童发展的校园氛围

（一）加大农村教育资源的投入，提高教育质量

政府需继续加大对生态移民地区教育资源的投入力度，尤其是针对西部地区、农村地区的教育经费投入。加强对低收入地区教育资源的分配力度，不仅让低收入地区的学生有书读，还要保证学生们的教育质量和教师们的教学水平。学校在有能力配备专职心理教师的条件下，聘请心理教师，开设心理咨询室和相关课程，帮助学生减轻心理负担，让学生更加轻松愉悦地学习。如若当前学校条件不足，建议任课教师主动担起留守儿童心理辅导的工作，用科学的方法和亲切的态度引导留守儿童健康成长。除了增设特岗教师以外，要对农村教师进行定期定点的教学水平培训和教育学方面的培训，鼓励教师提高自身教学素养，从而给学生带来更多更先进更全面的课内外知识和维权知识。

（二）加强法律教育，树立留守儿童权益保护意识

学校要积极开展法制宣传，向学生普及《儿童权利公约》《中华人民共和国未成年人保护法》《义务教育法》等法律知识，增强学生的法制意识，帮助留守儿童树立自我权益保护意识，增强留守儿童自我防范意识，让学生掌握预防意外伤害的安全常识。当留守儿童权益受到侵犯时，能够

敢于维护自己的合法权益。教师能够耐心帮助留守儿童改正不好的学习习惯，提高留守儿童的学习能力，让留守儿童和非留守儿童在学习成绩方面缩小差距，共同进步。对于个别留守儿童的不良行为，学校能够理解留守儿童的特殊性，教师要及时对其进行法律教育，避免留守儿童违法犯罪现象发生。

（三）加强心理健康教育，强化关爱留守儿童组织团体作用

学校要营造关爱留守儿童的校园氛围，注重发挥少先队和共青团组织作用，将关爱留守儿童成长纳入各项活动。在举办文体娱乐活动时，要引导留守儿童积极参与，以缓解其孤独情绪。学校要重视留守儿童的心理健康教育，应将心理健康课程纳入教学计划，设立心理咨询室，保证每个学校至少配备一名专职心理咨询教师。班主任和心理教师要密切关注留守儿童，尽可能弥补留守儿童家庭温暖的缺失，加强师生情感交流，主动解决留守儿童心理诉求，及时地为留守儿童排忧解难。鉴于六成多教师平时住在学校，学校可将这些教师组成"关爱留守儿童"团队，利用课余时间，对学习困难的留守儿童有针对性地加以辅导，培养他们良好的学习习惯，不断提高自主学习能力。对于行为、生活习惯有偏差的留守儿童，教师们给予正确的指导和帮助，为留守儿童学习、生活、身心健康营造和谐愉快的氛围。

（四）加强教师队伍建设，提高教师待遇

百年大计，教育为本；教育大计，教师为本。为了深入贯彻落实党的十九大精神，造就党和人民满意的高素质专业化创新型教师队伍，落实立德树人根本任务，培养德智体美全面发展的社会主义建设者和接班人，全面提升国民素质和人力资源质量，加快教育现代化，建设教育强国，办好人民满意的教育，2018年，中共中央国务院出台新中国成立以来第一个专门面向教师队伍建设的文件《关于全面深化新时代教师队伍建设改革的意见》，为决胜全面建成小康社会、夺取新时代中国特色社会主义伟大胜利、实现中华民族伟大复兴的中国梦奠定坚实基础。

自治区教育厅应建立教师培训机制，建立统一的信息化教师培训平

台，邀请国内著名教育专家、教师进行网络教育培训，使每一位教师接受现代前瞻性的教育理念，提高教师队伍的整体素质。学校定期对教师进行教育学、心理学、维权知识方面的培训，鼓励教师提高自身教学素养，建立现代教育观念。将关爱留守儿童纳入教师培训内容，引导教师从留守儿童发展理念出发，对他们进行关爱、培养教育。以学生为本，掌握我国颁发的关于儿童相关法律、法规，给学生传授更多的课内外知识和维权知识。实施教师交流机制。各级教育机构从教师绩效考核出发，鼓励城市教师定期去农村学校交流，尤其吸引更多的优秀教师服务偏远、贫困农村教育，将先进的教育方式、教育理念传递到农村，使农村教师持续地学习到新思想、新理念、新方法，从而打破传统单一的教育模式，提高农村教育质量。加强教师资源的统筹管理和合理配置，及时解决教师编制问题，使不在编的教师能享受到应有的社会保障，解除他们的后顾之忧。建立特岗教师工资正常增长机制，保证特岗教师工资与社会平均工资同步增长。积极争取政策，将特岗教师的医疗保险、生育保险等纳入社会保障体系，缩小特岗教师与公办教师的待遇差距。建立特岗教师评价机制与激励机制，对在工作中表现突出的优秀教师予以奖励，提高特岗教师工作的积极性，[1] 使他们能够热爱这份职业，全身心地投入教育事业，追求更高的自我价值体现，充分发挥他们的责任使命感。

---

[1] 田继忠、禹晓成：《宁夏教育事业发展报告》，载《宁夏社会蓝皮书（2015）》，宁夏人民出版社，2014。

第十一章　宁夏留守儿童的家庭教育状况

家庭是以婚姻为基础、以血缘为纽带而形成的社会生活基本单位，生儿育女、培养后代是家庭的基本职能之一。"父母是孩子的第一任老师"，家庭教育是最具广泛性和基础性的教育，它对促进个体成长成才、家庭幸福、地区发展、民族优化和社会进步都具有重要意义。与中国中部、东南部、西南部等地区的几个农民工输出大省相比，作为小省区的宁夏农村劳动力的转移、留守儿童的现状有着独特的表现形式。宁夏固原市地区是国家有名的贫困地区，留守儿童是不是"问题儿童"？长期生活在不完整的家庭中，他们的家庭教育现状又是怎样的呢？笔者于2008年7月对宁夏固原市原州区B镇的两个村庄进行了实地调研，以两个村庄的留守儿童为调查对象，对留守儿童家庭教育的现状进行了比较全面、真实的了解，就留守儿童家庭教育现状、存在的问题进行描述和分析，探讨他们对以家庭为中心的社会支持体系的需求和被满足状况，进一步从家庭、学校、社区三个层面对影响留守儿童教育的不利因素提出具体的改进措施。

第一节　概念及研究方法

一　家庭教育的概念

什么是家庭教育？国内学者对这个概念的表述各不相同。《辞海》中对家庭教育的解释是：父母或年长者在家里对儿童和青少年进行的教育。① 这种观点的阐释对后人解读家庭教育的概念有着直接的影响，比较典型的有《中国大百科全书·教育》中把家庭教育定义为："父母或其他年长者在家庭内自觉地、有层次地对子女进行的教育。"② 罗恒星等认为："家庭教育就是指父母或其他长辈在家庭内自觉地有意识地对年轻一代进行德、智、体、美、劳各方面的培养活动。"③ 孙俊三等的观点是，"家庭教育就是家长（主要是指父母和家庭成员中的成年人）对子女的培养教育"④。著名家庭教育专家赵忠心在《家庭教育学》一书中指出家庭教育分狭义和广义两种，狭义的家庭教育是指在家庭生活中，由家长，即由家庭里的长者（其中主要是父母）对其子女及其他年幼者实施的教育和影响；广义的家庭教育则是家庭成员之间相互实施的一种教育。这种教育不论是父母对子女，子女对父母，长者对幼者，幼者对长者，一切有目的有意识施加的影响。⑤

二 研究思路和研究方法

本研究在社会学视角下，以定量和定性相结合的研究方法，通过对宁夏固原市原州区 B 镇的两个村庄的实地调研，主要采用文献、访谈、问卷及观察法等收集资料。

文献法：主要是借助中国知网、数字图书馆（超星电子图书）和"百度"搜索引擎在网络上获得资料。通过出版的理论著作和论文等载体收集、整理相关资料，从而争取比较全面地获得留守儿童的相关资料，以掌握以往研究的基本情况。

深度访谈：深入了解留守儿童的基本情况。首先拟订访谈提纲，进行实地访谈收集信息。访谈力求细致、深入，访谈对象包括留守儿童 5 名

---

① 《辞海》，上海辞书出版社，1979。
② 《中国大百科全书·教育》，大百科全书出版社，1985。
③ 罗恒星、曾中辉、刘传贤主编《家庭教育心理》，成都科技大学出版社，1991。
④ 孙俊三、邓身先主编《家庭教育学基础》，教育科学出版社，1991。
⑤ 赵忠心：《家庭教育学》，人民教育出版社，1994。

(集体开放式访谈与个别交谈)、留守儿童父母3户人家(一方)、留守儿童的祖辈2人(有的尽可能访谈)、留守儿童所在村的村干部2人,以多角度收集关于留守儿童的家庭教育情况。

问卷法:采取随机抽取样本的方法,共发放调查问卷100份,收回有效问卷97份,通过对问卷调查整理定量进行分析。

观察法:在访谈和问卷调查过程中,观察留守儿童所处的环境、留意留守儿童及其监护人的表情和神态,以此推测他们语言和行为的真实性和其背后的真实情况。

第二节 研究对象基本情况

一 宁南山区留守儿童现状

以固原市为主的宁夏南部地区,是一个以传统农业为主的少数民族贫困地区,全市辖四县一区。2017年,总人口153.84万人,其中农业人口134.2万人;全市共有劳动力73.96万人,其中农村劳动力69.23万人;全市城乡剩余劳动力31.42万人,其中农村剩余劳动力29.76万人。为了加快固原经济社会的发展,提高人们的生活水平,从2003年起,固原市委、市政府把劳务输出确定为固原的四大支柱产业之一,输出人数逐年递增,由2003年的18万人增加到2007年的28.43万人,增长了57.9%;劳务收入由6.37亿元增加到11.84亿元,增长了85.9%;务工人员人均收入由1211元增加到4163.43元,增长了2.44倍。[1] 大规模、跨地区的劳务输出已经成为固原市经济社会发展过程中的一种常态化、普遍化的社会现象。据固原市妇联初步统计,2007年固原市中小学在校学生31.2万人,在校15周岁以下的留守儿童约4.2万人,占学生总数的13.5%。[2]

---

[1] 资料来源:宁夏固原市劳动和社会保障局。
[2] 资料来源:宁夏固原市教育局。

二 研究对象的基本情况

本章以宁夏固原市原州区 B 镇两个村庄的留守儿童作为调查对象，采取随机抽取样本的方法，共发放调查问卷 100 份，收回有效问卷 97 份。

（一）性别与民族

调查对象中，男性 48 人，占样本总数的 49.5%；女性 49 人，占 50.5%。汉族 73 人，占样本总数的 75.3%；回族有 24 人，占 24.7%。

（二）年龄结构

调查对象的年龄在 6~18 岁，平均年龄 12 岁，且 12 岁的样本量最多，占总数的 18.6%。调查对象主要集中在 10~14 岁的留守儿童，占 66.0%。

（三）受教育水平

调查对象中，辍学 1 名；高中生 6 名，占总数的 6.2%；初中生 10 名，占 10.3%；小学生 80 人，占 82.5%。这与调查对象年龄结构主要集中在 10~14 岁似乎有些矛盾。事实上，国家实施"两免一补"以前，固原地区许多农村儿童不能如期入学，往往推迟 1~2 年上学。因此，与城市儿童相比，调查对象所处的年级与其年龄极不相称，小学阶段的学生年龄往往在 6~15 岁，每个年级的学生年龄都参差不齐，例如六年级的学生年龄在 11~15 岁不等。

（四）家庭人口

在 97 名留守儿童中，家中有 3 口人的最少，仅有 3 人，占样本总数的 3.1%；有 5 口人的最多，有 38 人，占 39.2%；4 口人的有 31 人，占 32.0%；6 口人及以上的有 25 人，占 25.8%。调查对象家庭中 4~5 口人的占大多数，超过 70.0%。

（五）家庭结构类型及分析

正常家庭教育功能包括父母双方对孩子的影响，父母双方的教育"合力"是保障孩子身心健康成长的关键，对其思想道德、价值信仰、行为准则都有至关重要的作用，而留守儿童家庭结构不健全会减弱这种

"合力"的功能，从而削弱家庭教育的整体功能。显然，父母双方外出者的家庭功能显著低于单亲外出的家庭。①

在这里，父亲外出的比例（72.2%）远远高于母亲（7.2%）的比例，母亲外出打工人数仅是父亲的 1/10，可见，父亲担负着养家糊口的重任，母亲则留在家中承担农业劳动、照顾老人及孩子。父母共同外出者仅 17.5%。留守儿童主要与母亲住在一起，占 68.0%，父母双方的角色由母亲一人承担起来；留守儿童与（外）祖父母居住的占 29.9%；没有寄养在亲属家的留守儿童。在劳务输出大省区，父母双双外出打工的居多，达总数的 50% 以上。②留守儿童与（外）祖父母一起生活的居多。老人年迈体弱，仅能照顾孩子的基本生活，无力教育孩子，更不能辅导孩子的学习，不能为儿童提供良好的学习环境，更提不上家庭教育环境，这样就造成留守儿童家庭教育的严重缺失。可以看出，与父母双方外出家庭占大多数的劳务输出大省区相比，宁夏固原市的留守儿童家庭教育功能更高。

第三节 调查结果与分析

一 外出打工父（母）亲对留守儿童的"远程教育"

（一）联系方式和联系频次

在宁南山区，农村的主要通信工具是电话（手机），笔者所调研的两个村庄均没有电脑，更不存在上网现象，对留守儿童来讲，电脑和上网是陌生而遥远的。"去看望"在外打工的父（母）亲更是不切实际的。通过调查，固原的留守儿童与父（母）亲有写信和打电话两种联系方式，而

---

① 梁静、赵玉芳等：《农村留守儿童家庭功能状况及其影响因素研究》，《中国学校卫生》2007 年第 7 期。
② 段成荣、周福林：《我国留守儿童状况研究》，《人口研究》2005 年第 1 期。

打电话则是外出父（母）亲与子女最主要的沟通方式，达 90 人，占 92.8%；与外出父（母）亲写信的有 4 人，占 4.1%；从不与外出父（母）亲联系的有 3 人，占 3.1%。

从图 11-1 可以看出，随着时间的延长，留守儿童与父（母）亲联系的人数逐渐减少。半个月内与父（母）亲联系一次的留守儿童占 63.9%，超过半数。4 个月以上以及没有联系的有 4 人，占 4.1%。可见，留守儿童与父母的联系频率较低，通过电话沟通很有限，外出父母对子女教育与影响的功能大为削弱，亲子关系松散导致家庭社会支持不足，不利于留守儿童身心健康的发展。关于"谁会主动联系"问题，调查显示，留守儿童主动联系比例最多，占 44.0%，一些孩子说，让自己最伤心的事情，就是外出父母不接电话。他们渴望父（母）亲的关爱，思念亲人心切；外出打工父（母）亲主动联系占 42.0%，监护人比例为 8.0%。

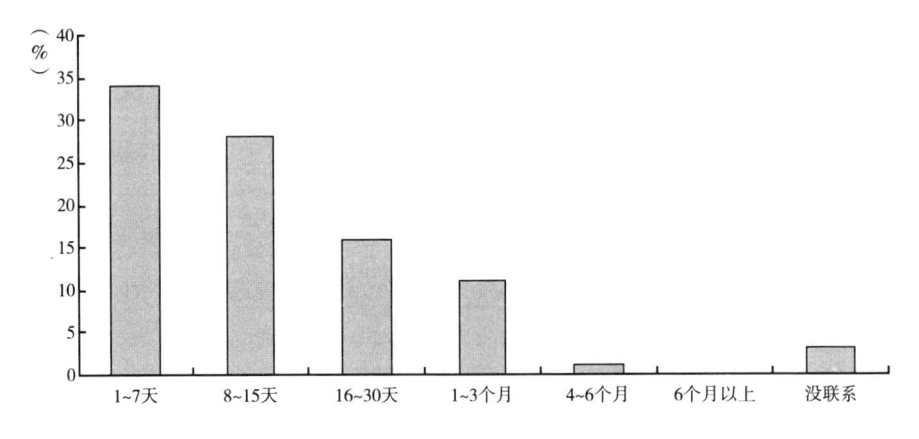

图 11-1 留守儿童与父母的联系频次

（二）父（母）亲对留守儿童的"远程教育"内容

外出父（母）亲通过电话对留守儿童的教育内容，将直接影响留守儿童的日常行为和心理活动。调查发现（见表 11-1），有 89 人，91.8% 的父（母）亲与孩子主要谈论"学习"，他们最关心子女的学习；其次是"听老师的话"，说明在家庭教育的缺失下，父（母）亲将留守儿童的教

表11-1 外出父（母）亲与你谈话的主要内容（多选）

项目	学习的事	饮食健康	注意安全	听从监护人的话	听老师的话	结交朋友方面	其他
人数(人)	89	45	46	42	65	4	2
比例(%)	91.8	46.4	47.4	43.3	67.0	4.1	2.1

育寄托于学校和老师；"注意安全""饮食健康"等生活、行为方面，则离不开监护人的照顾和引导，因此这两项与"听从监护人的话"比例相当。关于"结交朋友方面"，父（母）亲则很少提到，仅有4名留守儿童的父（母）亲嘱咐孩子"结交朋友"的话题。显然，父（母）亲认为，留守儿童的教育主要是学校教育，家庭教育次之，其他教育绝大多数父（母）亲根本没有考虑在教育范围内。父母往往期望子女将更多的精力用于学习，亲子之间的沟通会很自然地涉及留守儿童的学业问题。亲子的这种沟通忽视了子女的情感沟通和道德教育，致使留守儿童只会"死读书"，其他方面"不合格"。当孩子的成绩不理想时，便采取粗暴的教育方式。笔者了解到，由于家长不良的教育方式，一些儿童索性中途辍学，不再踏进学校大门。

许多留守儿童表示，电话中的交流远远不能满足自己心理的需求，他们渴望和父母有更多的交流，他们有许多心里话想和父母说，但有些话好像在电话里也不好说出来，而且也没有那么多时间说，因为还要考虑到昂贵的电话费。在儿童的社会化过程中，父母的有效控制是非常有必要的，父母认为打个电话叮嘱几句，问声平安就够了，对孩子的需求、交往、兴趣关注很少。当留守儿童的情感交流问题无法在家庭和父母那里求得解决时，便会转而求助同伴群体。外出父母对留守儿童"结交朋友方面"毫无有效控制意识，不良的同伴群体很有可能成为促发留守儿童过错行为的诱因。父（母）亲对孩子教育的机会很少，而一旦产生联系，双方考虑到高昂的电话费用，会尽量减少说话内容和说话时间。在这短短的通话时间里，父（母）亲的简短话语对留守儿童的教育是否有作用？这种"远程教育"仅仅停留于留守儿童生活的表面，而很难深入他们的内心世界。

（三）留守儿童对父（母）亲交流

留守儿童在短短的几分钟通话时间里（见表11-2），最关心的是外出父（母）亲的身体健康，80.4%的留守儿童嘱咐父（母）亲注意身体。同时，他们知道父（母）亲最关心自己的是什么，半数以上向父（母）亲汇报"在学校的情况"，并且"让父（母）亲放心"，他们很听话。父（母）亲远在他乡，孩子们想念父（母）亲时怎么办？56.7%的留守儿童会打电话给父（母）亲，向他们倾吐思念之情。而最令孩子们伤心的事情，就是父（母）亲不接电话。或许父（母）亲没有听到手机声音、或许考虑电话费的因素，这给孩子们幼小的心灵带来了不小的打击，这种伤痛不知伴随他们走过多少路程。

表11-2 你与外出打工父（母）亲谈话的主要内容（多选）

项 目	在学校的情况	给自己买东西	让父（母）注意身体	我很听话，让父（母）放心	其他
人数（人）	63	21	78	61	2
比例（%）	64.9	21.6	80.4	62.9	2.1

对于"你最想对父（母）亲说什么？"这个问题，许多留守儿童对父（母）亲外出打工表示理解，对父（母）亲为之付出的心血表示感谢，更表达了子女对父（母）亲的思念。

> 你们太辛苦了，我会好好学习，不会让你们失望的。
> 在你们的教育辅导下，我学会了怎样做一个受人敬重的人。
> 希望你们早回家，不要再出去了。
> 爸爸，你快回来。

对于"你最需要的是什么？"留守儿童的回答主要是关于"学习"和"爱"两大类。45个答案中，24个答案是对父（母）亲关爱的需求。唯有通过爱才能满足孩子们最深刻的克服孤单的需要。在儿童的整个成长过程中，家庭始终发挥着举足轻重的作用。父（母）亲的缺失，导致了家庭功能的不健全，不能满足儿童社会化过程中的最基本的情感需求，缺乏情感的交流和释放，对留守儿童今后的成长历程造成一定影响。留守幼儿常常有一种孤僻的心理，表现为沉默寡言、喜欢独来独往、我行我素、胆小、自私、不合群。不少研究者指出，大部分的亲子冲突是由于缺乏父母的情感关注而产生的。父母的离开，不能与子女维持正常的情感关系，留守儿童的情绪交往需要得不到满足，其情感和人格发展会受到影响。

二 监护人对留守儿童的家庭教育

父（母）亲外出打工后，对留守儿童的家庭教育责任落在监护人身上。监护人除照顾留守儿童的生活之外，还要给予关爱，对其学习、心理、思想道德等给予良好的培养和教育。但是，监护人尤其是单亲监护人承担着繁重的劳动，对留守儿童的家庭教育是否到位呢？笔者通过与留守儿童与监护人的交流情况、交流内容以及监护人对待留守儿童犯错的态度等三方面来展现监护人给予留守儿童的家庭教育。

（一）留守儿童与监护人的交流情况

留守儿童和监护人的交流情况与留守儿童的监护类型有密切关系，"经常"与监护人交流的占55.7%，这是由于超过半数的留守儿童属于单亲监护，说明他们与母亲交流频繁。依恋理论认为，当个体遇到生理或心理威胁时就会激活依恋系统，寻求和维持与依恋人物亲近。当留守儿童遇到压力、恐惧、危险时，会寻求母亲的保护和帮助，从而缓解留守儿童的紧张感。"有时候"交流占23.7%；"很少"和"从来不"交流的达20.6%，这与留守儿童隔代监护有很大关系。农村老人文化水平非常低，大多数都是文盲，老年人的思想意识比较传统、保守，再加上年龄和体力的限制，仅限于照顾留守儿童的生活，对留守儿童的教育往往力不从心，完全不懂社会关系对留守儿童的影响，更没有主动与孩子的交流和规范孩子交往行为的意识。在老人眼里，听话就是好孩子。留守儿童认为，老年人爱唠叨，对其交流方式和价值观念难以认同，对老人有抵触、逆反心理。当他们在复杂的道德情境下产生认识上的困惑和强烈的内心冲突时，当他们在日常生活和社会交往中面对复杂的道德判断难以取舍时，他们迫切需要得到一个道德知识的给予者，道德问题的咨询者，道德行为的示范者，而事实是，他们所面对的是与自己有着严重"代沟"的观念陈旧、知识缺乏的祖辈代养者，道德榜样的人为剥夺致使正常的道德学习过程受阻，使他们在社会道德学习中无法形成正确的价值观念和道德判断。[1]

（二）留守儿童与监护人的交流内容

尽管半数以上留守儿童经常与监护人交谈（见表11-3），但是他们的谈话内容主要是留守儿童在学校的情况，占61.9%，与外出打工父（母）亲一样，监护人认为留守儿童的教育以学校教育为主。由于父亲的外出，打破了中国农村传统的性别分工格局，转变为"男工女耕"分工现象。这种分工致使母亲独立承担了本应该与丈夫共同承担的家庭责任和义务。[2] 家务劳动、农业劳动、子女教育、赡养老人等家庭责任集于母亲一身，客观上限制了与子女的情感交流与互动，直接导致家庭教育功能的弱化。母亲仅仅是对留守儿童生活上的照顾，却忽视了与留守儿童思想、情感上的交流，如果留守儿童缺少父母的热情与关爱，就难以获得自我的良好感受、产生安全感和自尊心，一些留守儿童尤其是隔代监护家庭，不愿将自己的想法和需求告诉监护人，与监护人之间有一道心理屏障，这对留守儿童思想道德、心理健康以及行为准则的发展都有一定的负面影响。

表11-3 留守儿童与监护人的交流内容

单位：人、%

项　目	人数	占比
关于自己在学校的情况	60	61.9
给自己买学习用具	14	14.4

---

[1] 迟希新：《留守儿童道德成长问题的心理社会分析》，《教师教育研究》2005年第6期。
[2] 孔炜莉：《留守妻子家庭地位研究综述》，《宁夏社会科学》2008年1月。

续表

项　目	人数	占比
给自己买生活用品	12	12.4
你的好朋友(讨厌的同学)	9	9.3
其　他	2	2.1
合　计	97	100

（三）留守儿童犯错误时，监护人的教育方式

由于留守儿童最基本的情感需求无法满足，生活中的不方便，周围环境的歧视等，造成了留守儿童内心的寂寞和忧伤，有的变得任性、暴躁，有的逐渐孤僻、自我封闭。对于"你记忆中，最大的错误是什么？"的问题，有62个调查对象做出回答，其中"和同学、兄弟打架"最多，有25个，占40.3%；"和监护人顶嘴、吵架"有10个，占16.1%；"偷东西"8个，占12.9%；"对父（母）撒谎"8个，占12.9%；"和老师吵架"4个，占6.5%；"和同学吵架"3个，占4.8%。从以上可以看出，留守儿童主要犯的错误是和他人发生冲突、偷东西和撒谎，而与他人打架、吵架占67.7%，且打架者居多；吵架当中，与监护人、老师吵架居多。

面对留守儿童的错误（见表11-4），61.9%的监护人"帮助分析犯错原因"，调查对象中大多数与母亲住在一起，与隔代监护人相比，母亲的文化水平较高，其教育理念更具现代性、科学性，有利于儿童的健康发展。而打骂或打电话告诉外出打工的父（母）亲，显然并不是留守儿童

表11-4　犯错时监护人的教育方式

项　目	人数	百分比(%)
采取打骂方式教育你	22	22.7
帮助分析犯错原因	60	61.9
打电话告诉你外出打工的父（母）	14	14.4
其　他	1	1.0
合　计	97	100

所希望的教育方式。他们渴望父（母）亲的关心和爱护，希望他们在外健康、愉快，而监护人打电话告诉父（母）亲一些不愉快的事情，短期内对留守儿童起到一定的"教育"作用，但是其内心并没有接受这种教育方式，反而从心理上排斥甚至敌视监护人。

三 知识的获取

（一）课外知识的获取

从表11-5看出，留守儿童的课外知识主要来自书籍、电视、老师，而从父母及其他监护人获取知识的不到10%。为了证实表11-5结果的真实性，笔者追问："你知道奥运会吗？""如果知道，是谁告诉你的？"回答"知道"的有81人。其中，通过"电视"知道的人最多，有47人，占58.0%；通过"老师"知道的30人，占37.0%；通过"书籍"获知的有25人，占30.9%。显然，除从学校获取知识之外，留守儿童的课外知识主要从电视、书籍等媒介获得，而从家庭获取的非常少，甚至不及从朋友那里获取的知识。

表11-5 课外知识的获取（多选）

项 目	父亲	母亲	朋友	其他监护人	老师	电视	书籍
人数（人）	4	9	10	4	40	43	47
占比（%）	4.1	9.3	10.3	4.1	41.2	44.3	48.5

儿童社会化的主体主要有家庭、学校、同伴群体、大众传媒。[1] 对于留守儿童来讲，占主导地位的家庭受到其他社会化主体的挑战，由于父母外出工作，留守儿童更多的时间由电视、书籍陪伴，他们的生活越来越受到学校、大众媒介、同伴的影响。笔者调查的两个村庄几乎每个家庭拥有一台电视，村庄拥有电视机台数远高于固定电话数。贫困的村庄没有儿童

---

[1] 〔美〕戴维·波普诺：《社会学》（第十版），李强等译，中国人民大学出版社，1999。

第十一章　宁夏留守儿童的家庭教育状况

的娱乐场所,留守儿童也没有各种各样的玩具,电视是他们开阔眼界、获取外界信息的唯一渠道。通过调查,绝大多数留守儿童每天在家中看电视不低于一小时。儿童往往将他们观察到的周围的行为作为自己言行的模板,所以从电视上观察到的东西将直接或间接地转化为他们自己的日常行为,而电视中经常把现实生活理想化、艺术化,这些虚拟的社会在留守儿童脑海中得以强化,在缺乏父母的引导下,他们容易误解在电视中所看到和听到的东西。国外许多研究者认为,电视暴力与少年儿童显著的攻击性行为之间有强相关关系。我国的相关统计也揭示出,无论是电视暴力镜头,还是有关情变及两性生活的画面,在电视屏幕上都在持续上升。这样的内容对于人格未定型、身心不成熟的儿童来说是一种可怕的诱惑和暗示,难免会激起他们行为上的仿效,造成儿童对司空见惯的暴力、色情场面的曲解、麻木甚至想当然。[①] 留守儿童收看电视行为缺乏父母的引导,监护人无心帮助留守儿童选择电视节目的内容或者耐心地陪孩子一起看电视并加以解说,他们难免会汲取有害的毒素,对其成长造成负面影响。

（二）作业辅导情况

虽然本次调查对象多由母亲监护,但是,一方面,母亲的文化水平较低,辅导能力有限;另一方面,即使母亲有能力辅导,她们承担了本应该与丈夫共同承担的家庭责任和义务,在日常生活和生产中扮演着重要的角色,没有闲暇时间对子女进行辅导,作业辅导责任则转移到哥哥或姐姐身上,比例高达57.7%（见表11-6）,除此之外,还有相当部分留守儿童第二天向同学求助。父（母）亲的外出,对留守儿童学习辅导的责任转嫁到同样是孩子的哥哥、姐姐或同学身上,不仅对留守儿童的学习造成影响,而且对其他孩子造成了一定的心理负担和压力。

（三）学习目的

父（母）亲外出打工,增长了留守儿童对亲情、关爱的需求,同时,他们感受到父（母）亲在外的艰辛困苦,这均缘于家庭的贫困,无疑对

---

① 化得元、高治合:《电视与儿童的社会化》,《电化教育研究》2002年第12期。

表 11-6　家庭作业不会时，你问谁

项　目	父亲	母亲	哥或姐	其他监护人	次日问同学	其他	从来不问	合计
人数(人)	2	11	56	7	16	2	3	97
百分比(%)	2.1	11.3	57.7	7.2	16.5	2.1	3.1	100

他们的学习目标产生了潜移默化的影响，他们对自己的未来，也有着自己独特的认知与期望。在农民看来，只有上大学，才能改变自己的命运，才能走出贫困，"考大学"是大多数留守儿童的学习目标。"考大学""为了找个好工作"，最终目的是"为了减轻父母的负担"，帮助家庭摆脱贫困，因此调查对象选择"为了找个好工作""为了减轻父母的负担"比较多（见表 11-7）。但是，"外出打工"也可"减轻父母的负担"，却仅有3.1%选择，这说明留守儿童深刻体会到了父（母）亲在外打工的不容易，不愿意重走父（母）亲的打工之路，也坚定了他们明确学习目标的决心。

表 11-7　学习目的（多选）

项　目	考大学	为了减轻父母的负担	为了给父母增光	为了找个好工作	外出打工
人数(人)	55	33	24	28	3
百分比(%)	56.7	34.0	24.7	28.9	3.1

四　生活技能

儿童在与家人互动的过程中，不仅在情感等方面有所发展，而且也逐步成为对社会、对家庭有所贡献的人。由于父亲的外出，打破了中国农村传统的性别分工格局，转变为"男工女耕"分工现象。这种分工致使母亲独立承担了本应该与丈夫共同承担的家庭责任和义务。家务劳动、农业劳动、子女教育、赡养老人等家庭责任集于母亲一身，在母亲的带动和影响下，留守儿童学会了轻便的劳动，以帮助母亲减轻压力。当母亲忙不过来时，留守儿童则承担力所能及的劳动。

通过调查，家务劳动方面，留守儿童"经常"干的占42.2%，"有时候"干的占22.7%，"很少"干的占25.8%，"从来不"干的占9.3%，大部分留守儿童承担家务活。早上家人起床后，他们叠被子，饭后他们要洗锅、擦桌子、扫地，家中有弟妹的要带弟妹，还有的留守儿童甚至为家人做饭、洗衣服。调查中遇到一个9岁的小女孩，约1.3米的个头，看上去大约五六岁，填写问卷时发现她的理解、领悟能力强于其他孩子，像个小老师一样给小伙伴讲解问卷。她8岁时，妈妈外出打工，没有人给爸爸做饭，她便学着做饭，如今会切菜、炒菜、和面、揪面、煮稀饭，样样精通。

农务劳动方面，留守儿童"经常"干的占19.6%，"有时候"干的占29.9%，"很少"干的占33.0%，"从来不"干的占17.5%。可以看出，留守儿童做农活的比例低于做家务活的比例，主要是由于农活的劳动强度远远高于家务活，繁重的体力劳动年幼的儿童无力承担，但他们会在田间锄草、喂牲口、放牛，年长的孩子会帮助家里割小麦、种向日葵等。

在家里，监护人期待留守儿童能操持家务，为其分担体力劳动，在儿童社会化中，他们会形成自我意识，注意到父母和监护人对他们的期望、对他们的评价，主动承担家务、农业劳动，以提高家庭的利益、满足家人的期望，从而使其社会化过程有效运作。

五 个人价值取向

外出打工父（母）亲的经历和所见所闻开阔了留守儿童的眼界，同时，在老师、同学、朋友的影响下，他们萌生了丰富多彩的理想。

"你长大了想当什么？"调查显示，有28人选择当老师，占28.9%，说明孩子们最喜欢老师这一职业，同时说明学校教育对留守儿童具有较大影响，教师在他们心目中具有较高的地位——"老师是辛勤的园丁，会培养出一个个对国家有用的花朵""我想当一位老师，可以把一些可爱的小朋友教成一个有文化的人，这样她们就可能遗传下来""我想当一名人民教师，到我国最贫困、最需要老师的地方去教书，帮助他们走出贫困。"警察、医生也是留守儿童的理想职业，分别占 16.5% 和 15.5%。"我想当一名公正无私的警察，可以为民除害，帮助穷人。""我想当警察，抓坏人。""我想当医生，救死扶伤，做一个为人民服务的人。"当科学家和解放军也是留守儿童的理想，占比均为 7.2%。"只要自己努力，实现自己的梦想，我会尽自己最大的努力为人民服务、造福他人。""我要当一名军人，守卫边疆，报效祖国。"在孩子们眼里，这些职业是服务于民、造福于民的职业，肩负着神圣的职责和义务，而他们也希望将来承担这份责任。想当老板、当官、银行家的少数留守儿童，共占 7.4%，是由于他们身处贫困地区，看到父（母）亲在外吃苦受累，"想当有钱人，孝敬父母"，使家庭摆脱困境。

六　结论

通过上述调查分析，得出结论如下。

第一，本章所调查的留守儿童以父亲外出打工为主，大多数与母亲生活在一起，即单亲监护居多。与父母双方外出家庭占大多数的劳务输出大省区相比，宁南山区留守儿童家庭教育功能更显著。

第二，留守儿童与外出父（母）亲的主要沟通方式是打电话，留守儿童主动与父（母）亲联系的比例高于父（母）亲打回家的比例。留守儿童与父（母）亲联系的频次与时间成反比关系，即时间越短，联系的频次越多。大多数留守儿童半个月内至少与父（母）亲联系一次。上述两方面反映出宁南山区留守儿童家庭教育功能较为显著。

第三，留守儿童与外出打工父（母）亲及监护人的交流多集中于学习情况，而缺乏情感、思想的交流。外出打工父（母）亲和监护人都将留守儿童的教育主要寄托于学校教育，更忽视同学、朋友对其的影响。而外出父（母）亲对留守儿童的"远程教育"是否有效，需进一步调查研究。对于留守儿童的错误，半数以上监护人运用现代教育理念，帮助留守儿童分析错误原因，促进留守儿童的健康发展。

第四，留守儿童对父（母）亲外出打工表示理解，知道父（母）亲在外非常辛苦，因而变得成熟懂事，体谅和关心父（母）亲。但是，由于家庭的不完整，留守儿童基本的情感需求得不到满足。他们对目前的家庭生活满意度远不如以前，父亲外出后，他们产生孤独感、不安全感，对留守儿童的心理造成了一定的负面影响。

第五，宁夏固原地区属于贫困地区，全球信息化、网络化之风还没有吹到贫困落后的村庄，外界不健康的文化产品还未进入这片净地，留守儿童的知识主要来自学校、书籍、电视，这对留守儿童的健康成长是有利的。因此，留守儿童的个人价值取向是健康而纯洁的。76.3%的留守儿童把个人的理想同国家的富强、民族的命运联系起来，为祖国、为人民奉献智慧和力量是他们的理想信念，充分说明留守儿童年少志不短，负有振兴中华、建设祖国、造福人民的使命感。

第四节　留守儿童家庭教育问题的对策建议

农村留守儿童问题是一个社会问题，具有普遍性、长期性、复杂性、严重性等特点。留守儿童出现的问题，不仅阻碍了他们自身的发展，影响了家庭的和谐，而且给学校以及社区的秩序、安全等带来负面影响，不利于宁夏的经济发展与和谐社会的建设。

实际上，要想从根本上解决农村留守儿童的问题，就要彻底解决二元经济体制问题以及二元户籍制度及其相关的教育制度、就业制度、福利制度等问题，还有由此导致的"三农"问题、农民工问题等。这是一项宏观、复杂、艰巨的远大工程，不是短期就能实现的。改善留守儿童身边的小环境，为其提供良好、健康的发展环境，使他们健康快乐成长。与成人相比，儿童的生活环境比较狭窄，家庭、学校和社区都会对儿童的身心发展产生一定的影响。而家庭、社区、学校三个方面不是相互独立的，是互相作用、互相影响的，因此，要解决留守儿童问题，就要从家庭、学校和社区等三方面入手，各方面形成合力，建立一个家庭、学校、社区、邻里相互配合的留守儿童的社会支持体系。

一　建立留守儿童家庭教育的支持体系

家庭是儿童接受教育的第一个场所。家庭支持是以血缘为基础，来自家庭成员和亲戚方面的给予儿童的社会支持，是物质支持与精神支持的相结合。家庭支持对于儿童，特别是年幼的孩子的成长具有不可替代的作用，儿童获取了较完备的家庭支持，能使其接受正面、良性的影响，从而促进他们的健康成长。家庭通过亲子关系、家庭互动以及所营造的文化氛围影响子女的生活习惯、行为方式与价值观，使儿童的许多个人特征打上了深深的家庭教育烙印。天然的血缘关系使儿童对父母怀有依恋、爱戴和特殊的信任感，使家庭在儿童的教育上具有许多天然的优势。但是，由于父母外出务工，监护人劳动负担加重，家庭原有的这种教育优势在留守儿童的家庭中被严重弱化甚至消失。针对留守儿童家庭结构不健全、亲子互动少、监护人监护职责不到位等一系列问题，如何发挥家庭支持就显得尤为重要。[①]

第一，父母及监护人要树立科学的教育观念，增强家庭教育责任感。通过上述分析发现，大多数留守儿童的父母认为学校教育是子女教育的唯一途径，认为孩子所有的教育问题都由老师负责解决，他们只注重学习成绩的高低，而忽视子女的身心健康发展。而且父母很少与学校联系，不了解留守儿童在学校的情况，学校和家庭之间处于空白状态，致使留守儿童不良的学业和过失行为有机可乘。父母和监护人要树立正确的教育观，促进儿童的全面发展，加强对他们的思想品德教育，重视孩子的全面素质的培养。家长能否树立科学的教育观念和育儿理念，直接影响到家庭教育的科学性和家庭教育的效果。

家长要全力支持子女的教育，保证其接受义务教育的权利，摒弃

[①] 赵富才：《农村留守儿童问题研究》，中国海洋大学博士学位论文，2009。

"读书无用论"的思想,将子女的健康和发展放在首位。对委托照管孩子的事实监护人来说,要努力树立角色意识,真正负起教养孩子的责任和义务,努力为其营造近似完整结构家庭的家庭氛围,在条件允许的情况下,尽可能地给留守儿童一个好的教育环境。

第二,家长要加强与子女的亲子交流,完善留守儿童的情感支持。父母要多关注留守儿童心理、情感等内心层次的需要,不要只关注他们的学习情况。父母外出务工开阔了自己的视野,也提高了一些父母对子女的期望值,但要将这种教育愿望与孩子的教育行为结合起来,家长不仅要关心孩子的学业,更要提供精神上的鼓励和心灵上的呵护。父母外出务工,尤其是父母双方外出,要注意改变亲子之间的沟通方式、交流时间、交流内容等。在沟通的时间上,注意不要相隔太久,要保持与孩子的经常联系,要熟悉孩子的情况。最好保持一个星期联系一次,多听听孩子的倾诉,特别是逢年过节时一定要给孩子心灵上抚慰,如条件允许尽量在逢年过节时与孩子团聚,让他们感受到家庭的温暖和亲情的关爱。在沟通的方式上,除了电话联系外,还可用书信的方式,这对于孩子的情感非常有帮助。笔者在调查中发现,许多孩子是通过日记本的方式来抒发和宣泄心中的秘密与不满的,如果父母经常与孩子以书信交往,子女就可以将父母作为一种倾诉的对象,电话因各方面的限制而不具有这方面的功能。尽管留守儿童与父母相处的时间非常有限,对绝大多数留守儿童来说,他们仍然会用一种强烈而积极的方式依恋着他们的家庭,希望与父母在各个方面保持着良好的沟通,父母仍旧是他们获得忠告和感情支持的重要来源。此外,家长要与学校经常沟通以了解子女情况,密切与监护人和留守儿童的联系,在获得子女信息的同时,积极给予留守儿童情感支持,尽量满足儿童的情感需要,以此鼓励留守儿童表达情感,从而及时了解孩子的身心发展状况,促成儿童道德标准和行为规范的内化。[①]

[①] 殷世东、朱明山:《农村留守儿童教育社会支持体系的构建——基于皖北农村留守儿童教育问题的调查与思考》,《中国教育学刊》2006年第2期。

生态移民地区留守儿童权利保障

监护人方面，母亲在承担繁重劳动的同时，要不忘关爱子女。弗洛姆认为，爱是一种主动的给予行为，这种给予不仅是物质领域的，更重要更关键的则是人性领域的关爱，在此之中个体感受到了力量、能力和财富，同时生命力得到了升华。① 母亲的温情鼓励、支持和期望，对留守儿童多讲道理、少用惩罚的行为特征，使留守儿童体验到母亲给予的快乐，有利于子女形成健康的社会情感，有利于在今后的社会交往中建立良好的同伴关系、形成正确的道德情感。另外，留守儿童的祖辈也要转变教育观念，尝试学习教育儿童的新策略、新方法，扮演好教育者的角色，把更多的精力从关注孩子的物质生活转向道德教育上来。

第三，提供必要的精神支持，切忌过度的物质支持。目前留守儿童的父母侧重于物质支持，忽视精神支持。许多外出务工父母与孩子接触时间少，所以对孩子普遍有一种"补偿心理"，因而用更多的物质上的满足来弥补孩子，但是过多的物质补偿不仅弥合不了子女长期远离父母对其造成的心理"创伤"，而且有可能为子女的不良行为制造温床、提供条件，使他们难以抵御外界的诱惑，如沉溺于游戏厅等娱乐场所，养成花钱大手大脚的习惯。所以，父母应转变教育观念，注意与子女多进行情感交流和心理沟通，了解孩子的精神需求。

二　建立留守儿童学校教育的支持体系

（一）学校要端正办学思想，树立以学生为本的教育理念

学校不仅要满足学生的升学需要，更要为学生的发展打下坚实的基础。学校教育离不开对教育过程、结果、目标实现程度的价值判断，这种价值判断过程就是评价。教育评价具有发展和分等的双重功能，以促进和帮助学生发展为目的。② 具体地说，对学生评价的目的，不在于否定他

---

① 〔美〕埃利希·弗洛姆：《爱的艺术》，孙依依译，工人出版社，1986。
② 衣建龙、徐国江：《教育评价的历史发展评述》，《山东省农业管理干部学院学报》2002年第6期。

们，而在于调动他们的积极性、创造性，调节他们的行为。心理学研究表明，人的积极性主要来源于对成功的渴望。留守儿童家庭结构的不完整和家庭教育的缺失，使他们内心渴望学业成功的愿望较其他学生更为强烈，如果在学业上得不到肯定，总是受到否定的评价，那么他们就会丧失信心。如今，我们的教育工作者尤其是欠发达地区，主要以分数的高低来作为评判标准，从而对学生施加压力，使学生的情绪低落，对学习失去兴趣，这不利于他们的心理健康成长，不利于学生综合素质的全面发展。因此，学校要改变教育评价观念，对留守儿童多些关心和爱护，关注学生的差异，关注学生的个性，更要关注和发现学生的美德，让学生真切地感受到教育对他们进行智慧启发和心灵陶冶所带来的内心的充实和快乐，让他们在教育意义的滋养下实现个体身心素质的全面、生动、活泼发展。[1]

（二）办好家长（监护人）学校，建立留守儿童家长联系制度

根据目前留守儿童监护类型的多样化，学校在家长学校里可开设"爷爷奶奶家教培训班"，对监护人进行培训是提高监护人素质的有效途径之一。家长学校由孩子所在学校主办，建立相应的校务委员会，校务委员会由镇妇联主任兼任主任，中小学校长、教导主任、优秀家长代表组成。下设教务、财务两个组，教务、财务组组长基本由学校教导主任、总务主任兼任。家长学校的管理一般采用"社会心理方法"和"目标管理方法"，并建立系列的组织管理制度。通过家长学校，使监护人了解照顾孩子的知识，学习教育孩子的新方法，掌握培养孩子的本领。同时学校要制定制度性措施，加强与留守儿童家长的联系，学校教师可运用书信、电话、家访、召开家长会等途径，与留守儿童家长保持主动性沟通、经常性联系，让家长及时了解掌握孩子的情况，重要问题要责成家长回家亲自解决。[2]

（三）加强寄宿制学校的建设与管理

政府应将寄宿制纳入基础教育规划，改善农村中小学校的寄宿条件，

---

[1] 周恭宏：《农村留守儿童教育问题研究》，湖南农业大学硕士学位论文，2008年。
[2] 张磊：《农村中小学留守儿童教育问题研究》，江苏大学硕士学位论文，2008年。

给留守儿童提供比较好的学习生活环境。寄宿学校不仅为学生提供良好的住宿条件，而且有助于减少留守儿童问题，同时也可为学校对留守儿童进行有效的教育和管理提供方便。建立农村寄宿制学校可以弥补部分缺少的家庭功能，有利于留守儿童良好学习习惯和健康心理的培养，也是整合农村教育资源的重要手段。这就要求既要加强寄宿制学校的建设，又要强化对寄宿制学校的管理。

首先，政府和教育行政部门要加强农村寄宿学校的建设，尽量为双亲在外地或亲属不能有效地提供完整成长环境的农村留守儿童提供住宿便利，加大对农村寄宿学校建设的投资，积极创造条件发展农村寄宿制学校。其次，要加强寄宿制学校的管理。教育主管部门要针对农村留守儿童问题进一步研究和出台相应的政策和规定，强化农村寄宿制学校对留守儿童的责任和管理。为加强寄宿制学校的管理，寄宿制学校要成立相应的管理机构，由校长全面负责，班主任具体负责，教师配合，层层落实，全面负责留守儿童的安全、生活等问题，积极为寄宿学生解决实际困难，发挥好寄宿制学校应有的作用。学校要健全岗位责任制和学校安全管理、生活管理和卫生管理等方面的制度，制定校舍安全、饮食安全和交通安全等各种突发事故的应急预案。日常生活中，学校要管理好学生的衣、食、住、行等问题，对学生进行良好的教育，使他们养成自觉学习、按时作息和讲卫生的好习惯。另外，在经济条件许可的条件下，可以配置一些富有责任心和家务能力强的保育员，专门照顾学生的生活、卫生等方面的事情，并要求住在学生宿舍或其旁边，切实负责儿童的安全等问题。

三 建立留守儿童社区教育的支持体系

农村社区是以血缘和地缘关系为基础的熟人社会，也是留守儿童社会活动的主要场所。社区文化及社区成员的引导和支持，对留守儿童的行为表现和性格发展具有重要影响。我国农村长期以来缺少与儿童少年相关的社区教育组织，使得农村儿童的教育与成长的社区教育环境尚处于"无序"状态。因此,在家庭教育缺位的情况下,建立和完善农村社区教育和监护体系就显得尤为重要。充分发挥农村共青团和妇联组织的作用,由基层学区和共青团牵头,联合妇联、工会、村委会、学校,共同构建农村少年儿童健康发展的教育和监护体系。

首先,应加强农村基层社会组织的建设。加强农村的社区建设,发挥社区对留守儿童的教育和监护作用。社区是一个人际十分熟悉的社会,也是留守儿童的主要社会活动场所。社区对留守儿童及其父母都比较了解,这对留守儿童的教育有很大的感染力和亲和力,同时社区又是监督留守儿童可能产生不良行为的最好场所。他们尽管缺少亲情,但是如果社区能使他们感到温暖,就能在一定程度上代偿亲情。同时,共青团、关工委、妇联等部门要把留守儿童家庭教育工作摆上议事日程,加强对父母和监护人的家庭教育指导,整合乡镇、村庄的资源,推动建立农村家长学校、家庭教育咨询指导站,发动志愿者担当"代理家长"、义务辅导员,关心留守儿童的思想、学习和行为习惯,让每一个孩子的身心健康发展。另外,对社区建设要保证有一定的投入。资金的投入要靠政府公共财政,另外,应建立以各级财政和农村集体积累资金投入为主体,以各级涉农部门相关资金、各帮扶部门投入为辅助,以农民自愿捐助和社会各界捐献援助为基础的农村社区建设社会化资金投入机制。[①]

其次,发挥社区综合教育功能。儿童的教育历来是家庭、学校、社区共同的责任。对于留守儿童来说,父母短期或长期缺位的生活是不可避免的;在学校的时间也非常有限,大部分时间待在家庭和社区。因此,在家庭教育缺位的情况下,特别需要净化社区环境,使孩子在文明的社区文化中受到有益的熏陶。比如在社区成立课后活动中心,开展丰富多彩的文体活动,或者成立各种兴趣小组,或者让他们参加力所能及的公益性劳动,这样既培养了留守儿童的劳动观念和创新意识,又丰富了他们的课外生

[①] 王圆圆:《家庭功能的弱化对留守儿童社会化的影响研究》,苏州大学硕士学位论文,2009。

活，也弥补了留守儿童放学后及节假日的教育空白。

最后，开展社区各种帮扶活动。行政部门可充分发挥老同志及退休教师队伍的积极作用，与留守儿童开展老少牵手的结队帮扶活动。妇联、团委可充分发挥社会各界作用，开展诸如"关爱留守儿童，争做爱心妈妈""心手相连，共赴未来"等帮扶活动。学校可联系社区单位如养老院等，组织留守儿童帮扶老人活动；有条件的社区、村组可利用农家图书馆、阅读室，开展各种周末读书活动。通过广泛深入的社区帮扶活动，使每一位远离父母的留守儿童都能和在父母身边的孩子一样幸福快乐地生活。组织开展"争做合格家长、培育合格人才""爱心妈妈""爱心家长""大手拉小手""亲子情、两地书"等丰富多彩的关爱留守儿童活动，努力营造关爱留守儿童的良好社会氛围。

第十二章 宁夏留守儿童的阅读活动

中国加入《儿童权利公约》之后,在法律政策、机构设置方面对于保护儿童权利做出了种种有利的制度安排,充分体现了中央对留守儿童问题的高度重视。那么,生态移民地区的公共文化服务体系是否能满足留守儿童的精神文化需求?他们的发展权利能否得到保障呢?本章对宁夏南部山区 TX 县一个移民新村的留守儿童进行问卷调查,以留守儿童的阅读状况为核心,探讨留守儿童在阅读中存在的问题,并对完善留守儿童的发展权利保护进行分析和讨论。

第一节 调查对象的基本情况

一 TX 县留守儿童情况

(一)人口情况①

TX 县地处宁夏中部干旱带,隶属宁夏吴忠市,总面积 4466 平方公里。全县辖 13 个乡镇(管委会),170 个行政村。截至 2012 年底,全县共有人口 39.8 万人。其中农村人口 30 万人,占总人口的 75.4%;回族人口 33.5 万人,占总人口的 85.6%;劳动力人口有 16.6 万人,占总人口的

---

① 资料来源:TX 县移民办。

41.7%；全县外出务工人员6.57万人，占农村人口的22.0%。"十一五"期间，TX县实施县内、县外生态移民，共搬迁安置移民1.8万户8万人。为了保证儿童就近上学，全县规划在移民安置区新增教学面积12.36万平方米。

（二）留守儿童基本情况[①]

全县有各类学校178所，在校学生6.7万人。义务教育阶段学校173所，在校学生5.8万人。留守儿童共有3178人，其中小学2140人、初中1038人，占在校学生总数的5.5%。笔者在TX县教育局调研了解到，留守儿童学习成绩为优秀的占20.0%，较好的占30.0%，中等偏下的占50.0%；行为习惯上，优秀的占15.0%，较好的占20.0%，一般的占50.0%，差的占15.0%。

二　调查对象基本情况

笔者调研的Y村是TX县2008年建立的一个移民新村，调研时该村已建立村委会，并成立了村党支部，TX县安排一名副科级干部担任村支部第一书记。全村总开发土地面积为2560亩，计划安置移民400户1600人，笔者调研时已有280户1136人入住。移民均为回族，主要来自镇内偏远山区的5个行政村。2009年，该村建立一所完全小学，包括学前班共有259名学生。

笔者在Y村小学4~6年级共发放问卷85份，其中，父亲外出打工的占47.1%，母亲外出打工的占2.4%，父母都外出打工的占34.1%，哥哥或姐姐外出的占2.3%，家中没有人外出的占14.1%。留守儿童是指居于户籍所在地，父母双方或一方因外出打工，在一定时期内不能和父母双方共同生活在一起的18岁以下的未成年人。因此，父母双方或一方外出打工的儿童是本章的研究对象，占调查问卷的83.6%，其中男童占45.6%、女童占54.4%；全部是回族；家中有3口人的占1.4%，

[①] 资料来源：TX县教育局。

4口人的占6.8%，5口人的占23.3%，6口人的占39.7%，7口人及以上的占28.8%。

第二节 留守儿童阅读现状调查及分析

一 关于图书室的了解情况

据调查，Y村村委会设立了一间农家书屋。可以看出（见表12-1），关于"村里有图书室吗"，35.7%的留守儿童回答村里"有"图书室，36.8%的回答"没有"，27.5%的"不清楚"村里有无图书室。可以看出，64.3%的留守儿童不知道村里有图书室。而且，男童知道村里"有"图书室的为38.2%，33.3%的留守女童认为"有"，男童高出女童4.9个百分点，说明66.7%的女童认为"没有"和"不清楚"村里有无图书室。也就是说六成以上留守儿童不知道村里有图书室，大部分儿童没有享受到农家书屋的信息资源。经了解，村委会主要是村书记办公，而村书记由县上委派，不在本村居住。村里的图书室没有专门的图书管理人员，基本长期闲置。

对于"学校有图书室吗"（见表12-1），83.8%的留守儿童回答学校"有"图书室，2.6%的回答"没有"，13.6%的"不清楚"学校有无图书室。留守男童知道学校"有"图书室的占88.2%，79.4%的留守女童认为学校"有"图书室，比男童低8.8个百分点；20.5%的女童回答"没有"和"不清楚"，男童仅为11.8%。

表12-1 对图书室的了解情况

单位：%

项目		有	没有	不清楚
村里有图书室吗	留守儿童	35.7	36.8	27.5
	留守男童	38.2	32.4	29.4
	留守女童	33.3	41.1	25.6

续表

项目		有	没有	不清楚
学校有图书室吗	留守儿童	83.8	2.6	13.6
	留守男童	88.2		11.8
	留守女童	79.4	5.1	15.4

二　课外阅读情况

（一）课外时间安排

据调查，43.0%的留守儿童课余时间"经常看"图书，44.6%的"有时看"，12.5%的"偶尔看"或"从来不看"。从留守儿童课余时间安排看（见表12-2），半数以上留守儿童课余时间用于"看课外书"，说明多数留守儿童喜欢看课外书，其中，留守男、女童比例分别为61.8%和51.3%，女童低于男童10.5个百分点。留守女童在课外时间"经常看"图书的比例为35.9%，比男童低14.1个百分点；"有时看"图书的为53.9%，比男童高18.6个百分点；"从来不看"的为5.1%，比男童高2.2个百分点，说明留守女童课外看书时间少于男童。这主要是受传统性别分工的影响，在家务劳动上主要由女性承担，男、女童"在家干活"比例分别为17.6%和38.5%，女童在家干活比例高出男童20.9个百分点，致使女童不能看更多的课外书。值得注意的是，11.8%的男童课余时间能"在家看电视"，而女童则"无权"看电视。女童受家务劳动的影响，不能更多地做自己感兴趣的事情，她们的课余生活不如男童丰富。

表12-2　课余时间安排

单位：%

项目	和朋友玩	在家看电视	看课外书	在家干活	其他
留守儿童	5.5	5.9	56.6	28.0	4.0
留守男童	5.9	11.8	61.8	17.6	2.9
留守女童	5.1		51.3	38.5	5.1

（二）喜欢阅读的图书种类

调查显示（见表12-3），在各类图书中，留守儿童最喜欢"作文或题库"类书籍，占40.3%，其中女童比例为51.2%，比男童高21.7个百分点；其次，喜欢阅读"小说"类图书，占27.1%，其中女童喜欢的比例为30.8%，比男童高7.3个百分点，说明80%以上的女童喜欢阅读作文或题库以及小说类图书。大多数女童喜欢阅读作文或题库以及小说类图书，而只有10.4%的女童喜欢科幻、益智、科普、侦探类图书，比男童低24.8个百分点。可以看出，在小说、科幻、侦探等各类图书中，留守儿童最喜欢阅读作文或题库类书籍，这与我国应试教育有很大关系。女童阅读范围比较狭窄，主要限于小说、作文或题库类图书，男生的阅读范围相对丰富些，还喜欢阅读科幻、侦探类书籍。

表12-3 喜欢阅读的图书种类

单位：%

项目	小说	科幻	侦探	作文或题库	益智	科普	其他
留守儿童	27.1	10.1	5.7	40.3	4.3	2.8	9.7
留守男童	23.5	17.6	8.8	29.5	5.9	2.9	11.8
留守女童	30.8	2.6	2.6	51.2	2.6	2.6	7.6

（三）图书信息的来源

由于留守男、女童的性别差异，在获取图书信息上，男、女童也有一定的差别。调查显示（见表12-4），关于图书信息的来源——"喜欢图书的原因"，69.2%的留守儿童主要是通过老师介绍和讲解喜欢图书的，其中，79.5%的女童是由于学校老师的介绍和讲解喜欢图书的，男童为58.8%，女童比男童高20.7个百分点，说明留守儿童尤其是女童对图书的认知主要源于老师，对老师的依赖性比较强。其次是从"电视"获取的信息，男、女童比例分别为8.8%和7.7%，男童高于女童1.1个百分点，说明男童从电视对图书的认知高于女童。值得关注的是，女童没有从外出打工的父母那里获得图书信息，而男童则有5.9%，可以看出父母对子女的性别差异，说明家长更注重对男童的教育。留守儿童从电视、同学、家人等方面获取信息的均不到10%，可见教师对学生图书信息的影响至关重要。除了通过老师、电视、同学、监护人了解信息外，还有20.6%的男童从外出打工的父母和其他渠道获取图书信息，说明男生图书信息来源广于女生。

表12-4 获得图书信息的来源

单位：%

项目	电视	教师	同学	外出打工父母	监护人	其他
留守儿童	8.2	69.2	5.6	2.9	6.8	7.3
留守男童	8.8	58.8	5.9	5.9	5.9	14.7
留守女童	7.7	79.5	5.2		7.6	

（四）图书的来源

据调查（见表12-5），留守儿童获取图书的途径主要有以下几种方式。第一，从学校借阅图书。留守男、女童"向学校图书室借"的比例分别为29.4%和53.8%，女童比男童高24.4个百分点；"向老师借"的分别为29.4%和7.7%，两者相差21.7个百分点。可以看出，男、女童向学校图书室和老师借阅图书的差别较大，女童喜欢向学校图书室借阅，男童喜欢向老师借阅。第二，自己购买图书，留守男、女童分别为14.7%和23.1%，女童比男童高8.4个百分点。第三，向同学借阅，男、女童分别为11.8%和7.7%，男童比女童高4.1个百分点。第四，向村图书室借阅，只有5.9%的男童向村图书室借阅，没有女童借阅。可以看出，除从学校借阅外，女童自己购买图书相对较多，而男童除自己购买外，向同学、村图书室、其他方式借阅的多，说明男童阅读图书途径多于女童。由于网络化、信息化等公共文化服务还没有在农村普及，留守儿童在网上阅读仍然是空白。

第十二章　宁夏留守儿童的阅读活动

表 12-5　获取图书的途径

单位：%

项目	自己买	向同学借	向老师借	向学校图书室借	向村图书室借	外出打工父母买	父母之外的监护人买	在网上看	其他
留守儿童	18.9	9.7	18.6	41.6	2.9	1.3	5.5		1.8
留守男童	14.7	11.8	29.4	29.4	5.9		5.9		2.9
留守女童	23.1	7.7	7.7	53.8		2.6	5.1		

（五）拥有图书的差异

据调查，留守男、女童没有课外书的分别为23.5%和25.6%，女童比男童高出2.1个百分点；有1~5本课外书的分别为47.2%和66.7%，女童比男童高出19.5个百分点；有6本以上的分别为29.3%和7.7%，女童比男童低21.6个百分点。可以看出，绝大多数女童没有或者拥有少量的课外书，拥有的图书亦多是与课本有关的作文或题库类书籍。

三　个人期望

父母的外出打工，使留守儿童感受到亲情、关爱的重要性。同时，他们感受到父母为了追求更好的生活而付出的艰辛，无疑对他们内心有很大触动。对于自己的未来，他们有自己的理解和期望。调查显示（见表12-6），留守儿童希望将来上"大学"的比例最高，占40.3%，其中，留守男、女童分别为47.2%和33.3%，男童比女童高出13.9个百分点；其次是希望将来读"研究生"，占29.6%，其中男、女童比例分别为23.5%和35.8%，女童比男童高12.3个百分点。可以看出，希望将来拥有大学及以上学历的占69.9%，说明多数留守儿童期望自身有较好的发展，而且女童对自己的期望高于男童，对未来的发展有明确的目标和远大的追求。

表 12-6　个人对未来的期望

单位：%

项目	小学	初中	高中/中专	大学	研究生	不清楚
留守儿童	1.5	6.6	9.5	40.3	29.6	12.5
留守男童	2.9	2.9	8.8	47.2	23.5	14.7
留守女童		10.3	10.3	33.3	35.8	10.3

第三节　课外阅读的性别差异比较

传统的性别角色导致留守男、女童活动空间和范围产生了一定差异。男童相对外向、独立、大胆，活动范围比女童广泛，接触的人群亦比女童多；而女童则遵循家庭、学校两点一线生活模式。家庭是女童的主要活动场所，她们的视野狭窄，自主意识薄弱。男童受到的行为约束少于女童，人际关系能力强于女童，活动空间更广泛，关注的视野亦比女童开阔，因而男、女童的课外阅读产生诸多差异。

一　男童课外阅读机会多于女童

无论是在课余活动还是课外阅读的时间分配上，留守男童阅读机会均多于女童。女童看课外书的比例低于男童10个百分点，而女童课余时间忙于家务劳动却高出男童20个百分点。可见，农村家庭还存在传统的性别分工模式，女童仍然是家务劳动主要承担者，繁多的家务劳动占用女童大量课余时间。受这种分工模式的影响，留守女童课外阅读缺乏保障，阅读时间被缩减，更没有时间看电视，女童应该享有的文化权益被剥夺，她们的课余生活单一枯燥，没有男童丰富多彩。

二　男童获取图书资源的途径多于女童

由于男、女童性格上的差异，活动范围的不同，在获取图书资源方式上，留守男童比女童有一定的优势。在获得图书信息上，女童比男童更依赖老师，近80%的女童主要是通过老师得知图书信息，比男童高达近21个百分点。其余20.0%女童则是通过同学、家里大人等渠道获取信息。而男童除上述途径外，还从外出打工的父母和其他渠道获取图书信息。在获取图书方式上，女童除了从学校借阅图书外，主要自己购买图书，而男童还向同学、村图书室、其他方式等借阅图书。

三 男童阅读种类丰富于女童

留守女童由于阅读时间偏少，加上听话、乖巧，受教师的影响比较多，比较注重满足于考试的阅读材料，因而她们的课外读物主要限于作文和课外辅导书，阅读种类单一。女童感情细腻，亦沉浸于感性世界，难免受小说类文学作品的吸引。而男童课余时间偏多，加上他们善于理性思考、敢于探索，更喜欢接触、发现新鲜事物，他们的好奇心和求知欲促使自己将目光投向更广泛的未知世界。除作文和课外辅导书外，男童更喜欢阅读科幻、侦探、益智类书籍。

四 男童拥有的图书资源多于女童

通过调查，绝大多数留守女童没有或者拥有少量的课外书，而且拥有的几本图书也是为了应付学校考试而购买的教辅书籍。父母更注重留守男童的教育，对男童图书资源的支持力度更大。有近1/3的男童有6本以上图书，比女童高出21个百分点。

第四节 值得关注的问题

一 公共信息服务滞后，制约留守儿童的发展

关于"学校是否开设电脑课"问题，9.6%的留守儿童回答学校开设电脑课，72.6%的回答"没有"电脑课，17.8%"不清楚"，说明大多数留守儿童没有上过电脑课，不了解计算机知识。关于"学校电脑是否能

上网",11.0%回答"能"上网,54.8%回答"不能"上网,34.2%"不清楚"。据了解,Y村小学设有电脑室,但是没有开设电脑课,电脑也不能上网。因此,留守儿童主要以传统媒介进行阅读,没有以现代信息手段获取信息资源。当前数字化、信息化迅速发展情况下,多媒体和互联网已成为人们学习的主要方式,而在生态移民地区公共信息服务相对滞后,网络化普及率非常低,匮乏的公共文化基础设施已不能适应经济社会的发展,亦是制约留守儿童发展的瓶颈。

二 农家书屋利用率不高,无法满足留守儿童阅读需求

近年来,宁夏积极开展文化下乡、农家书屋等活动,以提高农民的精神文化生活。2011年5月,宁夏率先在西部地区实现农家书屋全覆盖。农家书屋的建设是为了满足农民的文化需求,由于政府缺乏有效的监督机制,对其日常的运行缺乏有效的管理和引导,影响了农家书屋作用的发挥,导致一些农家书屋形同虚设,未能正常开放,留守儿童对书屋知之甚少。在Y村,半数以上的留守儿童课余时间看课外书,但是64.3%的留守儿童不知道村里有农家书屋,仅2.9%的留守儿童向村图书室借阅图书,显然农家书屋的利用程度与留守儿童的阅读需求不相适应。

三 阅读资源短缺,图书种类有限,留守儿童阅读面狭窄

调查显示,24.6%的留守儿童没有课外书,57.0%的拥有1~5本课外书,18.4%的拥有6本以上图书,仅2.9%的有20本以上课外书,可以看出,留守儿童拥有的课外图书比较匮乏。受地理环境、经济条件以及传统教育观念的制约和影响,学校图书室文献资源陈旧、数量少,县(镇)书店、个体书摊上,可供儿童阅读的图书多是《作文大全》、《优秀作文选》、课程辅导资料等书籍。因而,留守儿童喜欢作文或题库类书籍比例最高。即使在课余时间,留守儿童阅读的亦是与课本相关的作文、题库类书籍。

四 应试教育制约了留守儿童的阅读范围

由于留守儿童父母在外打工,而且监护人文化水平低,加上信息封闭,留守儿童对课外图书的选择主要依靠学校的推荐,近70%的留守儿童是通过老师的介绍阅读图书的。在农村小学义务教育阶段,语文和数学是主要课程,受到学校的重视,故而学生也会将其视为学习的重点。农村小学课外阅读是语文教学的薄弱环节,据调查,65.8%的留守儿童参加过学校的读书活动,34.2%的儿童没有参加或不清楚读书活动。农村小学语文教学基本在应试教育的框架内实施,这势必导致留守儿童阅读范围狭窄,主要关注与学习成绩有关的教辅资料,阻碍了孩子们的全面发展,对孩子们视野的开拓和综合素质的提高将产生不利影响。

五 男童阅读图书种类比女童丰富,获取信息和图书的途径多于女童

通过分析看出,无论是阅读内容,还是获取图书信息、图书资源的途径,男童均多于女童。除了从学校借阅外,女童主要自己购买图书,而男童还向同学、村图书室、其他方式借阅图书。从图书信息获取途径来看,近80%的女童是通过老师介绍,再就是通过电视、同学、监护人获取信息,而男童除了上述途径,还从外出打工的父母和其他渠道获取图书信息。女童阅读范围主要限于小说、作文或题库类图书,男童的阅读范围相对丰富些,还喜欢阅读科幻、侦探类书籍。这主要是受传统的刻板性别模式和性别分工的影响,女童从小听话、乖巧,与男生相比,在学校更听老师的话,阅读习惯受老师的影响比较多;农村家庭仍然存传统的性别分工意识,女童仍然扮演着家务劳动的主要角色,因而女童阅读时间被大大缩减,"男主外女主内"观念多少影响着儿童的发展。

第五节 课外阅读性别差异的主要影响因素

留守儿童课外阅读性别差异的影响因素错综复杂,除了男、女童本身

自有的生理差异外，主要涉及社会、学校、家庭、传媒等多个方面的因素。

一 社会文化

在宁夏生态移民地区，男、女童课外阅读差异主要受到中华传统文化和伊斯兰文化的影响。中国的传统文化深受儒家文化的影响，"男尊女卑"、"三从四德"和"女子无才便是德"等传统思想至今影响着中国社会，男性占主导地位的性别角色刻板印象在生态移民地区更是根深蒂固。在宁夏中南部回族聚居区，受宗教戒律的影响，生态移民地区仍保留着男女有别的习俗和观念，传统性别思想潜移默化地影响着留守儿童的课外阅读行为和自我发展意识。

二 学校的性别差异教育

学校对留守儿童的性别形成起着至关重要的作用。学校的教材内容存在显著性别差异。史静寰在统计人教版中小学语文课本中的人物形象时发现，全部人物形象当中，男性占81%，并多以科学家、企业家、领袖等形象出现，也就是说，教科书中男性角色往往定位于政治、社会、经济等较大领域范围内；而女性仅占19%，出现的形象多是服务员、护士、教师等，且将女性角色定位在家庭、学校、医院等小领域内。[①] 其表现的传统男女分工模式和男女失衡的角色定位会影响到留守儿童对自身的性别角色认识和角色期待，会使男、女童活动范围、接触人群有很大差别，导致他们获取图书信息和资源的方式和途径也产生差异。一些研究指出，教师的性别刻板印象是女童教育不公平的主要影响因素，老师对男童的关注和积极评价往往多于女童，这会影响到留守儿童的自我评价和性别行为模式。男童更加自信，喜欢阅读富有挑战性、探索性图书，而且敢于向老师

[①] 史静寰：《教材中的性别问题研究——"对幼儿园、中、小学及成人扫盲教材的性别分析研究"项目的设计与运作》，《妇女研究论丛》2001年第1期。

借阅图书。另外，学校很少组织课外阅读活动，加上学校图书资源匮乏，使得留守女童的图书资源也相应单调、短缺。

三　家庭的性别角色期待

家庭的性别观念和行为对子女课外阅读的影响非常重要，家长给予子女的教育和发展机会存有严重的性别差异。生态移民地区父母外出打工，农村家庭劳动分工进行了重新的调整，原来由父母做的家务劳动，转嫁到留守人员身上。家长期待男童在事业上有所成就，比较注重留守男童的文化教育，尽可能多地给他们提供阅读机会和图书资源。而期待留守女童能在家庭中体现其价值，她们是家务劳动的主要承担者，她们的学习、阅读、娱乐时间被家庭琐事占用，致使女童阅读时间大大减少。这种不平等的分工模式剥夺了留守女童应该享有的文化权利，给她们的成长带来了消极影响，导致她们缺乏自主、独立意识，不利于她们健康、快乐的发展。

四　大众传媒

在现代社会里，除了家庭、学校和同伴群体，大众传媒已成为影响儿童社会化的第四个重要因素，[1] 亦是传播性别角色观念的有效渠道。[2] 社会大众传媒包括图书、报刊、影视、互联网、广播、通信等媒介，是社会现实的真实写照和抽象反映。许多研究表明，媒介中男女两性的职业分工、价值取向、性格等方面都存在性别差异。目前，互联网在生态移民地区没有全面覆盖，书刊、电视等媒介对留守儿童的性别观念产生的影响较多。媒介中男女两性的形象和互动反映了传统的性别分工模式和"以男性为中心"的性别关系，对留守儿童性别角色刻板观念的形成起着重要的作用，不利于留守儿童性别社会化的过程，加大了男、女童课外阅读的差异性，尤其对留守女童的课外阅读产生了不利影响。

---

[1] 〔美〕戴维·波普诺:《社会学》（第十版），李强等译，中国人民大学出版社，1999。
[2] 卜卫:《大众传媒与儿童性别角色的社会化》，《青年研究》1997年第2期。

第六节　留守儿童文化权益保障的对策建议

一　建立健全政策法规保障，促进儿童图书馆事业发展

1994年，联合国教科文组织出版的《公共图书馆宣言》指出，儿童应该享有使用公共图书馆的权利，图书馆应该是儿童成长生活中必不可少的一部分。有些国家对图书馆保障儿童阅读的责任已经上升到了政策法律的高度，俄罗斯有《儿童图书馆示范标准》，美国于1997年通过了《儿童图书馆保护法》，日本于2001年颁布了《儿童阅读推进法》。[①] 目前，中国有2018年施行的《中华人民共和国公共图书馆法》，还没有专门为儿童服务的图书馆法或条例，这使儿童阅读权益缺乏法律和制度上的保障，致使我国儿童图书馆事业的发展滞后于整个图书馆事业的发展。我国应尽快出台关于儿童图书馆政策法规，明确图书馆为少年儿童服务的要求和责任，为儿童阅读提供法律、法规的保障。政府需要大力支持儿童图书馆事业，把儿童图书馆建设纳入当地文化发展规划，条件允许的地方可以建立独立的儿童图书馆，尤其要以农村为重点扶持、服务对象，推动儿童图书馆事业的发展。

二　构建农村公共数字文化体系，保障留守儿童接受信息化教育

2011年底，国家文化部、财政部发出《关于进一步加强公共数字文化建设的指导意见》，对"十二五"期间我国公共数字文化建设提出了新的任务和目标。近年来，宁夏充分整合全国文化信息资源共享工程、数字图书馆、远程教育等信息资源，以"一网打天下"战略在全国率先实现了村村通网络，达到信息化在全区农村的全覆盖，于2007年被列为全国第一个新农村信息化省域试点；2010年，宁夏数字图书馆实现县级全覆盖，实现了全区数字资源共享。但是，近年来新建的生态移民地区公共文

[①] 惠艳：《对公共图书馆服务农村留守儿童的理性思考》，《农业考古》2010年第3期。

化建设相对滞后。宁夏在农村信息化和数字图书馆平台基础上，进一步完善农村公共数字文化建设，实现生态移民新区村村通网络，并利用"三网合一"技术，提升网络的服务能力与管理能力，针对农村儿童，整合中小学远程教育、少儿数字图书馆等数字资源，使留守儿童通过电视、计算机甚至手机等途径获取信息资源。同时，在农村中小学校设立电子阅览室或多媒体教室，为留守儿童提供以电脑和网络通信为基础的现代信息化教育，以丰富精彩的少儿公共文化产品更好地满足他们的精神文化需求。

三 加强农家书屋的管理，保障对留守儿童的社会教育职能

社会教育是图书馆的基本职能。父母的缺失，导致留守儿童的家庭教育受损，他们的生活习惯、思想道德、社交行为等缺乏正常的教育，图书馆可以帮助留守儿童树立正确的人生观和价值观，培养他们优良的思想品德和文明行为。政府要利用已建立的农家书屋，充分发挥对留守儿童的社会教育职能。第一，保障农家书屋的资金投入，聘请退休老师（干部）或中学毕业有责任心的年轻人为图书管理人员，也可以将农家书屋纳入当地小学一并管理。第二，建立健全图书管理、借阅规章制度，稳定管理人员，固定借阅时间，以保证留守儿童课余时的借阅需求。第三，依托农家书屋平台，建立农家书屋和宁夏回族自治区（市、县）图书馆、新闻出版等文化系统支持对口单位的联系，形成出版物交互流动机制，定期为农家书屋图书进行更新、调换或补充，尤其要注重儿童读物的增加和更替，各级图书馆也可以专门设立流动型留守儿童书屋。第四，依托全国文化信息资源共享工程，使文化信息资源在农家书屋共建共享，将农家书屋纳入各级图书馆网络，共享图书馆资源，以充实留守儿童的课余生活，提高他们的综合素质。

四 转变教育方式，丰富文献信息资源，保障留守儿童的综合发展

学校要从应试教育向素质教育转变，扭转留守儿童以应试为目的的阅

读方式。老师要积极开展内容新颖、形式多样的阅读图书活动，如诗歌朗诵会、知识讲座、图书知识竞赛等，通过有计划、有针对性的阅读活动，提高留守儿童对读书的兴趣，指导其掌握正确的阅读方法，培养他们优秀的阅读能力和良好的阅读习惯，进而开发他们的想象力和创造性思维能力。学校要从各种途径解决图书资源匮乏问题，第一，学校要保证文献购置经费，以保证图书室藏书的合理配置和补充。第二，学校建立多媒体教室，对留守儿童进行信息素养教育，采集数字信息资源，这类资源比纸质资源优惠，而且种类繁多，不仅有电子图书，还有视频、声音、图像等多媒体资源，可以补充学校图书室数量少、种类单一的缺陷，供留守儿童选择的范围更广泛，使留守儿童能从视、听、声、光的阅读中全方位接受教育。第三，建议学校在每个班建立图书角，每个学生将自己的课外书拿到图书角与同学共享，以丰富留守儿童课外书。

五 树立正确的性别观念，保障留守儿童平等的受教育权益

（一）加强性别平等观念的宣传和普及，保障留守儿童平等的发展权益

政府要从儿童利益最大化、儿童多元发展等先进理念出发，提高家庭、学校、社会各界以及留守儿童本人保护儿童权利的法制观念、责任意识；增强全社会性别平等意识，消除对留守女童的歧视，大力宣传儿童性别平等观念，营造有利于留守女童生存、保护、发展和参与的社会氛围，进而保障留守女童的平等发展权益。社会发展要求我们尊重男女性别的差异性，但要以理解和认同的态度看待男女性别角色的共性特征。我们要以发展变化的眼光看待男女性别角色的社会性变化，从有利于儿童身心发展的角度来思考对儿童的性别角色教育。[①]

（二）学校要加强课外阅读指导，保障留守儿童性别平等教育

在父母缺失的情况下，学校对留守儿童的教育不仅仅是文化知识的给养，还要在生活、情感、心理等各方面给予关注和教育。老师要转变以应

---

① 张胜军：《儿童性别角色期待问题思考》，《学前教育研究》2003年第4期。

试为目标的阅读教育，避免以辅导书籍为课外阅读材料的教育模式，积极开展丰富多彩的阅读活动，引导学生多阅读名著、科普、科幻、人物等内容多样、包罗万象的书籍，尊重儿童的兴趣爱好，开拓儿童尤其是女童的阅读视野。老师要树立正确的性别意识，小学阶段的儿童性别角色尚未定型，老师要抓住这一时机，淡化男女固有的性别框架，对留守儿童要平等对待，鼓励他们共同参与活动，老师要注重两性的优势互补，培养男童的细致、耐心和感性认知能力，培养女童的自信、勇敢、独立以及理性思维能力。对女童要给予积极的鼓励和评价，加强锻炼女童的自主性、独立性和创造性，避免她们过于依赖老师和学校。学校要经常提供男、女童共同参与的活动，鼓励他们共同合作，相互影响，使他们尤其是女童拥有更广泛的选择和发展空间。教材内容要尽可能地为儿童展现性别平等的教育信息，帮助儿童在性别社会化中平衡发展。

（三）家庭要转变性别观念，保障留守女童的课外阅读机会

父母要转变传统的性别角色观念，消除社会文化中性别角色刻板印象的束缚，打破传统的男女分工模式，树立男女平等的思想观念，避免限制、规范留守女童的行动和兴趣，保障她们的教育和发展机会。让留守男、女童共同参与家务劳动，在留守女童教育上给予更多的支持和鼓励，保证留守女童充分的阅读、学习时间。家长还要经常为留守女童购买图书，对留守女童加大教育投资。鼓励她们走出家门，经常参与户外活动，加强与他人的交流和沟通，扩大她们的活动范围，丰富她们获取信息资源的途径，使她们具有更广泛的发展空间，使留守儿童形成健康、理想的性别角色。

（四）大众传媒要树立性别平等意识，保障留守儿童性别平等的文化环境

从事大众传媒的工作人员要学习现代社会性别平等理念，了解两性差异的表现和影响差异形成的原因，树立正确的社会性别意识，避免在工作和生活中产生认识、态度和行为等方面的性别偏差，尽可能在媒介上消除性别刻板化印象和行为。传媒人从社会责任出发，认识到大众传媒对儿童性别社会化的教育意义。在媒介传播过程中减少两

性间的差异，传递性别平等的价值观，赋予现代社会男女性别角色及相应的行为规范，潜移默化地影响和教育儿童的性别角色社会化，进而促进整个社会从社会性别视角看问题，实现男女两性在社会进程中和谐发展的目的。①

---

① 荆建华：《媒介传播与儿童性别角色的形成》，《新闻爱好者》2006年第2期。

第十三章　宁夏非留守儿童的生存状况

第一节　L镇生态移民地区的基本情况[①]

儿童是国家的未来和希望。随着社会文明的进步，儿童的生存发展越来越引起社会各界的关注。本章对银川市JF区L镇生态移民地区的儿童进行问卷调查，对儿童在新环境中的生存状况进行描述和实证分析。

银川市JF区L镇属于纯移民乡镇，已具有30年的移民历史。L镇是在1983年宁夏实施吊庄移民时，由泾源县移民搬迁而形成的移民乡镇。历经"三西移民"工程、芦草洼吊庄移民和移民交属地管理等发展阶段。2003年全区乡镇机构合并时，成立了L镇。到2013年底，L镇辖8个行政村和银川林场居委会，总面积93.3平方公里，耕地4.3万亩，有5779户2.3万人，其中回族2.1万人，占总人口的92.4%，劳动力1.4万人。L镇累计建设设施温棚达到8000亩8万间，2013年肉牛饲养量达3.2万头，奶牛存栏达0.38万头，年输出劳动力5826人次，实现农业总产值3.2亿元，农民人均纯收入6280元，增长24%。

"十二五"期间，根据宁夏回族自治区中南部地区生态移民规划，JF区投资2.2亿元，征用土地2100亩，在L镇投资建立H村作为移民安置点。2011年4月H村正式启动建设，2014年9月全部完成。三年来先后

[①] 资料来源：宁夏银川市JF区L镇人民政府。

安置三批生态移民750户3000多人，搬迁移民均来自彭阳县。移民村保证每户1套房、1栋日光温棚、1个卫生厕所、1个太阳能，村里配有"三通"（水、电、通信）、道路、学校、幼儿园、文化广场、垃圾中转站等公共服务设施。H村主要经济来源是设施农业和劳务输出。设施农业是该村的主导产业，以种植温棚小吊瓜和西红柿为主。L镇距离银川市区10公里，因此大部分务工人员在银川打工，人均每天可获得劳务工资70~100元。移民每户年均纯收入达到3万元以上，人均纯收入达到了6000元。

第二节 生态移民地区儿童生存现状

L镇回民小学距离H村数百米，学校学生主要是来自泾源、彭阳的移民子女，共有学生900多名。笔者于2014年6月在该校调研，共发放调查问卷100份，收回有效问卷99份，其中男童占51.5%、女童占48.5%；汉族占40.4%，回族占59.6%；9岁儿童占4.0%，10岁儿童占18.2%，11岁儿童占54.5%，12岁儿童占18.2%，13岁占5.1%。

一 家庭基本情况

调查对象中，家中有3口人及以下的占5.1%，4口人占35.3%，5口人占33.3%，6口人及以上的占26.3%。可以看出，绝大多数家庭人口在4口以上。父母婚姻均为在婚。从宁夏其他县城搬迁过来的占91.9%，来自本乡镇的占3.0%，其他占5.1%，说明调查对象家庭绝大多数是从宁夏中南部地区迁移过来的。

调查显示（见图13-1），近1/4的母亲未接受过文化教育，母亲"没上过学"比例高出父亲12.1个百分点，说明母亲文盲率高于父亲；母亲接受"初中""高中/中专""大专/大学以上"教育的比例分别低于父亲9.1个、10个、1.1个百分点，说明母亲接受初中以上文化程度低于父亲。

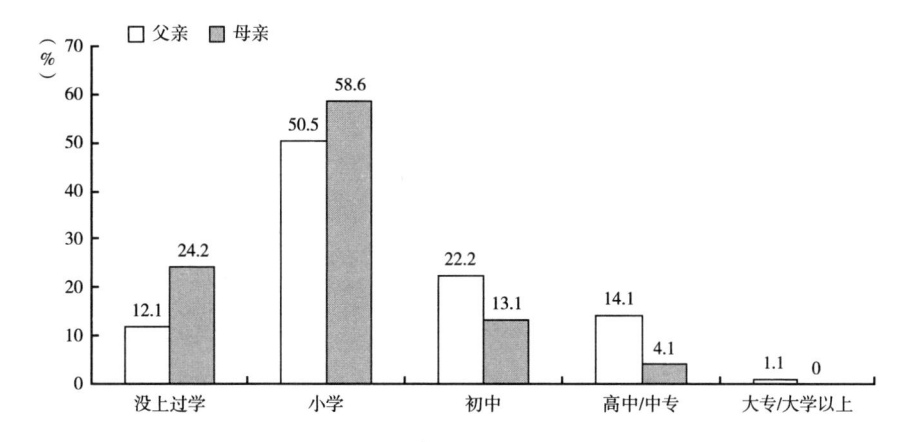

第十三章 宁夏非留守儿童的生存状况

图 13-1 父母受教育情况

调查对象中父母有外出打工的占 98.0%，其中父母均在外打工的占 39.4%，父亲在外打工的占 47.5%，母亲在外打工的占 13.1%，说明以父亲外出打工为主。据调查（见图 13-2），外出打工父母每天都回来的占 70.7%，"1 周"至"一个月"回来一次的占 17.2%，"两个月"以上回来的占 7.0%。可以看出，大多数外出打工的父母每天都能和子女团聚，他们和城市上班族一样，每天早出晚归，距离城市远的有车专门接送，交通方便的和城市人一起挤公交车上下班。他们除了在农村居住外，其他方面和城市人相差无异。

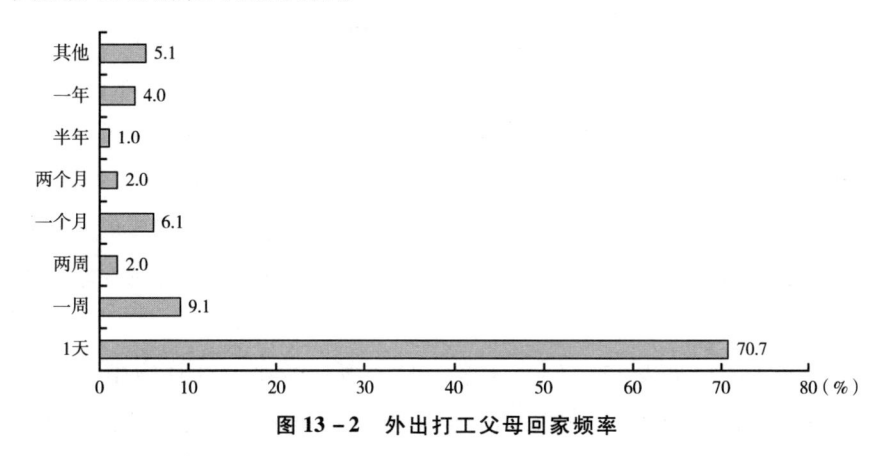

图 13-2 外出打工父母回家频率

二 生活卫生习惯

培养儿童良好的卫生习惯是身体健康的必要保证，会使儿童终身受益。调查显示，儿童每天"既刷牙也洗脸"的占82.8%，"不刷牙只洗脸"的占16.2%，"不刷牙不洗脸"的占1.0%，说明有17.2%的儿童不刷牙，不懂得爱护牙齿。最近一次洗澡是在"几天前"的占95.9%，"2周前"洗澡的占1.0%，"2个月前"的占2.1%，"1年前"的占1.0%。儿童每天睡眠时间在"10小时以上"的占14.1%，"10小时"的占31.3%，"9小时"的占27.3%，"8小时"的占15.2%，"7小时"的占8.1%，"6小时以下"的占4.0%。可以看出，半数以上儿童（54.6%）每天睡眠时间在9小时及以下。

三 营养状况

为了帮助贫困山区的孩子"吃饱饭、上好学"，2011年秋季，我国启动"农村义务教育学生营养改善计划"，国家每年投入160亿元，为680个县、市的2600万农村义务教育阶段学生提供营养膳食补助。截至2012年秋季，宁夏"营养改善计划"惠及贫困地区36万名中小学生，占全区农村义务教育阶段学生的35%以上。

由于从中南部地区迁移出来到川区的移民不再享受"营养改善计划"，因此L镇移民地区小学生的一日三餐均在家解决。调查显示（见图13-3），儿童多数在家中就餐，但三餐比例悬殊较大，晚餐的比例最高，为95.9%，比早餐、午餐分别高出22.2个、31.3个百分点，说明26.3%和35.4%的儿童不在家中吃早、中餐。造成差异的原因是，有24.2%的儿童不吃早餐；由于父母在外打工，中午不能回家做饭，31.3%的儿童自带馒头、泡面等作为午餐，自行在学校解决；还有3.1%的儿童在小卖部买食品当午餐。

调查表明（见表13-1），儿童一日三餐经常摄取的食物中，"面"食比例最高，为91.9%，这里的"面"食包括面条、泡面、馒头、饼子

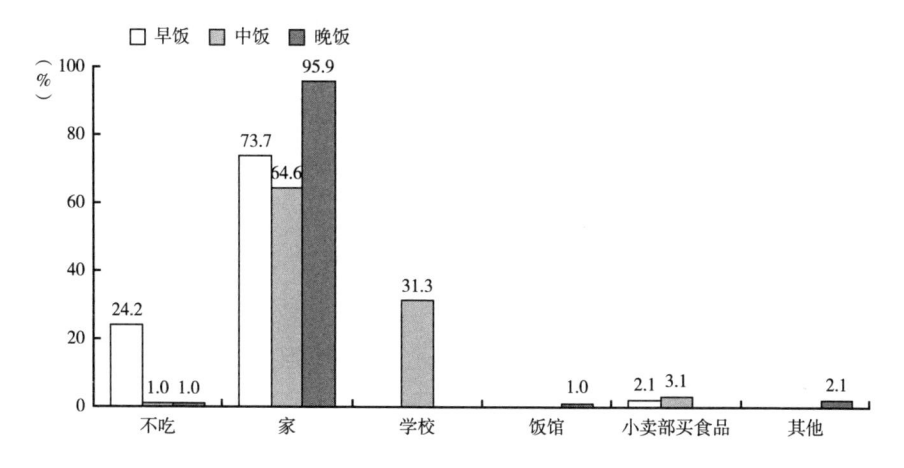

```
         □ 早饭  ■ 中饭  ■ 晚饭
(%)
100
                              95.9
 80         73.7
                  64.6
 60

 40
       24.2                31.3
 20
           1.0 1.0                    1.0  2.1 3.1     2.1
  0
        不吃      家       学校     饭馆  小卖部买食品  其他
```

图 13-3 儿童一日三餐情况

等食品。儿童摄入的"米"仅有52.5%，比"面"低39.4个百分点，甚至比"蔬菜"的比例低8.1个百分点，说明儿童很少吃"米"。特别需要指出的是，仅有20%左右的儿童经常能摄入"蛋类""奶制品""肉/鱼"等三类优质蛋白，而且对奶制品的摄入低于其他两类蛋白质。虽然L镇以设施农业、养殖业为主要产业，但移民的丰收硕果却不能惠及自己的子女，移民地区儿童营养缺乏应引起政府和家长的重视。

表 13-1 一日三餐经常吃到的食物（多选）

单位：%

项目	米	面	蔬菜	蛋类	奶制品	肉/鱼	水果	其他
比例	52.5	91.9	60.6	23.2	19.2	21.2	30.3	3.0

四 生病治疗状况

除了营养获取之外，医疗卫生也是儿童生存的一项重要内容。调查显示，88.9%的儿童打过疫苗，11.1%的儿童"没打过"或"不清楚"是否打过疫苗，这与国家卫生部门对儿童计划免疫要达到全面、无一例漏种的要求有一定差距。距离儿童家庭最近的诊所或卫生所，在本村的占86.9%，在镇里的占10.1%，在市里的占3.0%，说明有13.1%的儿童看病要到乡镇或城市去。75.8%的儿童最近一次生病在"本村诊所"就诊，17.1%的在"乡镇医院"就诊，7.1%的生病时"哪也没去"，说明有92.9%的儿童生病能够赴诊所或医院就诊。对于"你参加了哪些保险"问题，有75.8%的儿童参加"城乡居民基本医疗保险"，有42.4%参加"商业保险"，9.1%的"没有参加"保险，4.0%的"不清楚"是否参加保险。可见，有10%左右的儿童没有参与国家和社会的医疗保障，不能公平地享受医疗保障机会。

五 参与家务劳动和娱乐活动状况

上学之余，儿童参与的各类活动表现了其生存状态，也反映了当地生活环境为儿童成长提供的条件和资源。调查表明，儿童课外时间"写作业"比例最高，占79.8%，参与家务劳动或干农活的占56.6%。可以看出，半数以上儿童课余时间主要用于写作业和承担家务劳动，还有1/4的儿童需要"照顾家人"。对于"你在家经常干活吗？"问题，59.6%的儿童回答"经常"干活，10.1%的"偶而"干，30.0%的"有时"干，说明100%的儿童参与家务劳动，其中"做家务"（包括照顾家人）的占78.8%，"干农活"的占16.2%，"帮父母照顾生意"的占3.0%，"其他"占2.0%。可以看出，大部分儿童主要承担家庭室内劳动，少部分儿童参与户外或与外部交流劳动。

参与娱乐活动使儿童获得大自然和社会知识，能够开阔眼界，促进心智发展，使儿童心情愉悦，是陶冶情操、强身健体和锻炼意志的好机会。据调查，78.8%的儿童回答村里"有"娱乐活动场所，认为"没有"的占15.1%，"不清楚"的占6.1%，说明1/5的儿童没有在村里公共娱乐活动场所活动过。调查显示（见图13-4），除了"看电视"，"户外玩耍""看书""看电影"等活动均不足半数，"和家人聊天"也不足1/3，可出看出儿童参与各项娱乐活动的比例并不高。针对"你上一次看电影

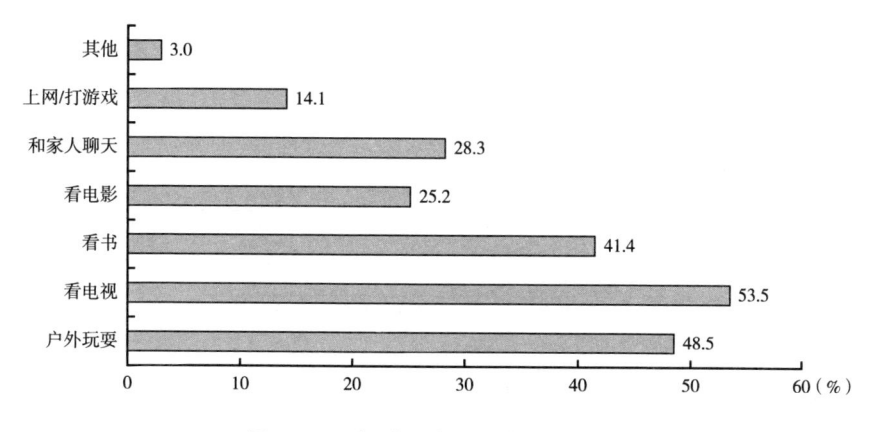

其他	3.0
上网/打游戏	14.1
和家人聊天	28.3
看电影	25.2
看书	41.4
看电视	53.5
户外玩耍	48.5

图 13-4 娱乐活动安排情况（多选）

的时间"，89.9%的儿童是在"一周前"看的，这还是学校在一周前通过多媒体在课堂上组织学生观看的；7.0%的儿童是在"两年前"或"记不清楚"。可以看出，除了在学校活动外，儿童课余时间一方面用于写作业，另一方面主要参与家务劳动，参与娱乐活动的时间比较少。

六 沟通交流状况

社会关系是人们之间产生互动，以实现物质、能量、情感、信息的交换和交流。儿童的社会关系主要反映在与父母、家人以及同伴的沟通交流上。在交流内容上（见图13-5），子女与父母谈论的内容排在前三位的是"家里的事""学习的事""学校的事"，分别为40.4%、39.3%和33.3%，说明儿童与父母主要交流家庭和学习方面的事情，但是交流人数并不多。而对父母的关心、自己和同伴的关系以及村里事情交流非常少。

许多研究表明，同伴交往是儿童发展的重要内容和维护心理健康的主要条件，也是儿童获得社会支持的重要源泉。调查显示，99.0%的儿童有好朋友，好朋友中"男孩女孩都有"的占33.3%，其中女童比例高于男童2.1个百分点；好友"都是女孩"和"都是男孩"的分别为31.3%和35.4%，两者相差4.1个百分点。可以看出，儿童与同伴的交往有一定的

生态移民地区留守儿童权利保障

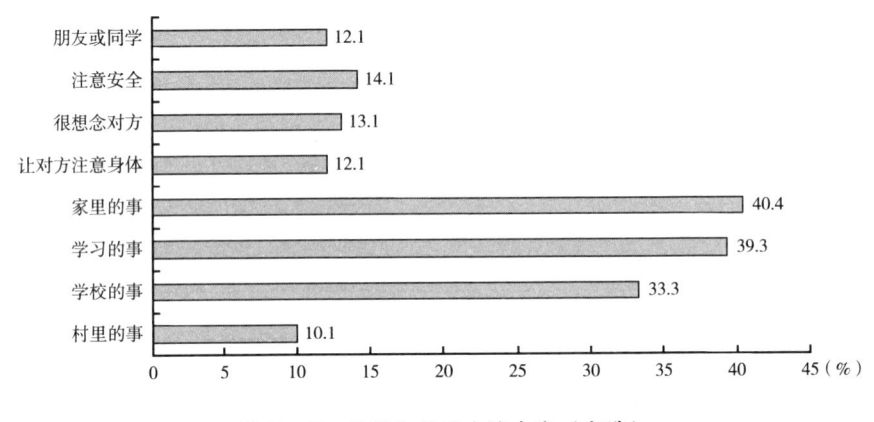

图 13-5 儿童和父母交流内容（多选）

- 朋友或同学 12.1
- 注意安全 14.1
- 很想念对方 13.1
- 让对方注意身体 12.1
- 家里的事 40.4
- 学习的事 39.3
- 学校的事 33.3
- 村里的事 10.1

性别选择，三成左右儿童选择同性别作为朋友，男童同性好友比例高于女童，而女童有不同性别好友的比例高于男童。

调查显示（见图 13-6），儿童心情不愉快时，向好朋友倾诉的最多，比例为 72.7%。与家人的交流当中，与母亲倾诉的最多（12.2%），比父亲高出 9.2 个百分点，兄弟姐妹与父亲的交流比例相当。儿童与父亲、母亲的沟通上存在显著性别差异，反映出父亲在儿童成长中在心理沟通和交流上严重缺位。值得关注的是，儿童不愉快时，与母亲的交流仅是与好朋友交流的 1/6，与父母、兄弟姐妹的交流合计起来也仅是好

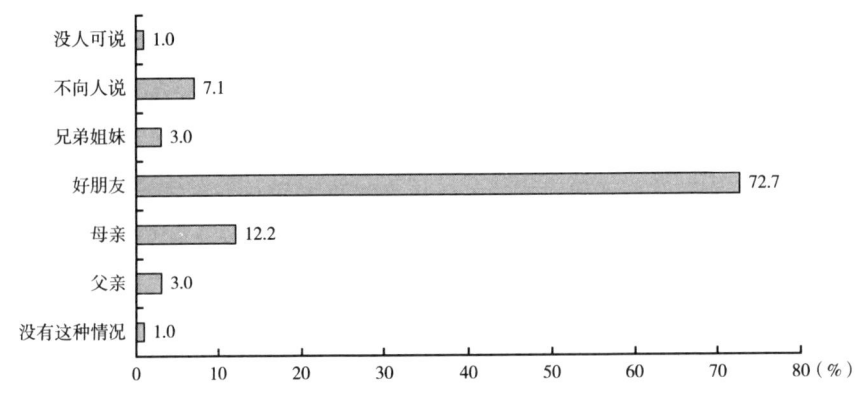

- 没人可说 1.0
- 不向人说 7.1
- 兄弟姐妹 3.0
- 好朋友 72.7
- 母亲 12.2
- 父亲 3.0
- 没有这种情况 1.0

图 13-6 儿童心情不愉快时的倾诉对象

友交流的1/4，同伴对儿童的心理支持高出父母57.5个百分点。可见，好友的交流是儿童心理支持的重要源泉。"没人可说"和"不向人说"占8.1%，这些儿童如果不加以重视，会影响儿童的心理健康。

第三节　结论及讨论

一　缺乏良好的卫生健康习惯，不利于儿童生长发育

良好的卫生习惯有益于儿童身心健康，能减少寄生虫病、消化系统疾病以及传染病等各类疾病的发生。调查对象中仍有部分儿童没有每天刷牙和经常洗澡的习惯。刷牙习惯应在学龄前开始培养，小学时期还没有良好的护牙习惯，不利于身体的消化和营养的吸收。国内外许多专家建议中小学生每天睡眠时间不少于9小时，有的省市以文件规定以保证中小学生睡眠时间。调查对象有一半以上儿童睡眠不达标。以此推测，许多儿童早上7点以前起床，晚上10点以后睡觉，这与父母早出晚归有很大关系。大多数留守儿童具有良好的卫生习惯。《中共中央国务院关于加强青少年体育增强青少年体质的意见》（2017年）指出，小学生要保证每天睡眠10个小时。半数以上的留守儿童每天睡眠不达标。

二　饮食习惯不良，营养状况较差

儿童体质发育的好坏与一日三餐有很大的关系。多数调查对象的父母虽然每天回家，可他们忙于打工挣钱，保留搬迁以前在山区的饮食习惯，忽视照顾子女的饮食，不能保证儿童的一日三餐，更谈不上饮食的营养搭配。因而24.2%的儿童不吃早餐，34.4%的儿童午餐凑合着吃。早餐是经过一夜的新陈代谢后第一顿正式用餐，是儿童白天具备良好精神面貌和充沛体力的重要保证。儿童不吃早餐，中午在学校又吃不好，全靠晚餐来补充，这样违背了人体的健康循环规律，影响了营养的摄入与消耗的平衡。而且绝大多数儿童以面食为主，仅有

半数儿童经常吃米，大部分儿童不能经常吃到牛奶、蛋、鱼/肉等优质蛋白食品。饮食行为和营养的摄取对儿童的生长发育、智力开发起着重要作用。虽然儿童生活、教育环境有了改善，但是他们的正常饮食却不能保证，营养的合理搭配更是无从谈起。不良的饮食习惯，饮食结构的单一，会造成儿童营养不良、抵抗力差，不利于儿童的智力发育和身心健康。

三 承担家务劳动多，参与娱乐活动少

全国妇联对我国12省市农村儿童的调查显示，农村非留守儿童课余时间安排居前三位的是"做作业""和伙伴一起玩""在家看电视"，比例分别为74.6%、66.1%、52.4%。① 而本章调查对象课余时间排前三位的是"做作业""干家务/农活""看电视"，分别为79.8%、56.6%、53.5%，两者的"做作业"和"看电视"比例相当，分别位居第一、第三位。位居12省市农村儿童课余安排第二位的"和伙伴一起玩"比L镇儿童"户外玩耍"（48.5%）高出17.6个百分点；而位居L镇儿童课余活动第二位的则是"干家务/农活"。参与"户外玩耍""看书""看电影"等娱乐活动儿童均不足半数，甚至7.0%的儿童是在"两年前"看电影或"记不清楚"何时看电影。这主要是由于村里公共娱乐场所不足，不能满足儿童的娱乐需求，加上学习压力和家务劳动占用儿童大量课余时间，使儿童玩耍的权利被剥夺。中国青少年研究中心孙云晓认为，户外活动是释放体内多余精力的重要途径，对于小学生来讲，如果过剩的精力得不到正常、足够的渠道发泄，孩子会在课堂上出现注意力不集中、小动作频繁等情况，而且容易出现烦躁、焦虑等不平衡的心理状态。参加户外运动在儿童社会化过程中起着重要作用，有诸多益处。如通过运动，促进血液循环和新陈代谢，强身健体；经常感受大自然，有利于右脑的锻炼和开

---

① 全国妇联儿童工作部编《农村留守流动儿童状况调查报告》，社会科学文献出版社，2011。

发，能帮助孩子提升运动、社交及认知能力；增强孩子的体魄和健康的心理素质，进而适应社会。

四 同伴关系紧密，家庭关系松散

在儿童不愉快时，同伴对儿童的心理支持远远高于父母，仅有少数儿童与父母沟通交流，而且交流频次偏低，父母对儿童的教育功能薄弱。与父母长期在外务工家庭相比，即使大多数父母每天能回家，可以加强亲子关系，但父母受传统观念和早出晚归等因素影响，往往忽视了与子女的沟通，除了家庭事务外，最多关心子女的学习情况，对于子女的交友、心理等方面无暇顾及。外出父母对子女教育与影响的功能大为削弱，亲子关系松散导致家庭支持不足，尤其是对儿童的心理支持严重不足，对心理健康有一定影响。

生态移民地区儿童生存发展状况不容忽视，建议从以下几方面着手改善儿童的现状，以保障儿童健康发展。

第一，政府考虑将生态移民地区儿童纳入"营养改善计划"，以保障儿童健康的生长发育；加大医疗保障宣传力度，尤其加强对儿童父母的宣传教育，争取将农村儿童全部纳入城乡居民基本医疗保障范围。

第二，学校需要加强对儿童进行卫生保健教育，使其养成良好的卫生习惯；减轻课外作业负担，保障儿童参与娱乐活动的权利。

第三，父母需要转变观念，加强对子女的照顾和关爱。从儿童身心健康出发，加强亲子关系的交流和疏导；改善生活习惯，尽可能保证儿童的正常饮食，注意营养合理搭配，保障儿童健康、快乐成长。

第十四章　宁夏留守儿童权益保障结论与思考

本研究对宁夏银川、石嘴山、吴忠、中卫、固原五市生态移民新村义务教育阶段的留守儿童和教师进行问卷调查，关注和探讨了宁夏生态移民地区留守儿童生存权、发展权、参与权、受保护权等权益保障状况，就县内、县外安置的留守儿童进行比较，分析了山区、川区留守儿童权益保障的异同点。总体而言，我国社会经济的发展以及对留守儿童关爱政策的出台，为这一群体的良好发展奠定了基础，留守儿童权益保障取得了显著成效。但是在现实环境中，仍然存在制约留守儿童权益保障的问题，需要社会各界进一步加以关注和引导。

第一节　留守儿童权益保障基本结论

一　生存权益保障

（一）生活照料和社会适应

经过调查，在居住生活上，四成以上留守儿童与母亲共同生活，三成多留守儿童与祖父母共同生活，接受他们的照料。父亲一方打工的，大多数留守儿童和母亲居住；母亲外出打工的，多数子女与祖父母居住。半数以上留守儿童两个月内能与父母团聚一次。父母打工距离家越近，回家周期越短、回家频次越高；打工距离家越远，回家周期越长、频次越低。川区移民居住地距离城市比较近，比山区移民交通便利，川区打工父母回家就比山区方便。因此，川区父母在短期（两个月）内回家次数高于山区，山区父母长期（半年至一年）内回家次数高于川区。

对于搬迁后的生活环境，七成以上留守儿童认为搬迁后的自然地理环境比较好，川区留守儿童对自然地理环境的评价略高于山区。山区、川区留守儿童对目前生活水平的评价相当，大部分认为生活水平比搬迁之前提高了。搬迁后教育环境的改变一致受到留守儿童的好评，绝大多数留守儿童认为搬迁后上学方便了。

（二）营养获得

受"营养改善计划"的限制，川区在校学生不享受营养餐，山区农村义务教育阶段学生早、中餐仍由学校解决。山区留守儿童早、中餐较好于川区。绝大多数留守儿童在家吃晚餐，山区、川区留守儿童比例相当，山区比例略高于川区。山区留守儿童的一日三餐较好于川区。在饮食营养获取上，川区注重主食、蔬菜类食品的摄入，山区家中注重面、奶制品、水果的摄入，学校注重米、蔬菜、蛋白类的摄入。

（三）生病治疗

大多数生态移民地区设立的公共医疗设施基本能满足留守儿童的医疗需求，生病能及时就诊，绝大多数留守儿童生病能够赴村、镇诊所或医院就诊。山区、川区留守儿童生病治疗方面存有显著差异，川区留守儿童主要在村里就诊，以享用村级医疗卫生资源为主；山区留守儿童在村里和镇里就诊，主要享用村、镇级卫生资源。大多数教师认为留守儿童的身体、心理健康处于比较好和正常水平。

二 发展权益保障

（一）学校教育

调查发现，大部分学校比较重视留守儿童的发展，关心留守儿童健康成长。八成以上的学校为留守儿童建立了档案或联系卡,能够及时掌握留守儿童的发展状况。六成以上的学校建立了关爱留守儿童的组织团体,并且举办关爱留守儿童的相关活动。搬迁后,以前没上过学的个别留守儿童有学上了。七成以上留守儿童喜欢现在的学校,山区留守儿童比川区留守儿童更喜欢搬迁后的学校。川区学校地理位置比山区距离家更近,儿童上学比较方便。大部分留守儿童自己或与同学一起上学,一成左右留守儿童则是由家长通过公交车、出租车、摩托车、自行车等交通工具接送上学。

除课本知识外,大多数教师会给学生讲解课外知识。在学校的各项教育中,大部分学校最重视学生的"安全教育",但是山区、川区学校侧重教育的内容有所不同,山区学校倾向对学生的生活常识和法制教育的培养,川区更关注学生的心理健康教育。对于不同知识,留守儿童也有自己的求知倾向。留守儿童最喜欢兴趣爱好方面的知识,更希望通过学习琴棋书画、音乐、舞蹈类来陶冶情操,以提高自身的综合素质。关于生活常识、心理健康、科技创新方面知识,山区留守儿童的求知欲望高于川区。在人际交往、生活健康、职业技能方面的知识,则川区高于山区。多数留守儿童对自身的学习成绩评价比较高,并且对自己的学习有较高的希望。在优良的学习环境里,孩子们都希望自己努力学习,以取得优异成绩来回报父母的养育之恩,减轻父母的负担,他们渴望接受更好的教育。

(二)家庭教育

留守儿童与打工父母主要通过电话进行联系,而且多是父母主动给子女打电话。父母最关心的是留守儿童的学习和家里的事情,嘱咐的多是对子女的思念、个人安全以及身体健康问题。绝大多数留守儿童的父母重视子女的学习,山区父母对子女教育的重视程度略高于川区,交流最多的是子女的学习情况。父母对留守男女童学习的重视程度也略有差异,对男童的重视程度高于女童。

大多数监护人能时常与留守儿童交流,了解掌握他们的情况。监护人与留守儿童的交流由高到低依次为学习的事、家里的事、学校的事、自己的前途发展（个人心情）、村里的事、朋友和同学、文艺体育、社会新闻。与外出打工父母相同，监护人最关心留守儿童的学习成绩，注重他们在学校的表现和个人发展。监护人的责任就是照顾好留守儿童的日常生活，却忽视了他们思想、情感上的交流。

（三）图书资源的获取

留守儿童主要从老师、图书馆、同学、电视获取图书信息资源。绝大多数留守儿童平时会看课外书，七成以上留守儿童能看到自己喜欢的图书。课外图书除留守儿童自己购买以外，还从学校图书室或者同学借阅。川区留守儿童对图书资源的认识程度略高于山区，获得图书的比例也高于山区，川区留守儿童在获取图书上略占优势，但是利用图书资源的比例低于山区。

（四）人际关系

大多数教师认为留守儿童具有正常或较好的人际关系。留守儿童的人际关系中，关系最亲密的是好朋友，川区留守儿童的紧密程度更胜于山区；其次是父母亲，山区留守儿童和母亲的关系优于川区。留守儿童都有好朋友，但在朋友性别上山区、川区略有不同。半数川区儿童能性别平等地结交朋友，比例高于山区。留守儿童更愿意和女孩交朋友。六成以上留守儿童会选择非留守儿童为好朋友。教师对学生的关心程度比较高，教师认为和学生的关系比较融洽。教师能够平等对待每一位学生，对大部分学生态度一致。半数以上教师私下与留守儿童进行交流，部分教师意识到了留守儿童的特殊性，能够关心留守儿童。

三 参与权益保障

（一）参与学校决策

一些川区移民学校学生具有强烈的参与意识，具有比较强的公共服务意识和集体责任感，学生普遍性格开朗、活跃，喜欢参与娱乐活动，学生具有强烈的表演欲望，善于表达自己的意见。在少数向学校提建议的儿童中，川区留守儿童参与方式更加多样化，直接向老师反映、以书信或短信、通过家长反映等多种方式参与学校决策。山区、川区留守儿童的关注点也有明显差异，川区留守儿童更关注学校的建设发展，参与度高于山区留守儿童。

（二）参与家庭决策

大多数留守儿童时常参与讨论家庭决策，主要与家长讨论个人的学习教育情况。山区留守儿童善于讨论个人学习，川区留守儿童善于讨论个人生活、父母外出打工和家庭重大事项等，川区留守儿童参与家庭决策的内容更具多样性。对于留守儿童的讨论事项，母亲教育水平高的家庭更民主，留守儿童的参与水平更高。多数父母会尊重留守儿童的意见，会一起讨论决定并采纳子女的意见，山区父母尊重和采纳孩子建议的比例高于川区。

（三）参与家务劳动和娱乐活动

留守儿童课余时间主要用于完成学校作业和家务劳动，绝大多数留守儿童主要承担家务劳动。由于山区、川区移民安置点公共文化资源配置差异，留守儿童享用村里公共文化资源也有显著差异，川区移民新村有娱乐活动场所的比例远远高于山区。在留守儿童参与各类娱乐活动（看书、看电视、户外玩耍、和家人聊天、看电影、上网/打游戏）中，除了"看书"，其他活动留守儿童参与比例不高。在公共文化娱乐资源不及川区的情况下，山区留守儿童参与娱乐活动的热情高于川区。

四 受保护权益保障

留守儿童关于权益保障知识的获取，主要来自老师的讲解。大部分教师向学生传授维权知识。教师是留守儿童获取课外知识的最主要渠道和途径，担负着传播儿童权益保障知识的重任。绝大多数留守儿童能意识到成立关爱留守儿童团体组织是有必要的，留守女童比男童更了解自己所拥有的相关权益，年龄较大的留守儿童更了解联合国《儿童权利公约》和《中华人民共和国未成年人保护法》等相关法律，山区留守儿童对相关法律的了解程度高于川区留守儿童。

第十四章　宁夏留守儿童权益保障结论与思考

第二节　留守儿童权益保障需要关注的问题

一　缺乏良好的生活习惯，营养获得偏低

留守儿童与母亲或祖父母生活，"父亲缺位"现象严重。虽然半数以上父母在区内打工，两个月内能与家人团聚一次。但是留守儿童普遍渴望父亲能经常回家多陪陪他们，给他们以温暖的怀抱。有少数留守儿童缺乏良好的卫生健康习惯，半数以上留守儿童每天睡眠时间不达标。由于川区留守儿童不再享受国家营养改善计划，山区、川区留守儿童一日三餐悬殊较大，山区留守儿童早、午餐情况要好于川区。少数留守儿童有不吃早餐的习惯，个别川区留守儿童在饭馆、小卖部解决或自带午餐，也有不吃午餐的现象。留守儿童蛋白类食品的获得与全国、全区农村儿童平均水平有很大的差距，营养获得偏低。家长和留守儿童医疗保障知识匮乏，维护自我医疗保障意识淡薄，仍有少数留守儿童生病未治现象。

二　公共教育资源配置不足，家庭教育功能弱化

生态移民地区公共文化资源配置不均衡，山区移民安置点受当地政府财政影响，一些村落没有公共娱乐活动场所，文化资源设施比较匮乏，致使山区、川区留守儿童享用公共文化资源有显著差异，少数留守儿童尤其是山区留守儿童无法享用公共娱乐设施。2011年，宁夏率先西部实现农家书屋行政村全覆盖。但是农家书屋利用效果不佳，生态移民地区学校和社区图书室的利用率有较大差别。留守儿童主要从学校图书室借阅图书，很少享用村图书室资源，农家书屋形同虚设，利用率不高。农家书屋的利用程度与留守儿童的阅读需求不相适应。

宁夏通过义务教育均衡发展，扩大优质教育资源覆盖面。但是，政府对农村基础教育的资源投入低于城市，致使农村学校公共资源配置不足，而且对农村教育资源的投入存在一定的地域差异，山区、川区学校资源配

置不均衡。留守儿童享受网络信息教育程度比较低，不能以现代信息手段获取信息资源。尤其山区学校的公共信息服务相对滞后，匮乏的网络信息设施不能满足留守儿童对知识的渴望，滞后的信息资源服务使留守儿童现代信息化教育受损。

心理咨询教师配备不足，心理健康教育匮乏。学校注重对留守儿童的安全、法制、生活常识的教育，缺乏心理健康教育意识，忽视了留守儿童的心理健康教育。一半以上的学校没有配备心理咨询教师，有的学校即使有心理咨询教师，也多数是语文或思想政治教师兼任。教师和留守儿童关系比较疏离，当留守儿童心里不愉快时，几乎没有留守儿童向老师倾诉心里话。大多数留守儿童尤其是山区留守儿童缺少与教师的交流，使教师对他们的学习、性格以及行为缺乏了解，尤其是心理有障碍的学生，不能给予及时的关怀和疏导。研究发现，学校教师的工资待遇是决定教育水平的主要因素，各类教师之间工资待遇有差异显著，这将影响农村教育质量和教育效果。

"十二五"生态移民政策按户籍分房。当时农民户籍意识淡薄，子女结婚没有分户，几代人、十几口人拥有一个户口本，搬迁后有限的住房不能满足移民的居住需求，留守儿童学习空间严重不足，大部分留守儿童家里没有书桌，给留守儿童学习的质量和效果带来不利影响。在父母监护权缺失情况下，外出打工的父母对留守儿童的教育仅限于电话交流，留守儿童和父母缺乏联系，在数分钟的通话时间里，父母的简短话语对留守儿童的教育大打折扣。外出父母和监护人最关心留守儿童的是他们的学习、安全以及身体健康问题，而很少关心子女人际交往和心理问题。受教育水平的限制，绝大多数父母和监护人对学习和图书信息资源几乎提供不了帮助，家庭教育功能弱化。

三 决策参与度低，参与娱乐活动权益被剥夺

研究发现，农村传统的教育理念和方式不同程度上影响儿童参与各项相关事务的机会，阻碍了儿童发表意见、参与决策。不论是山区还是川

区，半数以上留守儿童从未向学校提过建议，参与学校决策程度普遍不高。通过对山区、川区留守儿童参与权益的比较发现，两者有明显差异。川区留守儿童更关注学校的建设发展，向老师反映、通过书信或短信、通过家长反映等方式的比例均高于山区留守儿童，山区留守儿童很少参与学校决策、与老师交流。

留守儿童在家庭中也没有充分享有参与权益，父母离异和母亲教育水平低的家庭中留守儿童的参与度更低，父母和监护人对留守儿童参与权的尊重和保护并不到位，家长缺乏培养留守儿童独立自主的意识。川区留守儿童学习教育的参与现状不如山区留守儿童，在个人生活、父母外出打工和家庭重大事项等方面，川区参与度更高，具有多样性。与参与学习教育决策相比，留守儿童参与个人生活决策比例较低。家庭重大事项和父母外出打工方面，留守儿童很少参与。绝大多数留守儿童的课余时间主要完成家庭作业和家务劳动，不能自由支配娱乐活动的时间。加上社区缺少公共娱乐资源，留守儿童很少能参与娱乐活动，他们参与娱乐活动的权利被剥夺，导致他们参与各项娱乐活动的积极性不高，甚至少数留守儿童从未享受过村里的文化娱乐资源。

四 受保护权知识欠缺，社会支持力度不足

留守儿童对联合国《儿童权利公约》《中华人民共和国未成年人保护法》等相关法律了解较少，多数留守儿童不清楚自己拥有的权益，受保护权益保障知识严重欠缺，在自我保护和正当防卫方面的认知度不高，自我保护的意识十分薄弱。在紧急情况下，留守儿童没有树立打破常规保护自己的意识。多数留守儿童个人权益受到侵犯时，普遍应对措施消极，寻求他人帮助的意识不强。虽然大多数留守儿童认为父母是最维护自己权益的人，但是心理上对家长仍有距离，一旦受到侵犯时不能及时告诉家长。老师对留守儿童的关爱保护程度不够，保护留守儿童权益的团体组织工作成果不理想，学生了解和评价程度不高。在儿童权益保护组织的需求上，年纪越大的留守儿童对于学校或村里成立相关团队组织的态度越消极。

第三节 留守儿童权益保障的对策建议

一 建立健全相关政策法规体系，为留守儿童合法权益提供法制保障

2016年，国务院、宁夏回族自治区政府相继出台《关于加强农村留守儿童关爱保护工作的意见》（国发〔2016〕13号、宁政发〔2016〕57号），对全国各地、各级政府关爱保护留守儿童工作、保障留守儿童发展提出了更高要求。各级政府需要从儿童利益最大化、儿童多元发展理念出发，进一步完善《中华人民共和国未成年人保护法》《义务教育法》《中国儿童发展纲要》等相关法律、法规，考虑加入保障农村留守儿童合法权益的相关条款，完善留守儿童的各项权益保障制度。强化法定监护人的主体责任，明确留守儿童在义务教育阶段其责任主体的法律责任，完善留守儿童委托监护制度，加强留守儿童自身、家庭、学校、社区、社会各界对其权益保护的法制保护观念和责任意识，为留守儿童的健康发展提供切实可行的法律保障。针对目前宁夏生态移民地区儿童权益保障问题，政府在制定政策法规时，要充分考虑地域、民族、经济、社会的差异性，从统筹全区发展、着眼全局未来考虑。推进宁夏户籍、社会保障、文化教育、卫生医疗等相关政策体制改革，使移民地区儿童都能享受到同等的公共资源，努力为生态移民地区儿童的均衡发展创造良好的环境。

健全留守儿童关爱组织领导机制，将农村留守儿童关爱保护工作纳入政府相关部门重要议事日程。政府建立完善可行的监督制度，有效落实各项法律法规政策。各级教育、民政和妇联成立专门的留守儿童权益保障机构，就生态移民地区留守儿童教育、监护、社保、生活、安全等方面加强管理和指导。要明确家庭、学校、社区等的责任划分，明确监护人的法律责任。自治区政府大力发展适合农民工的服务行业，提高二、三产业对农业的支持力度，大力推进农业产业化发展，扩大农民工就业岗位，鼓励农

民工就近工作,保证他们既有工作收入,又可承担照顾家庭的责任,从根本上减少留守儿童的数量。

二 加强营养卫生服务,保障留守儿童健康成长

宁夏回族自治区政府考虑加大财政投入,依托相关部门扩大"营养餐工程"实施范围,加强营养餐的配比和营养搭配,消除山区、川区生态移民地区儿童健康饮食的差异,提高学生的营养水平,保障儿童身体健康成长的合理需求。加大生态移民地区尤其是山区的村级公共医疗卫生资源的投入,使村民生病能及时就诊,保障留守儿童平等地享有公共医疗卫生资源。学校要加强对学生的卫生保健和医疗卫生教育,使其养成良好的卫生习惯,引导学生懂得重视自己的生命和健康,维护自我生命健康权益。父母以儿童利益优先,要积极了解儿童权益方面的相关法律、法规知识,尊重、关爱留守儿童,培养子女树立维护儿童权益意识。外出的父母要尽可能创造条件多陪伴子女。家中母亲或祖辈监护人要改善生活习惯,保证儿童一日三餐的正常饮食,注意营养合理搭配,保障儿童健康成长。加强留守儿童社区安全网络建设,使留守儿童生存发展得以全方位保护。

三 加强公共资源建设,保障留守儿童发展权益

政府要加大投入力度,加强生态移民地区学校包括网络资源在内的基础设施建设,进一步改善学校办学条件。积极探索数字校园、智能教室的建设,保障农村儿童和城市儿童一样享受到先进的教育资源。学校要转变传统的教育理念,开拓创新教育改革,以学生为中心,树立学生的主体意识。要加强法律观念和权益保护教育,积极开展法制宣传工作,向学生普及《儿童权利公约》《中华人民共和国未成年人保护法》《教育法》等法律知识,提高儿童法律观念和权益保护意识。建立健全关爱留守儿童帮扶机制,由教师、品学兼优的学生与留守儿童结对帮扶,从思想上、学习上、生活上给予他们关怀和照顾,保障留守儿童受教育权益。政府尽可能为农村每所学校至少配备一名专职心理健康教

师，加强学生尤其是留守儿童的心理健康教育和心理咨询辅导，对留守儿童给予心理咨询帮助，以疏导和排解他们的心理障碍。教师要加强与学生的沟通交流，建立融洽、和谐的关系，帮助他们树立积极向上的生活态度，培养健康的人生观和价值观。

加强教师队伍建设，提高教师待遇。建立教师培训机制，为教师创造接受现代前瞻性的教育理念机会，提升教师的综合素质。实施教师交流机制，鼓励城市优秀教师定期去农村学校交流，将教育新思想、新理念、新方法传递到农村，从而打破传统单一的教育模式，提高农村教育质量。加强教师资源的统筹管理和合理配置，保证特岗教师工资与社会平均工资同步增长，解除他们的后顾之忧。父母要加强留守儿童的家庭教育，尽可能改善留守儿童的学习环境。打工父母和监护人与留守儿童要加强交流，主动给予他们关爱，增强留守儿童的安全感和幸福感。家长要重视留守儿童的同伴关系，有健康的同伴关系，双方可以互帮互助，共同进步，有利于留守儿童的学习、心理、行为的良性发展，有利于留守儿童树立健康的价值观、人生观。

四 营造民主和谐氛围，保障留守儿童参与权益

政府继续加大生态移民地区文化娱乐资源的投入力度，保证山区、川区生态移民地区每个村都有娱乐场所，加强公共厕所、体育场所、村图书室等公共服务设施的建设，以满足村民的娱乐文化活动，为生态移民地区儿童的健康发展创造良好的环境保障，使儿童能平等享受公共资源。加强村级图书室的管理工作，提高图书室利用率，充分发挥图书室的社会教育功能，保障留守儿童接受教育权益。

学校建立健全学生建言献策的渠道，完善学校参与权保障机制，营造学生建言献策的良好环境。教师要帮助留守儿童树立行使参与权意识，引导留守儿童行使自己的合法参与权，鼓励留守儿童参与学校管理和家庭决策，努力培养学生行使参与权的能力，为学校、家庭、社区建设贡献儿童力量。监护人营造民主和谐的家庭氛围，倾听他们的心声和想法，让孩子

敢于发声、乐于发声,平等对待和尊重留守儿童作为一名家庭成员表达意见的权利。

五 建立健全团体组织,保障留守儿童受保护权益

加强生态移民地区留守儿童受保护权保障,离不开社区相关保护组织的建立和运行。学校和社区应该建立健全相关团体组织,大力传播儿童受保护权益的相关知识,定期对当地留守儿童受保护权现状进行调研和记录,定期对留守儿童及其监护人群体进行受保护权知识普及,引导留守儿童树立自我保护意识,加强留守儿童自我保护意识和能力,避免其权益受到侵害。父母及其他监护人应当配合学校或村里相关保护组织的工作,提高个人法律素质,不侵犯留守儿童个人隐私、保障其基本权益。从家庭教育层面引导留守儿童学会自我保护,教导留守儿童在遇到紧急情况时,运用正确手段保障个人权益不受侵犯。

附 录

附录1 生态移民地区留守儿童权利保障问卷调查

亲爱的同学：

你好！

为了了解宁夏生态移民地区留守儿童权利保障情况，探索留守儿童健康发展途径，我们开展本项调查。不填写姓名，答案没有正确、错误之分。请你根据自己的实际情况和真实感受选择，如没有说明，每题只选一个答案。遇到_____，请直接在_____中填写。请不要漏答或不回答，以免影响调查结果。

你的热情参与是对我们工作极大的帮助与鼓励，为了表示感谢，送你一份小小的礼物，作为这次调查的纪念！谢谢你的支持与合作！

"生态移民地区留守儿童权利保障研究"课题组
2014年5月

一 基本情况

A1. 性别： 1. 男 2. 女

A2. 你的民族是： 1. 汉族 2. 回族 3. 其他

A3. 你的出生年月：_____年_____月

A4. 你现在上几年级？

　　1. 三年级及以下　2. 四年级　3. 五年级　4. 六年级

　　5. 初中　6. 高中　7. 其他

A5. 你家有几口人？

　　1. 三人以下　2. 三人　3. 四人　4. 五人　5. 六人及以上

A6. 父母婚姻情况：

　　1. 未婚　2. 在婚　3. 离异　4. 丧偶　5. 其他

A7. 父亲的文化程度：

　　1. 没上过学　2. 小学　3. 初中　4. 高中/中专　5. 大专/大学及以上

A8. 母亲的文化程度：

　　1. 没上过学　2. 小学　3. 初中　4. 高中/中专　5. 大专/大学及以上

A9. 你家从哪里搬迁过来的？

　　1. 本乡镇　2. 本县城　3. 宁夏其他县城　4. 其他

A10. 您家户籍迁过来了吗？

　　1. 迁过来了　2. 没有　3. 不清楚

A11. 你的父/母有在外打工吗？

　　1. 有　2. 没有

A12. 谁在外打工？

　　1. 父亲　2. 母亲　3. 父母　4. 其他人

A13. 他（她）/他们（指外出打工的父、母，以下同）外出打工时，你和谁住在一起？

　　1. 父亲　2. 母亲　3. 爷爷（姥爷）/奶奶（姥姥）　4. 兄弟姐妹

　　5. 其他

A14. 他（她）/他们现在哪里打工？

　　1. 本县城（市区）　2. 宁夏其他城市　3. 宁夏以外城市

　　4. 回原来的家种地　5. 不清楚

A15. 你知道他（她）/他们在做什么吗？

　　1. 知道　2. 不知道

A16. 他（她）/他们大约多久回来一次？

    1. 一周　2. 两周　3. 一个月　4. 两个月　5. 半年　6. 一年　7. 其他

A17. 他（她）/他们回来后一般住多久？

    1. 1～3天　2. 一周　3. 两周　4. 一个月　5. 一个月以上　6. 其他

二　生活情况

B1. 村里有公共厕所吗？

    1. 有　2. 没有　3. 不清楚

B2. 你一般在哪里上厕所？

    1. 家里　2. 学校　3. 村里　4. 野外没人地方　5. 其他

B3. 你每天的洗漱是：

    1. 不刷牙不洗脸　2. 只刷牙不洗脸　3. 不刷牙只洗脸

    4. 既刷牙也洗脸　5. 其他

B4. 你最近一次洗澡是：

    1. 几天前　2. 两周前　3. 一个月前　4. 两个月前

    5. 半年前　6. 一年前　7. 从来不洗

B5. 你一日三餐在哪儿吃？（请在空格打"√"，只选一项）

三餐	不吃	家	学校	饭馆	小卖部买食品	其他
早饭						
中饭						
晚饭						

B6. 你一日三餐经常吃到的食品？（请在空格打"√"，可以多选）

项目	米	面	蔬菜	肉/鱼	蛋类	奶制品	水果	其他
家								
学校								
其他								

B7. 你喜欢吃哪里的饭？

　　1. 家里　2. 学校　3. 学校附近饭馆　4. 小卖部买食品　5. 其他

B8. 家里谁给你做饭吃？

　　1. 父亲　2. 母亲　3. 自己　4. 哥哥/姐姐　5. 父母之外的监护人

　　6. 其他

B9. 你每天喝水是：

　　1. 从来不喝　2. 一两杯　3. 三四杯　4. 五六杯

　　5. 八杯以上　6. 其他

B10. 你在学校怎么喝水？

　　1. 从家带水　2. 在学校吃饭时顺便喝水　3. 在学校打水喝

　　4. 不喝水　5. 其他

B11. 你每天平均睡眠时间是：

　　1. 十小时以上　2. 十小时　3. 九小时　4. 八小时

　　5. 七小时　6. 六小时以下

B12. 你穿的衣服一般是：

　　1. 父母买的　2. 哥哥/姐姐穿过的　3. 别人给的

　　4. 其他_____

B13. 你课外时间主要是（可多选）：

　　1. 干家务/农活　2. 写作业　3. 照顾家人　4. 看电视

　　5. 看书　6. 户外玩耍　7. 其他

B14. 在家经常干活吗？

　　1. 经常　2. 偶尔　3. 从来不

B15. 如果干的话，主要干什么活？

　　1. 做家务　2. 照顾家人　3. 干农活　4. 帮父母照顾生意

　　5. 其他_____

B16. 村里有没有娱乐活动场所？

　　1. 有　2. 没有　3. 不清楚

B17. 你的娱乐活动一般是（可多选）：

1. 户外玩耍　2. 看电视　3. 看书　4. 看电影　5. 和家人聊天

6. 上网/打游戏　7. 其他

B18. 你上一次看电影是：

1. 一周前　2. 一个月前　3. 三个月前　4. 半年前　5. 一年前

6. 两年前　7. 记不清楚

B19. 你打过疫苗吗？

1. 打过　2. 没打过　3. 不清楚

B20. 距离你家最近的诊所/卫生院在哪里？

1. 村里　2. 镇里　3. 县里　4. 市里　5. 其他

B21. 最近一次生病在哪里看的病？

1. 本村诊所　2. 镇医院　3. 县城医院　4. 哪也没去

5. 其他_____

B22. 你参加了哪些保险？（可多选）

1. 没有参加　2. 城乡居民基本医疗保险　3. 商业保险　4. 不清楚

5. 其他

B23. 与搬迁之前相比，你认为现在居住的自然环境：

1. 非常好　2. 比较好　3. 没差别　4. 不好　5. 非常不好　6. 说不清楚

B24. 与搬迁之前相比，你认为现在的生活水平：

1. 提高许多　2. 有所提高　3. 没差别　4. 有所下降

5. 下降了许多　6. 说不清楚

B25. 与搬迁之前相比，你认为现在上学：

1. 非常方便　2. 比较方便　3. 没差别　4. 不如以前　5. 不清楚

B26. 你还想搬回去吗？

1. 想回去　2. 不想回去　3. 不清楚

三 受教育情况

C1. 你上过幼儿园吗？
    1. 上过 2. 没有 3. 不清楚
C2. 你怎么去学校？
    A. 交通工具： 1. 自行车 2. 走路 3. 公交车 4. 坐出租车
    5. 摩托车 6. 其他
    B. 接送：1. 父亲 2. 母亲 3. 父母以外的监护人 4. 与同学一起
    5. 自己 6. 其他
C3. 父母重视你的学习吗？
    1. 非常重视 2. 比较重视 3. 一般 4. 不太重视
    5. 很不重视 6. 不清楚
C4. 你喜欢上学吗？
    1. 喜欢 2. 不喜欢 3. 不清楚
C5. 与搬迁之前的学校相比，你更喜欢哪所学校？
    1. 现在的学校 2. 以前的学校 3. 以前没上过学 4. 说不清
C6. 你认为，现在的老师像：
    1. 父/母 2. 哥哥/姐姐 3. 叔叔/阿姨 4. 陌生人 5. 朋友
    6. 其他
C7. 你在课堂上回答问题吗？
    1. 从来没有 2. 有时 3. 偶尔 4. 经常
C8. 老师私下与你交谈吗？
    1. 从来没有 2. 有时 3. 偶尔 4. 经常
C9. 你被老师体罚过吗？
    1. 从来没有 2. 有时 3. 偶尔 4. 经常
C10. 你认为老师偏向哪些学生？
    1. 没有，老师平等对待 2. 非留守儿童 3. 留守儿童

4. 喜欢学习好的　5. 其他

C11. 你的学习在班里是：

1. 上等　2. 中上等　3. 中等　4. 中下等　5. 下等　6. 不清楚

C12. 学习中不明白的地方，一般会问谁？

1. 同学　2. 老师　3. 父亲　4. 母亲　5. 兄弟姐妹

6. 父母之外的监护人　7. 从来不问　8. 其他

C13. 学校有图书室吗？

1. 有　2. 没有　3. 不清楚

C14. 村里有图书室吗？

1. 有　2. 没有　3. 不清楚

C15. 你平时看课外书吗？

1. 经常看　2. 有时看　3. 偶尔看　4. 从来不看

C16. 你平时能看到喜欢的图书吗？

1. 能　2. 不能

C17. 如果"能"，这些图书从哪里来？

1. 自己买　2. 向同学借　3. 向老师借　4. 向学校图书室借

5. 向村图书室借　6. 外出打工的父母买的

7. 父母之外的监护人买的

8. 在网上看　9. 其他_____

C18. 如果"不能"，为什么？

1. 没有钱买　2. 有钱买不到　3. 借不到　4. 有书，不许看

5. 其他

C19. 你通过什么渠道知道图书信息的？

1. 电视　2. 老师　3. 同学　4. 外出打工的父母　5. 监护人

6. 图书馆　7. 网络　8. 其他

C20. 学校开设电脑课了吗？

1. 开设　2. 没有开设　3. 不清楚

C21. 学校电脑能上网吗？

1. 能　2. 不能　3. 不清楚

C22. 你会用电脑吗？

1. 会　2. 不会　3. 不清楚

C23. 对学校的教学或管理等，你向学校提出建议的方式是：

1. 从未提过建议　2. 直接向老师反映　3. 直接向校领导反映

4. 通过书信/短信反映　5. 通过家长向学校反映　6. 其他

C24. 学校组织过突发事件演练吗？

1. 从未组织过　2. 组织过，学到很多知识　3. 组织过，印象不深

4. 不清楚

C25. 学校进行过哪些方面教育（可多选）？

1. 生理健康　2. 心理健康　3. 法制教育　4. 安全教育

5. 社会生活常识　6. 以上均未教育过　7. 其他

C26. 目前你最想学的知识是（可多选）？

1. 人际交往　2. 生理健康　3. 心理健康　4. 生活常识

5. 发展兴趣，提高素养（书画、音乐、舞蹈）　6. 职业技能

7. 科技创新　8. 什么都不想学　9. 其他_____

四　人际关系

D1. 你与外出打工的父母多久联系一次？

1. 不联系　2. 一周　3. 两周　4. 一个月　5. 两个月

6. 半年　7. 其他

D2. 一般谁会主动联系？

1. 外出打工的父/母　2. 自己　3. 你的监护人　4. 其他

D3. 你们一般聊些什么（可多选）？

1. 村里的事　2. 学校的事　3. 学习的事　4. 家里的事　5. 让对方注意身体　6. 很想念对方　7. 注意安全　8. 朋友或同学　9. 其他

D4. 你和监护人（是和你共同居住，照顾你生活的成年人）聊天吗？

1. 经常　2. 有时候　3. 偶尔　4. 从来不　5. 其他

D5. 如果聊天的话，你们一般聊些什么（可多选）？

    1. 村里的事　2. 学校的事　3. 学习的事　4. 家里的事

    5. 自己的前途和发展　6. 个人心情　7. 朋友或同学　8. 社会新闻

    9. 文艺体育　10. 其他_____

D6. 当你犯错误时，监护人会：

    1. 打骂你　2. 帮助你分析犯错原因

    3. 打电话告诉你外出打工的父母　4. 让你的朋友劝说你

    5. 生气不理睬你　6. 装作没看见　7. 其他

D7. 在家里能否参与讨论家庭决策？

    1. 经常　2. 有时候　3. 偶尔　4. 从来不　5. 其他

D8. 如果参与的话，一般参与讨论哪些内容？

    1. 学习教育　2. 个人生活　3. 父母外出打工　4. 家庭重大事项

    5. 其他

D9. 你认为，父母或父母之外的监护人对你提出的意见是：

    1. 不倾听不采纳，他们自己决定　2. 倾听但不采纳

    3. 会采纳我的意见　4. 我们一起讨论决定

    5. 完全听我的　6. 其他

D10. 你有好朋友吗？

    1. 有　2. 没有

D11. 你的好朋友是：

    1. 男孩女孩都有　2. 都是女孩　3. 都是男孩

D12. 你的好朋友是：

    1. 没有朋友　2. 父母外出打工的孩子　3. 父母在家的孩子

    4. 其他_____

D13. 同村的儿童中，有不上学的吗？

    1. 有　2. 没有　3. 不清楚

D14. 当你心里不愉快时，一般向谁讲？

1. 没有这种情况　2. 父亲　3. 母亲　4. 好朋友

5. 父母之外的监护人　6. 老师　7. 兄弟姐妹

8. 不向人说　9. 没人可说　10. 其他

五　自我保护

E1. 你了解联合国《儿童权利公约》《中华人民共和国未成年人保护法》吗？

1. 非常了解　2. 比较了解　3. 了解一点　4. 听说过，不了解

5. 没听说过　6. 其他

E2. 你是否知道自己拥有的权利？

1. 知道　2. 不知道　3. 没听说过

E3. 你从哪些渠道获取儿童权利保障知识的？

1. 没听说过　2. 老师　3. 朋友/同学　4. 家长　5. 电视　6. 书报

7. 网络　8. 其他

E4. 当你的权利受到侵犯时，你会采取哪种措施（可多选）？

1. 主动和侵犯我权利的当事人沟通　2. 先忍着不说

3. 用行动表示反抗　4. 求助他人　5. 求助相关机构　6. 其他

E5. 你认为以下哪些是正确的自我保护范围（可多选）？

1. 生命第一，其他都是小事　2. 背心、裤衩覆盖的地方不许别人碰

3. 不要和陌生人说话　4. 不要吃陌生人的食品

5. 不保守坏人的秘密，可以欺骗坏人　6. 小秘密要告诉妈妈

7. 遇到危险时可以自己先跑

8. 遇到危险时可以打破玻璃、破坏家具

9. 平安成长比成功更重要

E6. 学校或村里有保护留守儿童、维护留守儿童权利的团队组织吗？

1. 有　2. 没有　3. 不清楚

E7. 你认为有必要成立这样的团队组织吗？

  1. 有必要 2. 没必要 3. 不清楚

E8. 你认为最维护你的权益的是：

  1. 老师 2. 父母 3. 父母之外的监护人 4. 朋友 5. 社会上其他人

  6. 大众传媒 7. 少先队 8. 自己 9. 其他

E9. 你目前最需要帮助解决的困难是什么？

  1. 经济 2. 生活 3. 学习 4. 关爱 5. 健康 6. 其他_____

E10. 你现在最想说什么？

附录2　教师问卷调查

均为单选　　　　　　　　　　　　　　　　　　　　　2014.6

一　基本情况

所在市县：　　　乡：　　　村：　　　学校：

A1. 性别：　1. 男　2. 女

A2. 您的民族是：　1. 汉族　2. 回族　3. 其他

A3. 您的年龄：

　　1. 18岁以下　2. 18~30岁　3. 31~40岁　4. 41~50岁　5. 51岁及以上

A4. 您的学历：

　　1. 初中及以下　2. 高中/中专　3. 大专　4. 本科　5. 研究生

　　6. 其他

A5. 您目前是：

　　1. 公办老师　2. 民办老师　3. 代课老师　4. 特岗老师　5. 其他

A6. 您的婚姻情况：

　　1. 未婚　2. 在婚　3. 离异　4. 丧偶　5. 其他

A7. 您的户籍在哪里？

　　1. 本村　2. 本乡镇　3. 本县城　4. 宁夏其他县城　5. 区外

　　6. 其他

A8. 您多久回一次家？

　　1. 每天　2. 一周　3. 两周　4. 一个月　5. 三个月

　　6. 一学期　7. 其他

A9. 您现在教几年级？

　　1. 三年级及以下　2. 四年级　3. 五年级　4. 六年级　5. 初中

　　6. 高中　7. 其他

A10. 您现在教几门课？

　　1. 没有　2. 一门　3. 两门　4. 三门　5. 四门　6. 其他_____

A11. 您现在每月工资待遇：

　　1. 500 元以下　2. 500～1000 元　3. 1000～1500 元

　　4. 1500～2500 元　5. 2500～3500 元　6. 3500～4500 元

　　7. 4500 元以上

A12. 您对现在的工作满意吗？

　　1. 非常满意　2. 比较满意　3. 一般　4. 不满意　5. 很不满意

　　6. 不清楚

A13. 以下您认为最不满意的是：

　　1. 社会保障　2. 工资待遇　3. 进修培训　4. 工作环境

　　5. 生活环境　6. 自我价值体现　7. 社会地位　8. 工作负担

　　9. 其他

二　教育情况

B1. 你认为自己像学生的：

　　1. 父/母　2. 哥哥/姐姐　3. 叔叔/阿姨　4. 陌生人　5. 朋友

　　6. 其他_____

B2. 你更偏向哪些学生？

　　1. 平等对待每一名学生　2. 非留守儿童　3. 留守儿童　4. 学习好的

　　5. 其他

B3. 您认为应该体罚学生吗？

    1. 应该　2. 不应该　3. 不清楚

B4. 您认为留守儿童的学习在班里是：

    1. 上等　2. 中上等　3. 中等　4. 中下等　5. 下等　6. 不清楚

B5. 您有时间和精力关心帮助留守儿童吗？

    1. 有　2. 没有　3. 不清楚

B6. 您私下与留守儿童交谈吗？

    1. 从来没有　2. 有时　3. 偶尔　4. 经常

B7. 您认为，与非留守儿童相比，留守儿童的各方面表现（请打√）：

项目	没有区别	非常好	比较好	一般	比较差	非常差	备注
学习成绩							
学习习惯							
完成作业							
行为习惯							
生活习惯							
自理能力							
人际关系							
身体健康							
心理健康							

B8. 您认为学校的教学设施：

    1. 非常充足　2. 比较充足　3. 一般　4. 比较紧缺　5. 非常紧缺

    6. 其他

B9. 除课本知识外，你给学生讲解课外知识吗？

    1. 从来不讲　2. 有时　3. 偶尔　4. 经常　5. 其他

B10. 您了解联合国《儿童权利公约》《中华人民共和国未成年人保护法》吗？

    1. 非常了解　2. 比较了解　3. 了解一点　4. 听说过，但不了解

    5. 没听说过

B11. 您认为儿童有必要了解维护权益知识吗？

    1. 有必要　2. 没必要　3. 不清楚

B12. 您会向学生讲解儿童权益保障方面的知识吗？

    1. 从来不讲　2. 有时　3. 偶尔　4. 经常　5. 其他

B13. 学校有没有专职心理咨询老师？

    1. 有　2. 没有　3. 不清楚

B14. 社区和学校对留守儿童的关爱情况：

项目		有	没有	不清楚	备注
是否有关爱留守儿童的团队组织或机构	村				
	学校				
是否建立留守儿童档案或联系卡	村				
	学校				
是否组织过关爱留守儿童的活动	村				
	学校				

B15. 您认为留守儿童权益保障存在哪些不足？需要如何改进？

_____

_____

_____

附录3 留守儿童权利保障访谈提纲

一 基本情况

姓名：

1. 你今年多大？上几年级？家里几口人？

2. 父母谁在外打工？在哪儿打工（本县城还是县外、省外）？多长时间回来一次？回来住多久？你想念他们吗？

3. 父（母）在外打工时，你和谁一起居住？

4. 一日三餐在哪里吃？若在家吃，谁给你做饭？你会做饭吗？

5. 每天吃早餐吗？早餐吃什么？

6. 午餐吃什么？晚餐呢？每顿饭能吃饱吗？

7. 你最喜欢吃什么？最想吃什么？

8. 你晚上一般几点睡觉？每天洗脸吗？刷牙吗？平时多久洗一次澡？

9. 你的衣服是谁给你买的？

10. 距离你家最近的诊所/卫生院在哪里？最近一次生病在哪里看的病？

11. 你认为有必要参加保险吗？你参加保险了吗？参加了哪些保险？

12. 你家是何时搬迁过来的？与以前相比，现在的居住环境好不好？现在的生活和以前有差别吗？现在上学方便吗？现在的居住地有哪些不好的地方？（详细询问这些情况，多问细节）你还想搬回去吗？

二 受教育情况

1. 你怎么去学校？从家到学校大约多长时间？
2. 你喜欢上学吗？经常与老师交流吗？课堂上你经常回答问题吗？
3. 老师尊重你吗？体罚过你吗？体罚过几次？老师对你和其他同学有差别吗？班里做出决定前，征求学生的意见吗？
4. 老师布置的课外作业你能完成吗？每天大约几点完成作业？
5. 你课外时间主要做什么？经常干家务活吗？主要干什么活？
6. 你娱乐活动主要是什么？一般在村里玩吗？和谁一起玩？是男孩还是女孩？
7. 你喜欢读书吗？学校有图书室吗？村里有图书室吗？经常能看到喜欢的图书吗？你自己有图书吗？如果有，这些书是谁给你买的？
8. 学校开设电脑课了吗？学校电脑能上网吗？你家里有电脑吗？你经常上网吗？
9. 学校组织过突发事件演练吗？学校进行过哪些方面教育？（看其选择，进一步访谈）
10. 目前你最想学的知识是什么？（看其选择题，进一步访谈）

三 人际关系

1. 你和监护人（和你共同居住，照顾你生活的成年人）聊天吗？你爱他（她）吗？为什么？
2. 监护人打过你吗？因为什么事打你？怎么打的？
3. 外出打工父母回来打你吗？
4. 在家里能否参与讨论家庭决策？主要讨论哪方面的事情？大人是否采纳你提出的意见？

5. 你有好朋友吗？能否介绍一下你的好朋友？

6. 当你心里不愉快时，一般向谁讲？

四　受保护情况

1. 你知道联合国《儿童权利公约》《中华人民共和国未成年人保护法》吗？

2. 你是否知道自己拥有的权利？你从哪里知道这些知识的？

3. 你认为，自己的权利受到过侵犯吗？举例说明。当时你是如何应对的？

4. 你知道如何保护自己吗？能说说吗？

下面几条是正确的自我保护措施（请读给儿童）：①生命第一，其他都是小事；②背心、裤衩覆盖的地方不许别人碰；③不要和陌生人说话；④不要吃陌生人的食品；⑤不保守坏人的秘密，可以欺骗坏人；⑥小秘密要告诉妈妈；⑦遇到危险时可以自己先跑；⑧遇到危险时可以打破玻璃、破坏家具；⑨平安成长比成功更重要。

5. 学校或村里有保护留守儿童、维护留守儿童权利的团队组织吗？你认为有必要成立这样的团队组织吗？

6. 你目前最需要帮助解决的困难是什么？

7. 你现在最想说什么？

附录4　针对校长的访谈提纲

一　学校基本情况

1. 学校是何时建立的？资金来源？
2. 每年财政支付总计多少钱？乡镇支付多少？
3. 每年学校支出情况（包括水电暖、教职工工资、餐费）。
4. 学校有多少个班？有学生多少人？（民族、性别、年龄）
5. 学校的教师队伍情况（籍贯、文化程度、年龄、待遇、是民办还是代课）。
6. 学校有微机室吗？是否联网？学校设有电脑课吗？
7. 学校有图书室吗？有多少图书？学生是否能借阅？每周借阅量？
8. 学校有文体活动器材吗？学生的文化娱乐活动有哪些？
9. 学校亟待解决的困难是什么？

二　留守儿童的基本情况

1. 本校留守儿童：人数、民族、性别、年龄。
2. 家庭生活状况：包括父母打工、监护人、家庭环境。
3. 学校教育状况以及存在的问题：

包括学习、思想品德、身心健康、行为习惯、人际交往、社会适应、娱乐活动。

4. 解决留守儿童问题的对策建议。

附录5　A县留守儿童的问卷调查

时间：2012年8月

一　基本情况

1. 你的性别：　（1）男　（2）女
2. 你的民族：　（1）汉族　（2）回族
3. 你的年龄：（1）7岁及以下　（2）8岁　（3）9岁　（4）10岁
   （5）11岁　（6）12岁及以上
4. 你家里有几口人？
   （1）2人　（2）3人　（3）4人　（4）5人　（5）6人
   （6）7人及以上
5. 你家里有几个兄弟姐妹？
   （1）1个　（2）2个　（3）3个　（4）4个及以上
6. 你家有几个女孩？
   （1）1个　（2）2个　（3）3个　（4）4个及以上
7. 你现在上几年级：
   （1）学前班　（2）一年级　（3）二年级
   （4）三年级　（5）四年级　（6）五年级　（7）六年级
8. 搬迁之前上过学吗？　（1）上过　（2）从未上过
9. 你未能上学的主要原因是：

（1）家里没钱　（2）家里需要劳动力　（3）家长认为上学没用

（4）自己认为上学没用　（5）成绩不好　（6）身体不好

（7）不喜欢学习　（8）家附近没有学校可上

（9）其他_____　（10）说不清

二　家庭情况

10. 在家里，你父母谁说了算？

　　（1）父亲　（2）母亲　（3）差不多　（4）说不清

11. 你家有电视吗？

　　（1）有　（2）无

12. 你的父/母有在外打工吗？

　　（1）有　（2）无

13. 谁在外打工？

　　（1）父亲　（2）母亲　（3）父母都在外　（4）哥哥/姐姐

14. 搬迁前，父/母外出打工吗？

　　（1）有　（2）没有　（3）说不清

15. 你现在和谁住在一起？

　　（1）父亲　（2）母亲　（3）爷爷/奶奶　（4）姥姥/姥爷

　　（5）兄弟姐妹　（6）其他亲戚　（7）自己住　（8）其他人

16. 父/母在哪里打工？

　　（1）县内　（2）宁夏其他县市　（3）区外　（4）国外

　　（5）不知道　（6）其他_____

17. 父/母从事哪方面工作？

　　（1）生产制造业（2）建筑业（3）住宿餐饮（4）批发零售业

　　（5）运输业（6）其他_____　（7）不知道

18. 父/母多久回来一次？

　　（1）半个月以内　（2）1~3个月　（3）半年左右　（4）9个月

（5）1年以上

19. 父/母回来后一般住多久？

（1）1～3天　（2）4～7天　（3）8～15天　（4）16～30天

（5）1～2月　（6）2个月以上

20. 你与外出打工的父/母怎么联系？

（1）写信　（2）打电话　（3）电子邮件　（4）去看望

（5）不联系　（6）其他_____

21. 知道外出打工的父/母的通信地址吗？　（1）知道　（2）不知道

22. 你与外出打工的父/母多久联系一次？

（1）1～7天　（2）8～15天　（3）16～30天　（4）1～3个月

（5）4～6个月　（6）6个月以上　（7）没联系

23. 一般谁会主动联系？

（1）外出打工的父/母　（2）自己　（3）你的监护人

（4）其他_____

24. 外出打工的父/母与你聊天的主要内容是：

（1）关于学习　（2）饮食健康　（3）安全　（4）听从监护人的话

（5）听老师的话　（6）结交朋友方面　（7）其他_____

可多选，依次顺序为：

25. 你对外出打工的父/母说什么？

（1）自己在学校的情况　（2）给自己买东西　（3）嘱咐父/母注意身体，不要太劳累　（4）你很听话，让父母放心

（5）其他　（6）什么也不说

可多选，依次顺序为：

26. 你和监护人聊天吗？

（1）经常　（2）有时候　（3）很少　（4）从来不

27. 你和监护人聊些什么内容的话题？

（1）自己在学校的情况　（2）给自己买学习用具

（3）给自己买生活用品　（4）你的好朋友（讨厌的同学）

（5）其他_____

28. 当你犯错误时，监护人会：

（1）采取打骂方式　（2）帮你分析犯错原因

（3）打电话告诉外出父母　（4）其他_____

你记忆中，犯的最大错误是什么事情？

29. 原来和外出打工的父/母说的话，现在和谁说？

（1）父亲　（2）母亲　（3）父母之外的监护人　（4）老师

（5）好朋友　（6）兄弟姐妹　（7）其他_____　（8）谁也不说

30. 你想念外出打工的父/母吗？

（1）非常想　（2）有些想　（3）一般　（4）不太想　（5）不想

31. 想念父/母时怎么办？

（1）偷偷哭　（2）告诉朋友　（3）打电话给父/母

（4）告诉监护人　（5）写日记　（6）其他_____

32. 你是否想和打工的父/母一起生活？

（1）非常想　（2）想　（3）无所谓　（4）不想　（5）说不清

33. 你希望父/母回来和你一起生活吗？

（1）非常希望　（2）希望　（3）无所谓　（4）不希望

（5）说不清

34. 父/母带你去过村以外的哪些地方？

（1）本镇（2）其他乡镇（3）县城（4）宁夏其他县市

（5）宁夏以外的地方

35. 在家里谁给你做饭？

（1）父亲　（2）母亲　（3）自己　（4）父母之外的监护人

（5）其他_____

36. 平常谁帮你洗衣服？

（1）父亲　（2）母亲　（3）父母之外的监护人（4）自己洗

（5）其他_____

37. 在家常干活吗？

(1) 经常　(2) 有时候　(3) 很少　(4) 从来不

38. 主要干什么活？

　　(1) 做家务　(2) 照顾家人　(3) 干农活　(4) 帮父母照顾生意

　　(5) 其他_____

39. 生病时怎么办？

　　(1) 去本村诊所　(2) 镇医院　(3) 县城医院　(4) 忍着

　　(5) 其他_____

40. 如果去医院的话，谁带你去？

　　(1) 父亲　(2) 母亲　(3) 自己　(4) 监护人　(5) 老师

　　(6) 其他_____

41. 与同学相比，你的零花钱属于：

　　(1) 没有零花钱　(2) 较少　(3) 一般　(4) 较多

　　(5) 说不清

三　学校情况

42. 你喜欢上学吗？

　　(1) 喜欢　(2) 不喜欢　(3) 说不清

43. 现在的学校与搬迁之前的学校相比，你更喜欢哪所学校？（以前上过学的填写）

　　(1) 现在的学校　(2) 以前的学校　(3) 说不清

44. 你当过班干部吗？

　　(1) 当过　(2) 没有

45. 在班里，你的学习成绩属于：

　　(1) 中等以上　(2) 中等　(3) 中等以下　(4) 说不清

46. 你认为学习重要吗？

　　(1) 非常重要　(2) 比较重要　(3) 不太重要

　　(4) 一点都不重要　(5) 说不清

47. 你学习是为了：

　　（1）考大学　（2）减轻父母的负担　（3）给父母增光

　　（4）找个好工作　（5）外出打工　（6）其他_____

48. 你最喜欢哪门课？

　　（1）语文　（2）数学　（3）英语　（4）绘画　（5）音乐

　　（6）体育　（7）其他_____

49. 在家里，谁管你的学习？

　　（1）父亲　（2）母亲　（3）爷爷/奶奶　（4）姥爷/姥姥

　　（5）兄弟姐妹　（6）其他_____

50. 父母重视你的学习吗？

　　（1）非常重视　（2）比较重视　（3）一般　（4）不太重视

　　（5）很不重视

51. 你喜欢老师吗？

　　（1）喜欢　（2）不喜欢　（3）说不清

52. 你认为，老师像：

　　（1）父/母　（2）哥哥/姐姐　（3）陌生人　（4）其他_____

53. 老师经常与你们做游戏吗？

　　（1）经常　（2）有时　（3）偶尔　（4）从来没有

54. 老师私下与你交谈吗？

　　（1）经常　（2）有时　（3）偶尔　（4）从来没有

55. 在学校，老师让你回答问题吗？

　　（1）经常　（2）有时　（3）偶尔　（4）从来没有

56. 在学校，你有被老师忽视的感觉吗？

　　（1）经常　（2）有时　（3）偶尔　（4）从来没有

57. 在学校，你有被老师体罚的经历吗？

　　（1）经常　（2）有时　（3）偶尔　（4）从来没有

58. 上学逃过课吗？

　　（1）有　（2）没有

59. 为什么逃课？

   (1) 不爱学习　(2) 和同学出去玩　(3) 干家务活

   (4) 家人生病 (5) 被老师批评　(6) 其他_____

60. 除了课本外，你有几本课外书？

   (1) 没有　(2) 1~5本　(3) 6~10本　(4) 11~15本

   (5) 16~20本　(6) 20本以上

61. 你平时看课外书吗？

   (1) 经常看　(2) 有时看　(3) 偶尔看　(4) 从来不看

62. 学校有图书室吗？

   (1) 有　(2) 没有　(3) 不清楚

63. 村里有图书室吗？

   (1) 有　(2) 没有　(3) 不清楚

64. 你喜欢看哪类图书？

   (1) 小说　(2) 科幻　(3) 侦探　(4) 作文/题库　(5) 益智

   (6) 科普　(7) 其他_____

65. 你为什么喜欢看这些图书？

   (1) 电视上介绍　(2) 听老师讲的　(3) 听同学讲的

   (4) 听外出打工的父（母）讲的　(5) 听监护人讲的

   (6) 其他_____

66. 你平时能看到喜欢的图书吗？

   (1) 能　(2) 不能

67. 如果"能"，是如何获得图书的？

   (1) 自己买　(2) 向同学借　(3) 向老师借　(4) 在网上看

   (5) 向校图书室借　(6) 向村图书室借

   (7) 外出打工父（母）买的　(8) 监护人买的

   (9) 其他_____

68. 如果"不能"，为什么？

   (1) 没有钱买　(2) 有钱买不到　(3) 借不到

(4) 有书，家长老师不许看　(5) 其他_____

69. 你参加过读书活动吗？

    (1) 参加过　(2) 没有参加过

70. 你最近一次参加读书活动是什么时候？

    (1) 这学期　(2) 今年暑假　(3) 上学期　(4) 今年寒假

    (5) 记不清

71. 你知道电脑吗？

    (1) 知道　(2) 不知道，没听说

72. 你见过电脑吗？

    (1) 见过　(2) 没见过

73. 你第一次见到电脑是在什么地方？

    (1) 自己家　(2) 学校　(3) 网吧　(4) 同学家

    (5) 其他_____

74. 学校有电脑吗？

    (1) 有　(2) 没有　(3) 不清楚

75. 学校开设电脑课了吗？

    (1) 开设　(2) 没有开设

76. 学校电脑能上网吗？

    (1) 能　(2) 不能　(3) 不清楚

77. 你会用电脑吗？

    (1) 会　(2) 不会

78. 你希望自己上学上到什么程度？

    (1) 上学　(2) 初中　(3) 高中/中专　(4) 大学

    (5) 研究生　(6) 不清楚

79. 将来长大了，你想当：

    (1) 科学家　(2) 老师　(3) 警察/军人　(4) 科技人员

    (5) 演员　(6) 医生　(7) 公务员　(8) 外出打工

    (9) 农民　(10) 老板　(11) 其他_____

四 其他情况

80. 除了上学,你平时做什么?
    (1) 和朋友玩 (2) 在家看电视 (3) 看课外书 (4) 在家干活
    (5) 其他

81. 你有好朋友吗?
    (1) 有 (2) 没有

82. 你有几个朋友?
    (1) 一两个 (2) 三四个 (3) 五个及以上

83. 你的朋友是:
    (1) 男孩女孩都有 (2) 都是女孩 (3) 都是男孩

84. 你的好朋友是:
    (1) 同学 (2) 同村父母外出打工的孩子
    (3) 同村父母在家的孩子 (4) 其他

85. 你和朋友多久见一次?
    (1) 每天 (2) 两三天 (3) 一周 (4) 一周以上

86. 你的朋友有辍学的吗?
    (1) 有 (2) 没有

87. 有人欺负你吗?
    (1) 经常有 (2) 有时候有 (3) 很少有 (4) 从来没有

88. 当你心里不愉快时,你会和谁说?
    (1) 父亲 (2) 母亲 (3) 朋友 (4) 父母之外的监护人
    (5) 老师 (6) 其他

89. 你目前最需要解决的困难是什么?
    (1) 经济困难 (2) 生活无人照顾 (3) 学习困难
    (4) 孤独 (5) 其他_____

90. 父母及老师说过下面的话吗？

项目	父　亲			母　亲			老　师		
	有	没有	记不清	有	没有	记不清	有	没有	记不清
男孩女孩一样聪明									
男孩女孩都能学好数学									
女孩不应该太淘气									
男孩应该坚强									
男孩要有男孩样,女孩要有女孩样									

91. 你是否同意以下说法？

项目	非常同意	比较同意	不太同意	很不同意	说不清
男孩女孩一样聪明					
男孩女孩都能学好数学					
女孩不应该太淘气					
男孩应该坚强					
男孩要有男孩样,女孩要有女孩样					

92. 你现在的生活和搬迁以前有什么不一样？

93. 你现在的生活与父母外出打工之前的生活有什么不一样？

参考文献

边琦：《内蒙古自治区中小学教师信息技术应用能力提升培训设计与实施》，《中国信息技术教育》2015年第17期。

迟希新：《留守儿童道德成长问题的心理社会分析》，《江西教育科研》2006年第2期。

段成荣、吕利丹、王宗萍：《城市化背景下农村留守儿童的家庭教育与学校教育》，《北京大学教育评论》2014年第3期。

段成荣、周福林：《我国留守儿童状况研究》，《人口研究》2005年第1期。

段成荣、杨舸：《我国农村留守儿童状况研究》，《人口研究》2008年第3期。

段成荣、吕利丹、郭静等：《我国农村留守儿童生存和发展基本状况——基于第六次人口普查数据的分析》，《人口学刊》2013年第3期。

段玉香：《农村留守儿童社会支持状况及其与应付方式的关系研究》，《中国健康心理学杂志》2008年第4期。

范方、桑标：《亲子教育缺失与"留守儿童"人格、学绩及行为问题》，《心理科学》2005年第4期。

范先佐：《农村"留守儿童"教育面临的问题及对策》，《国家教育行政学院学报》2005年第7期。

范先佐：《关于农村"留守儿童"教育公平问题的调查分析及政策建

议》，《湖南师范大学教育科学学报》2008年第6期。

范兴华、方晓义：《不同监护类型留守儿童与一般儿童问题行为比较》，《中国临床心理学杂志》2010年第2期。

高亚兵：《不同监护类型留守儿童与普通儿童心理发展状况的比较研究》，《中国特殊教育》2008年第7期。

贺雪峰：《新时期农村性质散谈》，《云南师范大学学报》（哲学社会科学版）2013年第3期。

胡枫、李善同：《父母外出务工对农村留守儿童教育的影响》，《管理世界》2009年第2期。

黄桂华：《生态移民地区新农村建设与跨越式发展的调研和思考》，宁夏人民出版社，2010。

江荣华：《农村留守儿童心理问题现状及对策》，《成都行政学院学报》（哲学社会科学版）2006年第1期。

蒋平：《农村留守儿童家庭教育基本缺失的问题及对策》，《理论观察》2005年第4期。

孔东菊：《农村留守儿童监护权缺失问题的民法研究——以未成年人监护制度为视角》，《广西社会科学》2008年第4期。

李培林、王晓毅主编《生态移民与发展转型——宁夏移民与扶贫研究》，社会科学文献出版社，2013。

刘延东：《深入学习贯彻党的十九大精神 全面开创教育改革发展新局面》，《求是》2018年第6期。

吕绍清：《中国农村留守儿童问题研究》，《中国妇运》2006年第6期。

罗国芬：《从1000万到1.3亿：农村留守儿童到底有多少》，《青年探索》2005年第2期。

卜卫：《大众传媒与儿童性别角色的社会化》，《青年研究》1997年第2期。

全国妇联：《全国农村留守儿童状况研究报告》（节选），《中国妇运》2008年第6期。

全国妇联课题组：《中国农村留守儿童、城乡流动儿童状况研究报告》，《中国妇运》2013年第6期。

阮积嵩：《对农村留守儿童权利保障的法律思辨》，《经济与社会发展》2006年第2期。

申继亮、胡心怡等：《留守儿童歧视知觉特点及与主观幸福感的关系》，《河南大学学报》（社会科学版）2009年第6期。

史静寰：《教材中的性别问题研究——"对幼儿园、中小学及成人扫盲教材的性别分析研究"项目的设计与运作》，《妇女研究论丛》2001年第1期。

孙晓军、周宗奎等：《农村留守儿童的同伴关系和孤独感研究》，《心理科学》2010年第2期。

谭深：《中国农村留守儿童研究述评》，《中国社会科学》2011年第1期。

田贤国：《农村留守儿童受教育权保障机制研究》，华中师范大学硕士学位论文，2007。

王秋香、欧阳晨：《论父母监护缺位与农村留守儿童权益保障问题》，《学术论坛》2006年第10期。

温铁军：《分三个层次解决留守儿童问题》，《河南教育》2006年第5期。

邬志辉、李静美：《农村留守儿童生存现状调查报告》，《中国农业大学学报》（社会科学版）2015年第1期。

邬志辉、秦玉友等：《中国农村教育发展报告（2015）》，北京师范大学出版社，2016。

吴霓：《农村留守儿童问题调研报告》，《教育研究》2004年第10期。

闫伯汉：《基于不同视角的中国农村留守儿童研究述评》，《学术论坛》2014年第9期。

姚云：《农村留守儿童的问题及教育应对》，《教育理论与实践》2005年第7期。

杨东平：《教育蓝皮书：深入推进教育公平（2008）》，社会科学文献出版社，2008。

杨善华：《30年乡土中国的家庭变迁》，《决策与信息》2009年第3期。

叶敬忠、〔美〕詹姆斯·莫瑞主编《关注留守儿童——中国中西部农村地区劳动力外出务工对留守儿童的影响》，社会科学文献出版社，2005。

叶敬忠、潘璐：《别样童年：中国农村留守儿童》，社会科学文献出版社，2008。

叶敬忠、王伊欢：《留守儿童的监护现状与特点》，《人口学刊》2006年第3期。

殷世东、朱明山：《农村留守儿童教育社会支持体系的构建——基于皖北农村留守儿童教育问题的调查与思考》，《中国教育学刊》2006年第2期。

张春玲：《农村留守儿童的学校关怀》，《教育评论》2005年第2期。

张莉、申继亮：《农村留守儿童主观幸福感与公正世界信念的关系研究》，《中国特殊教育》2011年第6期。

张学浪：《转型期农村留守儿童发展问题的困境与突破——基于社会环境因素的理性思考》，《兰州学刊》2014年第4期。

赵忠心：《家庭教育学》，人民教育出版社，1994。

赵富才：《农村留守儿童问题研究》，中国海洋大学博士学位论文，2009。

郑秉文：《改革开放30年中国流动人口社会保障的发展与挑战》，《中国人口科学》2008年第5期。

郑素侠：《农村留守儿童的媒介素养教育：参与式行动的视角》，《现代传播》（中国传媒大学学报）2013年第4期。

周福林、段成荣：《留守儿童研究综述》，《人口学刊》2006年第3期。

周兴国、林芳：《爱的缺失与补偿——留守儿童教育问题的现象学分析》，《教育科学研究》2011年第1期。

周宗奎、孙晓军等：《农村留守儿童心理发展问题与对策》，《华南师范大学学报》（社会科学版）2007年第6期。

周宗奎等：《农村留守儿童心理发展与教育问题》，《北京师范大学学报》（社会科学版）2005年第1期。

朱科蓉等：《农村"留守子女"学习状况分析与建议》，《教育科学》2002年第4期。

后 记

本书是在我主持的国家社会科学基金项目"生态移民地区留守儿童权利保障问题研究"结项成果基础上修改完成的。书中大部分章节作为课题前期成果在《开发研究》《宁夏社会科学》《图书馆理论与实践》《宁夏师范学院学报》等学术刊物发表过，在本书中进行了整理和修改。其中，第二章由赵雨馨执笔，第五、六、七、八章由孔炜莉、赵雨馨执笔，第九、十章由孔炜莉、孙鲁航执笔，其余章节由我独立完成，也由我完成全书的统稿工作。书中对一些地名做了处理。

本书的顺利出版要感谢"宁夏社会科学院文库"的支持和资助。感谢原宁夏社科院社会学法学研究所秦均平所长，他是引领我走上社会学之路的第一位老师，他的指导使我从社会学视角认识宁夏的区情、扶贫和移民政策。感谢原宁夏社科院陈通明副院长给予我社会学理论学习和社会实践的机会，跟随他调研、完成课题，让我学到学术研究的认真严谨、一丝不苟。感谢宁夏社会科学院社会学法学研究所李保平、杨永芳两位所领导及同人给予我学术研究的支持和帮助。在本书结构框架上，特别感谢姜歆、牛学智老师提出的宝贵意见，对我有莫大的帮助。感恩多年来关心和支持我的领导、亲友、同事，在此深表谢意！

同时，感谢研究过程中给予我帮助的宁夏五市教育部门工作人员、生态移民地区学校校长、老师和村委会，尤其是天真烂漫的孩子们，没有他们的支持与合作，就无法收集到第一手资料，无法形成本书的观点。以上所有的支持都让我铭记在心！

受自身水平所限，未能对一些问题做深度思考和探讨，本书不当和疏漏之处，恳请读者批评指正。

孔炜莉

2020 年 9 月 13 日

图书在版编目(CIP)数据

生态移民地区留守儿童权利保障/孔炜莉著.--北京：社会科学文献出版社，2021.1
（宁夏社会科学院文库）
ISBN 978-7-5201-6977-6

Ⅰ.①生… Ⅱ.①孔… Ⅲ.①移民-妇女儿童权益保护-研究-中国 Ⅳ.①D922.74

中国版本图书馆CIP数据核字（2020）第133264号

·宁夏社会科学院文库·

生态移民地区留守儿童权利保障

著　　者 / 孔炜莉

出 版 人 / 王利民
组稿编辑 / 陈　颖
责任编辑 / 陈晴钰

出　　版 / 社会科学文献出版社·皮书出版分社（010）59367127
　　　　　 地址：北京市北三环中路甲29号院华龙大厦　邮编：100029
　　　　　 网址：www.ssap.com.cn

发　　行 / 市场营销中心（010）59367081　59367083
印　　装 / 三河市尚艺印装有限公司

规　　格 / 开　本：787mm×1092mm　1/16
　　　　　 印　张：22　字　数：323千字

版　　次 / 2021年1月第1版　2021年1月第1次印刷
书　　号 / ISBN 978-7-5201-6977-6
定　　价 / 118.00元

本书如有印装质量问题，请与读者服务中心（010-59367028）联系

▲ 版权所有 翻印必究